José Ángel Bufill

Correspondencia entre Alfonso Reyes y Jorge Mañach

Alexandria Library
Miami

@ José Ángel Bufill, 2010
Todos los derechos reservados.

ISBN: 978-1-934804-82-7
Library of Congress Catalog Number: 2010906982

La pintura que aparece en la portada, que forma parte de la colección particular del Dr. José Ángel Bufill, se publica con la autorización y el permiso especialmente concedido por su autor, el pintor cubano Sr. Baruj Salinas.

Para mi amada esposa Olga, por su ayuda y estímulo constante.

Para mi hija Lourdes, a quien un día, agradecido por su amor y su existencia, le escribí...

> *Un día,*
> *En medio de una explosión de primavera,*
> *Tú llegaste.*
> *En Abril,*
> *Flores rojas, amarillas, blancas*
> *Y tú, flor de mis besos.*

Para mi hijo José Ángel, humilde, bueno y sabio.

Para Lawrence I. Sperling, esposo de mi hija Lourdes, con profunda amistad y simpatía.

ÍNDICE

Prólogo 7

PRIMERA PARTE

CAPÍTULO I

Alfonso Reyes. El perfil del hombre 9

CAPITULO II

Jorge Mañach. Atisbos biográficos. 134

CAPÍTULO III

Alfonso Reyes y Jorge Mañach:

Un diálogo ennoblecido por la cultura. 157

SEGUNDA PARTE

CAPÍTULO IV

Correspondencia entre Alfonso Reyes

y Jorge Mañach. 185

APENDICE I

Alfonso Reyes. "Oración del 9 de febrero". 248

APENDICE II

Alfonso Reyes. "Carta a Martín Luís Guzmán". 266

APENDICE III

Gastón Baquero. "Jorge Mañach o la tragedia

de la Inteligencia en la América Hispana" 279

APENDICE IV

Carta de la Señora Margot Baños, viuda de Mañach, dirigida al Dr. Fermín Peinado, director de la revista "CUBA NUEVA". 306

APENDICE V

Jorge Mañach. "Universalidad de Alfonso Reyes"... 310

APENDICE VI

José Ignacio Rivero. "Jorge Mañach", páginas tomadas del libro de Rivero titulado "Contra viento y marea". 331

APENDICE VII

Humberto López Morales. "Magister et Amicus". (Boletín de la Academia Cubana de la Lengua)........ 337

APENDICE VIII

Jorge Mañach. "El premio Nobel de Literatura. La Terna del Idioma" 342

Prólogo

El encuentro en los Archivos de Alfonso Reyes, en la ciudad de México, de la correspondencia del gran escritor mexicano, fue lo que inició una cadena de decisiones que, finalmente, tienen expresión concreta en las páginas de este libro. No creo que tengamos que llamar la atención del lector acerca de la importancia de la correspondencia de Alfonso Reyes.

Ya Pedro Henríquez Ureña, en 1918, cuando enseñaba en la Universidad de Minnesota, escribió un artículo, en inglés, publicado en el periódico *The Minnesota Daily*, que contenía un presagio que se está cumpliendo:

"Were these letters ever published, they would attain a unique position in the literature of Spanish-speaking countries, where the epistolary genre has never flourished."

"A letter of Reyes is a wonderful medley of personal experience, description, fancy, thought and opinion, a whole criticism of life and a complete self-revelation."

Si hubiera alguna duda, que no la hay, acerca de la importancia de esta clase de trabajo y la profunda contribución que significa para el conocimiento de la historia literaria de nuestros pueblos, quedaría definitivamente disipada por lo dicho por Henríquez Ureña.

No olvidemos que el estudio de la correspondencia, trasciende lo puramente epistolar, porque contribuye al conocimiento de los hombres que crearon el epistolario y a adquirir el conjunto de conocimientos que nos permite desarrollar nuestro juicio crítico. Con mucha frecuencia, el lector inteligente que lee cartas como las contenidas en este volumen, se pregunta: ¿quiénes son y cómo son, los hombres que están detrás de este epistolario? Nunca encuentran la respuesta que buscan, y nunca la conjetura los guía por el mejor camino para encontrar la verdad. Esa es la razón por la que el lector encontrará en este libro, un número de ensayos que, estamos seguros, contribuirán a esclarecer, a definir, la personalidad de los corresponsales.

Queda el libro en manos del lector. Encontrará en él a dos personalidades contradictorias y descubrirá las contradicciones leyendo cada página del mismo.

José Ángel Bufill

CAPÍTULO I
Alfonso Reyes. El perfil del hombre

Durante los años de la niñez de Alfonso Reyes, en Monterrey, su padre, el general Bernardo Reyes, gozaba de una privilegiada posición de poder y de influencia que iba mucho más allá de los límites de la provincia de Nuevo León.[1]

Como consecuencia de la prominencia de su posición política y militar, la vida del general Reyes y de su familia estaba rodeada de las comodidades que tales situaciones traen aparejadas. Dentro de lo rústico de la vida militar y de las circunstancias de la época, la familia era dueña de todas las oportunidades: bienestar físico, las más prestigiosas escuelas, buenas bibliotecas, lectura de grandes autores y los refinamientos propios de la posición social de la familia. Esta realidad crea un ambiente propicio a la reflexión, al estudio, y al desarrollo de la vocación intelectual. En un niño como Alfonso Reyes, su vocación encontró canales por donde desarrollarse. Desde muy niño estuvo familiarizado con los instrumentos de la cultura, que eran parte del patrimonio familiar. Todo esto tendría, en su momento, una influencia decisiva en el hombre que más tarde seria Alfonso Reyes. Pero hay otros elementos en la herencia espiritual de don Alfonso que vale la pena considerar. Su padre fue militar toda su vida. Fue un

---

[1] Al nacer Alfonso Reyes, su padre, el general Bernardo Reyes, era jefe de la Zona Militar de Nuevo León y Coahuila, y sucesivamente Gobernador de Nuevo León. Véase Alfonso Reyes, *Parentalia. Primer Libro de recuerdos*, México, Tezontle, 1958, p. 181.

héroe del ejército mexicano. Un hombre reputado como uno de los oficiales más valientes y cultos del ejército. Héroe en el combate, gran administrador, notable estadista en el desempeño de su cargo de Secretario de Guerra y Marina, y Gobernador de Nuevo León, hombre de gran integridad moral y fortaleza de carácter. El general Reyes fue un hombre de caballo, espada y biblioteca y por ello, figura de excepción en su medio y en su época. Para su hijo Alfonso, el general fue la síntesis de todas las virtudes y de todas las grandezas. Es alrededor de la figura del general Reyes, de su ejemplo y de las lecciones de su vida y de la trágica realidad de su muerte, que se va formando la conciencia moral del joven Alfonso. Para su hijo, el general parecía poseerlo todo: la irrompible entereza del soldado, la insólita vocación del hombre de letras y la lealísima y honda ternura del esposo y del padre. Todo esto tendrá significación especial en la vida de la familia. En Alfonso Reyes, la vida y la muerte de su padre, serán el punto de referencia indispensable, al que siempre habrá que acudir, cuando se quieran descubrir las aristas más íntimas de su alma.

En su libro *Albores*, Reyes dice:

"Ciertamente, las influencias bajo las cuales se desarrolló mi infancia eran para entusiasmar a vivir".[2]

Alfonso Reyes nació en Monterrey, Nuevo León. El nos lo cuenta en *Albores* de la siguiente manera:

---

[2] *Albores*. [Segundo Libro de Recuerdos. México. El Cerro de la Silla. 1960]. p. 85.

"La familia vivía entonces frente a la plazuela de Bolívar, que hoy ha desaparecido por desgracia, dejando el sitio a un "refugio" triangular del tránsito.

"El 17 de mayo de 1889, cerca de las nueve de la noche, la plazuela de Bolívar respiraba música a plenos pulmones. ...Cuando la música se suspende de pronto, dejando subir, in fraganti, el ruido animado de la charla y el sordo deslizar de los pies. Los maestros enfundan a toda prisa sus cobres y corre una voz supersticiosa: en casa del jefe de las armas —al frente de la plazuela— acaban de cerrar las ventanas como cuando viene tempestad... Son las nueve dadas. Yo entreabro los ojos y lanzo un chillido inolvidable.

La vida me ha sido desigual. Pero cierta, irreductible felicidad interior y cierto coraje para continuar la jornada, que me han acompañado siempre, me hacen sospechar que mis paisanos —reunidos en la plaza, como en plebiscito, para darme la bienvenida— supieron juntar un instante su voluntad y hacerme el presente de un buen deseo.

Poco después, la plazuela estaba desierta. Parpadeaban los faroles poliédricos. Abiertas otra vez las ventanas, la luz salía a la calle —comadre que se asomaba a contar noticias.

Adentro, ordenando pañales, la vida andaba de puntillas."[3]

Refiriéndose a su onomástica y santoral, Reyes ha escrito lo siguiente:

---

[3] *Albores*. [Segundo Libro de Recuerdos. México. El Cerro de la Silla. 1960]. pp. 19-20.

"El 17 de mayo de 1889, día de San Pascual Bailón, la "colonia" española de Monterrey, que acá decimos (los ribereños del Plata prefieren decir "colectividad"), se reunía en una cena para celebrar los tres años de Alfonso XIII, y el general Reyes, entonces jefe de aquella zona militar, era uno de los convidados de honor. Llegó la noticia de mi nacimiento, y el General pidió licencia para retirarse y acudir al lado de su esposa.

—Con una condición, General —dijo el decano de la colonia, el banquero don Tomás Mendirichaga si no me engaño.

— ¿Y es?

—Que le ponga usted a su hijo el nombre de Alfonso, por haber nacido también, como el rey niño, el día de San Pascual Bailón.[4]

Con ese gracejo tan suyo, don Alfonso nos ha contado en su "¡Al diablo con la homonimia!"[5] los lances en que la homonimia lo colocó al ser confundido más de una vez con Alfonso Rey (Alfonso XIII); en otros casos el trance u ocasión critica en que lo coloca su nombre tiene tonalidades muy sugerentes, cuando al ser tomado por un torero famoso, una dama le escribe a *Monsieur le Ministre et Toreador* una expresiva carta, "cuyas consecuencias desconoce la historia."

En Monterrey están sus raíces, los recuerdos que más mueven su ánimo, su nostalgia y ternura: lo unen a la antigua ciudad regiomontana y a la verdadera casa de su niñez, la "casa

---

[4] *Albores*. [Segundo Libro de Recuerdos. México. El Cerro de la Silla. 1960] p. 23.
[5] Al diablo con la homonimia". *Marginalia. Tercera Serie: 1740-1959*. p. 7.

Degollado" a donde fue a vivir a los doce meses de edad, "la casa que mi padre hizo construir a su manera". De esta casa ha dicho con nostalgia:

"No he tenido más que una casa. De sus corredores llenos de luna, de sus arcos y sus columnas, de sus plátanos y naranjos, de sus pájaros y sus aguas corrientes, me acuerdo con éxtasis..."[6]

Estos años infantiles acompañaron siempre a Alfonso Reyes de una manera muy especial. Llevó él siempre, en su alma, una trilogía de recuerdos formada por la Casa Degollado, la ciudad de Monterrey y el Cerro de la Silla, que forman parte, para siempre, de los símbolos, de su mundo espiritual. La Casa Degollado es, en su recuerdo, una familia multitudinaria, un enjambre de visitantes y empleados, soldados, oficiales, armas y caballos; la ciudad *de* Monterrey, el lugar de nacimiento, juegos infantiles, el inicio de su educación escolar, los primeros amigos, la jerarquía suprema de su padre, la vida simple, la firme lealtad de todos; y, el Cerro de la Silla es, para Alfonso Reyes, símbolo y síntesis de su mundo interior lleno de recuerdos, y de su vida diaria llena de experiencias. El Cerro de la Silla se convertirá con el tiempo en un símbolo universal de la heráldica alfonsina.

En esta tierra Alfonso Reyes inició su vida escolar y tuvo experiencias que son, realmente, misteriosas y desconcertantes: episodios que no pueden explicarse porque pertenecen a un mundo de tal intimidad que no se puede llegar a él. Pero

---

[6] Alicia Reyes. *Genio y figura de Alfonso Reyes*. Buenos Aires: Editorial Universitaria, 1976. p. 15.

sí muestran un alma diferente: un espíritu que se inclinaba hacia las cosas trascendentes, hacia las reflexiones metafísicas, un temperamento embrujado por el misterio de la poesía. En sus *Burlas Veras*, Reyes nos cuenta una historia llena de misterio y de interrogaciones sin respuestas, un recuerdo infantil que nos sirve para definir el mundo interior de este ser nada común:

> "Yo era muy niño. Mi madre y yo estábamos asomados al balcón entresolado en mi casa de Monterrey. Un mendigo, junto al zaguán, tocaba incansablemente el organillo de boca. Mi madre dijo a una sirvienta: ¡Que le den algo a ese pobre hombre para que se vaya!
> Y yo:
> ¡No, mamá! ¡Que no se vaya! ¿No ves que ese hombre soy yo?
> Mi madre me contempló en silencio, y yo no sé lo que pasó por su alma.[7]

Desde muy pequeño fue un niño inclinado al goce de la soledad y el silencio reflexivo. Su hermano Alejandro, en testimonio que recoge Alicia Reyes en su biografía, nos dice que Alfonso...:

> "Casi siempre prefería aislarse del barullo y esconderse "debajo de una mesa a leer o a escribir sus impresiones."[8]

---

[7] Alfonso Reyes. *Las Burlas Veras. Primer Cuento.* México: Tezontle, 1957. p. 32.
[8] Alfonso Reyes. *Parentalia. Primer Libro de Recuerdos.* México: Tezontle, 1958. p. 21.

Y el propio Alfonso confirma el testimonio de su hermano cuando dice:

"Cuando recuerdo mis años infantiles, casi siempre me veo solo. Aunque rodeado de amigos, a todas partes iba encerrado en mi propia jaula invisible."[9]

En Monterrey se inició la formación académica de don Alfonso. Muy niño aún asistió a la escuela de Melchorita Garza donde aprendió a leer y a escribir. Dice Alicia Reyes que durante estos años, Alfonso era "un niño bueno y dócil"... "capaz de jugar solo un día entero sin hacerse sentir"[10] "firmaba sus cartillas escolares con el titulo de "General en Jefe de los ejércitos de Napoleón".[11] Y más adelante, escribe Alicia Reyes:

"Pero cuando estorbaba los entretenimientos de sus hermanas, ellas habían discurrido un medio para tenerlo quieto y callado. Jugaban a que "Alfonso estaba pensando mucho", sentadito al escritorio y con la frente, en la mano".[12]

En más de una ocasión Alfonso Reyes ha escrito sobre su apego a la soledad, se recuerda a si mismo jugando solo, leyendo, alejado de grupos y rodeado de pocos amigos, de

---

[9] Alfonso Reyes. *Parentalia. Primer libro de Recuerdos*. México. Tezontle, 1958. p. 36.
[10] Alfonso Reyes. *Parentalia. Primer libro de Recuerdos*. México. Tezontle, 1958. pp. 24,25,26.
[11] Alfonso Reyes. *Parentalia. Primer libro de Recuerdos*. México. Tezontle, 1958. p. 17.
[12] Alfonso Reyes. *Parentalia. Primer libro de Recuerdos*. México. Tezontle, 1958. p. 23.

buenos amigos. Nunca frivolidad. Cosas de niños, sí, frivolidad nunca. Una madurez temprana.

Al poco tiempo estará estudiando en el Colegio de San Luís Gonzaga de Manuelita Sada de Treviño; después, al Instituto para varones de don Jesús Loreto y de éste al Colegio Bolívar. A los once años de edad, ya viviendo en la capital, asiste al famoso Lycée Francais du Mexique donde realmente se pondrá en contacto con un mundo intelectual que trascendía la provincia y aún la nación, y donde el joven Alfonso iría adquiriendo la extraordinaria dimensión de universalidad que fue siempre parte de su patrimonio espiritual. Del Lycée Francais pasó a la Escuela Preparatoria y finalmente a la Escuela de Derecho donde obtuvo su título de abogado en 1913. Hasta aquí su educación formal.

La formación cultural de Alfonso Reyes no puede asociarse, sin embargo, con ninguna institución de enseñanza en particular, porque su cultura, el enorme saber que llegó a acumular, no fue resultado de la función educativa de ninguna escuela o de programas académicos formales. La formación de Alfonso Reyes es un proceso que empieza en su infancia: su contacto con el libro, su ansia de saber, pueden encontrarse aun antes de ir por primera vez a la escuela en su ciudad natal de Monterrey y que continúa como tarea diaria, con asombrosa disciplina, hasta el último día de su vida. De manera que la formación intelectual de Alfonso Reyes debe mucho más a su increíble vocación que a lo que pudo recibir de las estructuras formales de la educación mexicana. Fue, esencialmente, un autodidacto.

Su título de abogado fue producto de esa concesión que todo joven hispanoamericano tenía que hacer a "lo práctico".

Lo mismo podemos decir del "maestro", del "profesor" en el desarrollo intelectual de Alfonso Reyes. Quizás la gran influencia intelectual, y el ejemplo, en los años formativos de Reyes sea Pedro Henríquez Ureña, que ciertamente, en un momento determinado, fue guia, orientador, estímulo, crítico riguroso. Pero esta influencia duró relativamente poco. Pronto se convirtieron en colegas, amigos, compañeros. La adquisición de conocimientos, en la medida y la profundidad en que los adquirió Reyes no puede ser la obra de maestro alguno. El maestro puede ser impulso, orientación, guía, pero nada más. Sobre esto vale la pena reproducir aquí lo siguiente:

"...The human teacher can never be a principal cause of knowledge; not even a secondary principal cause. He is a disposing, assisting, auxiliary cause only of my knowledge, as the physician is of my health. He can lead me to the waters of wisdom, but he can neither provide them nor make me drink.[13]

Sin embargo, en las grandes figuras de la cultura, existe, desde la niñez, una vocación, que es el reflejo de una "manera de ser", de una intensa curiosidad, de una especial inclinación hacia la vida interior, la reflexión, el conocimiento del mundo y de las cosas. En Reyes, esta "manera de ser" se hace visible desde sus primeros años.

El mismo lo declara en su *Crónica de Monterrey:*

"No tardé en descubrir los tesoros de la biblioteca paterna, refugio de mi fantasía. Leí a una edad inverosímil la

---

[13] Saint Thomas Aquinas. The letter to Brother John *De modo studendi (How to Study)*. Latin text with translation and Exposition by Victor White, O.P. (London: The Oxonian Press, 1953).

Divina Comedia, traducción de Cheste, más bien por el deseo de comprender las estampas; y eso si, señores, leí El Quijote en una edición tan enorme que me sentaba yo encima del libro para alcanzar los primeros renglones de cada página. Descubrí el *Orlando Furioso;...* al *Heine de los Cantares,...* así como a Espronceda; descubrí mi inclinación literaria. Todo esto por de contado se leía en el suelo, modo elemental de lectura, lectura auténtica del antiguo gimnasio, como todavía nos lo muestran los vasos griegos de Dipilón".[14]

Así equipado de amplio saber, algún día podrá servir como diplomático a México. No fue esa la gran vocación de Reyes. Fue, ciertamente, un diplomático eminente. Alcanzó grandes honores y el rango de Embajador. Pero esa dedicación fue un reclamo de la vida. Si Alfonso Reyes hubiera podido decidir con entera libertad, su profesión hubiera sido la pluma y la cátedra, en ese orden.

Como diplomático sirvió en París, Madrid, Buenos Aires y Río de Janeiro. Su obra literaria se fue creando paralelamente, sin descanso, sin fatiga. A su regreso a México ocupó cátedras, dictó conferencias, fundó instituciones a las que vinculó su nombre durante toda su vida. En esos últimos años, su vocación intelectual resplandeció sin interferencias. Probablemente fueron los años más serenos, más felices, de Alfonso Reyes.

Reyes salvó su vocación a fuerza de voluntad, de disciplina y de carácter. Le hizo a la "realidad", a lo "práctico", todas

---

[14] Alicia Reyes, *Genio y Figura de Alfonso Reyes* (Buenos Aires: Editorial Universitaria, 1976).

las concesiones imaginables, pero siempre mantuvo la armonía, que era patrimonio de su espíritu, entre el sueño y la realidad. En la historia de la cultura americana es una constante la dolorosa realidad del hombre que por vocación y sensibilidad debió haber dedicado su vida al mundo de la cultura y que al final, no es más que un manojo de frustraciones. De casos como estos, sobran ejemplos.

Se trata de la ruptura del equilibrio, de la armonía vital, a que se refería Reyes cuando hablaba de la "antinomia occidental" entre lo práctico y lo espiritual, en su *Homilía por la cultura*. En el propio Reyes tenemos un ejemplo de hombre que desde sus primeros años formativos buscó, casi intuitivamente entonces, la solución armónica, contemplando la cultura en su función unificadora. Y más tarde, ya en plena madurez intelectual, expresa en su *Homilía por la cultura* el producto maduro de sus reflexiones intelectuales. Reyes, definitivamente, contempla al hombre como un ser cuya trascendencia como tal depende de su identificación con un mundo de genuino equilibrio moral, de armónica universalidad en su formación intelectual y espiritual y hace énfasis en la función unificadora de la cultura. Esta visión de Reyes, queda enunciada en su *Atenea Política*, un perspicaz ensayo de erudición y de acento filosófico.

No se puede comprender completamente la personalidad total de Alfonso Reyes sin conocer cabalmente sus relaciones con su padre. El general Bernardo Reyes, contribuyó a abrir cauces a la vocación intelectual de su hijo Alfonso; el general Reyes, militar y administrador, despertó en su hijo una admiración y un respeto que lo acompañaron hasta el último día de su vida; y la muerte del general, del padre, le dio a la vida del gran escritor mexicano, giros y rumbos insospechados. Esta relación única de padre e hijo, queda expresada en *Parentalia* de la siguiente manera:

"Solía mi padre, a la siesta, tumbarse un rato a descansar sin dormir. Entonces, en orden disperso, me contaba lances de su juventud militar. A veces yo mismo lo provocaba.

Hablando, hablando, mi padre volvía a ser quien era. Brotaba de él aquel magnetismo que todos sintieron en su presencia, y del que huían, con secreto aviso, sus malquerientes, como aquel que se prohibía las lecturas religiosas porque sospechaba que acabarían por convertirlo. Y así, las sencillas charlas de la siesta cumplían el doble prodigio de devolverme ileso a mi padre, y de poblar mi imaginación con perdurables estímulos.[15]

Tratábamos de poesía y de historia, que eran las lecturas predilectas de mi padre... La posteridad recogió los rasgos más ostensibles de aquella existencia al servicio del país. En él se celebra al guerrero de la Mojonera, Santiago Ixcuintla, Tamiapa, Villa de Unión; se admira al organizador del ejército; se respeta al administrador honrado y al gobernante de profunda visión; se discute al político del último instante. Pero en esa su justicia expletiva y ruda, la fama desconoce implacablemente la intimidad estudiosa de aquel amigo de las letras humanas que, en sus contados ocios, no desdeñaban al escribir... Mi padre supo de las inquietudes poéticas de su tiempo, desde el

---

[15] Alfonso Reyes. *Parentalia. Primer Libro de Recuerdos.* México. Tezontle, 1958. p. 65.

Romanticismo al Modernismo, al punto que recitaba de coro "El estudiante de Salamanca", "El Diablo Mundo", y más tarde, la "Salutación al optimista", y "Yo soy aquél..." Años después, Rubén Darío —cuyos ejemplares tengo anotados del puño y letra de mi padre... —lo llamó su amigo y, a su muerte, le consagró una página en La Nación de Buenos Aires, comparándolo con los capitanes romanos de Shakespeare.[16]

No puede entenderse el mundo interior de Alfonso Reyes sin conocer los rasgos espirituales, el carácter y la personalidad de sus padres y sus relaciones personales con ellos. Porque Reyes es un espíritu alimentado por la herencia moral e intelectual, por la realidad espiritual de su propio hogar. Veamos lo que nos dice en *Parentalia*:

"Yo no he hurtado mis aficiones. En mí, simplemente, habría de desarrollarse una de las posibilidades del ser paterno. Después de todo, América, como solía decir Rubén Darío, es tierra de poetas y generales.

Y algunos, que sólo quisiéramos ser poetas, acaso nos pasamos la vida tratando de traducir en impulso lírico lo que fue, por ejemplo, para nuestros padres, la emoción de una hermosa carga de caballería..."[17]

Reyes reconoce e identifica en él, la herencia común de sus progenitores:

---

[16] Alfonso Reyes. *Parentalia. Primer Libro de Recuerdos*. México. Tezontle, 1958. p. 68.
[17] Alfonso Reyes. *Parentalia. Primer Libro de Recuerdos*. México. Tezontle, 1958. p. 69.

"Como él [el general Reyes] sólo dejaba ver aquella alegría torrencial, aquella vitalidad gozosa de héroe que juega con las tormentas; como nunca lo sorprendí postrado; como era del buen pedernal que no suelta astillas sino destellos, me figuro que debo a él cuanto hay en mí de Juan-que-ríe. A mi madre, en cambio, creo que le debo el Juan-que-llora y cierta delectación morosa en la tristeza.
No fue una mujer plañidera, lejos de eso; pero, en la pareja, sólo ella representa para mí el don de las lágrimas. El llanto, lo que por verdadero llanto se entiende, no era lo suyo...
Estaba cortada al modelo de la antigua "ama" castellana. Hacendosa, administradora, providente, señora de telar y el granero...
Era pulcra sin coquetería, durita, pequeña, y nerviosa...
Desarmaba nuestras timideces pueriles con uno que otro grito que yo llamaría de madre espartana, a no ser porque lo sazonaba siempre el genio del chiste y del buen humor. Pero también, a la mexicana, le gustaba una que otra vez hurgar en sus dolores con cierta sabiduría resignada. Y yo hallo, en suma, que de su corazón al mío ha corrido siempre un común latido de sufrimiento.[18]

En la vida de Alfonso Reyes, además de lo que hay en él de su progenie, existen otras coordenadas que inevitablemente deben considerarse para completar esta noticia biográfica y para situarlo en el mundo de la cultura hispánica y universal. Su ser mexicano aporta al hombre Alfonso Reyes, uno de los ángulos más apasionantes, más firmes y más definidores de

---

[18] Alfonso Reyes. *Parentalia. Primer Libro de Recuerdos*. México. Tezontle, 1958. pp. 24, 25, 26.

su personalidad. Para él México fue fuente nutricia, agonía y deber. Volvamos a *Parentalia:*

> "La raíz profunda, inconsciente e involuntaria, está en mi ser mexicano: es un hecho y no una virtud. No sólo ha sido causa de alegrías, sino también de sangrientas lágrimas. No necesito invocarlo en cada página para halago de necios, ni me place descontar con el fraude patriótico el pago de mi modesta obra. Sin esfuerzo mío y sin mérito propio, ello se revela en todos mis libros y empapa como humedad vegetativa todos mis pensamientos. Ello se cuida solo. Por mi parte, no deseo el peso de ninguna tradición limitada. La herencia universal es mía por derecho de amor y por afán de estudio y trabajo, únicos títulos auténticos.[19]

Esta intensa mexicanidad de Alfonso Reyes quedaba expuesta y libremente expresada en todo momento y en todo lugar. Recién llegado a Buenos Aires, como Embajador de México, la revista *Nosotros* le ofrece un homenaje y don Alfonso, como expresión de gratitud, pronuncia un discurso bello y profundo, donde aparece ser llevado, como de la mano, por sus recuerdos, al punto de partida de su itinerario vital:

> "De Monterrey aprendí la primera regla de toda geometría moral: que hay que tener un punto de referencia, un centro. Se apoya sobre mis montañas épicas toda mi geografía del mundo. De allí arranca mi trayectoria y allí tiene que terminar, en el cálido valle que abrigan, de oriente a occidente, el Cerro de la Silla y el Cerro de la

---

[19] Alfonso Reyes. *Parentalia. Primer Libro de Recuerdos*. México. Tezontle, 1958. p. 17.

Mitra: dos lujos, dos juegos felices de la geografía americana". [20]

La mexicanidad de Alfonso Reyes no es cosa de testimonio escrito. Es algo vital, parte de su ser, sin provincialismos limitativos. Para Reyes lo mexicano fue en él esencia y punto de partida, nunca yugo o brida que pusieran límites a las alas de su espíritu, espíritu renacentista de hombre erudito y sabio, de hombre universal. En *Parentalia* nos dice:

> ¡Sea enhorabuena! Pueblo me soy: y como buen americano, a falta de líneas patrimoniales me siento heredero universal. Ni sangre azul, y ni siquiera color local muy teñido. Mi familia ha sido una familia a caballo. A seguidamente de las campañas paternas, el hogar mismo se trasladaba, de suerte que el solar provinciano se borra un poco en las lejanías. Mi arraigo es arraigo en movimiento. El destino que me esperaba más tarde sería el destino de los viajeros. Mi casa es la tierra. Nunca me sentí profundamente extranjero en pueblo alguno, aunque siempre algo náufrago del planeta. Y esto, a pesar de la frontera postiza que el mismo ejercicio diplomático parecía imponerme. Soy hermano de muchos hombres, y me hablo de tú con gente de varios países. Por dondequiera me sentí lazado entre vínculos verdaderos." [21]

La vocación de Reyes es muy temprana. Siendo un niño en Monterrey ya lo atraían los libros, prefería los libros y los

---

[20] Alicia Reyes. *Parentalia. Primer Libro de Recuerdos.* (Buenos Aires: Editorial Universitaria, 1976).
[21] Alfonso Reyes. *Parentalia. Primer Libro de Recuerdos.* México. Tezontle, 1958. p. 16.

leía con fruición en la apacible soledad de algún rincón de su casa. La vocación y la producción intelectual corren parejas. En 1907, es decir, a los 18 años de edad, pronuncia un discurso en la Escuela Nacional Preparatoria en la velada en honor de H. Moissan, que es publicado en un folleto. En la misma época publica otro folleto que contiene dos composiciones literarias. Una de esas composiciones es una "Descripción del Bosque de Chapultepec" en que ya se perfila el gran escritor y el gran erudito, porque en la misma cita al Dante y Sully Prudhome e incluye una cita en francés.

Su primera salida en letra de molde, dice Alicia Reyes,[22] fue el "Nuevo estribillo", (parodia de intención política al "Viejo estribillo" de Amado Nervo) y publicado en *Los Sucesos*, el 24 de mayo de 1905. Ese mismo año publicó en Monterrey unos sonetos que dieron lugar a la admonición de su padre.

Desde muy temprano Alfonso Reyes estaba desarrollando en él, para siempre, "una de las posibilidades del ser paterno". En América, "tierra de poetas y generales" empezaba a gestarse un gran poeta universal, un erudito, un hombre de asombrosa cultura, un "hombre de libros, hombre para estudio recogido".

La vocación de Reyes fluía sin obstáculos de su propio ser íntimo. Era una vocación estimulada por su padre, cuya influencia, a don Alfonso atribuye su vocación. Su padre estimulaba en él la lectura de libros de "poesía e historia". Sin

---

[22] Alicia Reyes. *Genio y Figura de Alfonso Reyes*. (Buenos Aires: Editorial Universitaria, 1976). p. 28.

embargo, los descendientes del general Reyes estaban advertidos de que en la familia Reyes no podía haber "poetas de profesión". En su *Historia documental de mis libros*, Reyes se hace eco de esta preocupación paterna.

> "Pero volvamos a mis sonetos. Mi padre los encontró aceptables; don Ramón Treviño, el director del periódico, los publicó: y luego los reprodujo en México el diario La Patria, el que dirigía don Ireneo Paz, abuelo de Octavio.
>
> "— ¿Qué dice el poeta? me saludó cierto amigo de la familia.
>
> "— ¡No! —Le atajó mi padre— Entre nosotros no se es poeta de profesión".[23]

Esta fisura en la formación del viejo general, esta preocupación por lo que es práctico y lo que no lo es, esa actitud, en fin, que rompe la unidad esencial del ser humano, ha sido objeto de la meditación de Alfonso Reyes en su "Homilía por la cultura":

> "Esta conciliación... contenta ciertamente nuestros viejos anhelos platónicos, acariciados desde la infancia, y hasta nos convida a soñar en un mundo mejor, donde llegue a resolverme la antinomia occidental entre la vida práctica y la vida del espíritu. Todo empeño por partir artificialmente la unidad fundamental del ser humano tiene consecuencias funestas: arruina a las sociedades y entristece a los individuos. Por encima de todas las especialidades y profesiones limitadas a que nos obliga la complejidad

---

[23] Alicia Reyes. *Genio y Figura de Alfonso Reyes*. (Buenos Aires: Editorial Universitaria, 1976).

de la época, hay que salvar lo que Guyau y Rodó han llamado la profesión general de hombre".[24]

Alfonso Reyes puso el dedo en la llaga al referirse a la "antinomia occidental" entre la vida práctica y la vida del espíritu. Esta antinomia, esta contradicción que Alfonso Reyes identifica y define admirablemente en dicho ensayo, destruyó o limitó la tarea intelectual de un gran número de grandes cabezas de la cultura hispánica. La preocupación por lo "práctico" aparece constantemente en la realidad diaria de nuestros pueblos, donde pocos piensan en la música, en la escultura, en la pintura, en la poesía como profesión "idónea" para ganarse la vida. Y precisamente se trata de eso: de ganarse la vida, de las exigencias del mero existir, que son muy legítimas y muy nobles, pero que arrastran a aquellos que carecen de la textura heroica que les permita conciliar el mundo de lo práctico y el mundo del ideal; el mundo del sueño y el mundo de la realidad. La solución perfecta sería la creación personal por otra parte, de cada uno de un mundo armónico en que la cultura sirviera como instrumento unificador. Esta fue la solución de Alfonso Reyes.

Entre nosotros se es médico y novelista (Mariano Azuela); diplomático y poeta (Alfonso Reyes, Mariano Brull); diplomático y escritor (José de la Luz León) (Rodríguez Embil, Alfonso Hernández Catá.); abogado y poeta (Eugenio Florit); abogado e historiador de la literatura (Raimundo Lazo); ingenie-

---

[24] Alfonso Reyes, "Homilía por la cultura" *Obras Completas*, Vol. XI, (México: Fondo de Cultura Económica, 1960) pp. 204-205.

ro, poeta, ensayista, periodista (Gastón Baquero); escritor, ensayista, periodista, político, (Jorge Mañach).

En todos estos casos ha estado presente la "antinomia occidental", en muchos la antinomia se ha resuelto por la presencia de la textura heroica, de la vocación firme, de la voluntad resuelta. En otros las exigencias de lo "práctico" han prevalecido y grandes promesas nunca se han realizado. De esto precisamente se quejaba Mañach alguna vez. Decía que "en esas salvas he quemado yo mi pólvora" refiriéndose al periodismo y a la política.

En el caso de Alfonso Reyes esta antinomia entre la vida práctica y la vida del espíritu, quedó resuelta a fuerza de pura vocación, de pura devoción. Sin desentenderse completamente de los reclamos de la vida práctica, nunca se permitió a si mismo partir la unidad fundamental de su espíritu: dedicó a la cultura, a las letras, a la poesía, lo mejor de sí mismo y lo más intenso y personal de su vocación de hombre.

En un discurso pronunciado en Buenos Aires y que él tituló "Saludo a los amigos de Buenos Aires", Reyes dice:

"Yo era hombre de libros, hombre para estudio recogido, para el retraimiento de las musas bibliotecarias. Pero el mundo no se estaba quieto: se oían gritos en la calle; y ¡mal haya el que cierra sus puertas cuando alguien, afuera, llora o ríe!

En definitiva, el mensaje de Reyes nos coloca, precisamente, frente al problema de la antinomia occidental y nos ofrece la posibilidad de una ennoblecedora solución para el mismo.

No pueden entenderse cabalmente ni la conciencia moral ni la dimensión intelectual de Alfonso Reyes, sin estudiar y comprender lo que estaba ocurriendo en la sociedad mexicana en los años del tránsito del siglo XIX al siglo XX.

En lo que se refiere a Alfonso Reyes, a su formación intelectual y a su destino como hombre, debemos considerar dos ángulos fundamentales de la vida mexicana de la época: la educación y la historia.

Muchos años antes del nacimiento del gran humanista mexicano ya se discutía en México la introducción del positivismo como base teórica para el programa de estudios de la Escuela Nacional Preparatoria. Al mismo tiempo se gestaban importantes acontecimientos históricos que, en su momento, tendrían un efecto personal devastador en la vida de Alfonso Reyes.

En los años finales del siglo XIX y en los primeros del siglo XX, no se podía predecir la forma dramática y sangrienta en que México haría su entrada en el siglo XX, porque el inescrutable pensamiento de Porfirio Díaz y lo errático de sus propósitos creaban en la vida mexicana una verdadera situación de desconcierto.

El México de la transición entre el siglo XIX y el siglo XX fue un México lleno de posibilidades. Lo que frustró la realización de esas posibilidades fue la presencia de un dogmatismo político irreflexivo y contradictorio que tenía a Porfirio Díaz en la cima de una estructura que poco a poco se fue convirtiendo en algo completamente ineficaz como instrumento de gobierno, carente de fluidez y de dinamismo, paralizado dentro de sus antiguos moldes de operación. Esta desconcertante realidad histórica creada por Díaz y sus seguidores es la causa del México demencial de los primeros años del siglo XX.

Es dentro de este contexto histórico donde únicamente pueden entenderse los perfiles más salientes del mundo moral y de la vida intelectual de Alfonso Reyes. El México de la educación, a través de su Escuela Nacional Preparatoria, le dio a nuestro mexicano universal, las bases estructurales de su cultura y mucho de su rigurosa disciplina de trabajo. Y el México histórico, la Revolución Mexicana, abatió con tanta fuerza la conciencia moral de don Alfonso que su vida quedó marcada para siempre por aquel trágico 9 de febrero de 1913. De manera que el estudio de esta época, tanto en el orden de la educación y la cultura como en el orden político e histórico, contribuirán a hacernos comprender los perfiles más definidores del notable humanista y escritor mexicano.

El Positivismo llegó a México en 1867 de la mano de Gabino Barreda, discípulo de Augusto Comte. Barreda introdujo la doctrina y el método del Positivismo al *curriculum* de la Escuela Nacional Preparatoria de México.[25] El Positivismo como la gran teoría abarcadora formulada por Augusto Comte, nunca fue la filosofía oficial durante la dictadura de Porfirio Díaz. Fue simplemente adoptada como una filosofía de la educación nacional y solamente con respecto a la enseñanza puede el Positivismo ser considerado como la filosofía oficial

---

[25] William Dirk Raat, *Positivism in Diaz México, 1876-1910: An essay in intellectual history*. Michigan: University Microfilms, 1974. p. iii.

estrictamente después de la aprobación del Nuevo Plan de Estudios de 1896.[26]

En realidad, el Positivismo en México fue *aplicado* dentro de los límites de la enseñanza, pero, sin embargo, la teoría positivista fue acogida por muchos y debe considerarse como el pensamiento filosófico dominante de la época tanto dentro como fuera del mundo académico. Desde el principio, la introducción de estas ideas fue objeto de intensos debates y ataques, tanto por parte de los liberales, como de los conservadores y los católicos. Este debate giró alrededor del contenido del *curriculum* de la Escuela Nacional Preparatoria.[27] El debate continuó hasta bien entrada la década de 1890, donde nos encontramos a Justo Sierra y Porfirio Parra impugnando los ataques dirigidos contra el Positivismo. A pesar de todo esto, la Escuela Nacional Preparatoria quedó establecida sólidamente como el más importante centro de educación nacional, con un profesorado dedicado enteramente a la metodología de la ciencia y a reemplazar "el viejo credo reaccionario de los teólogos y el pensamiento metafísico de los revolucionarios con el nuevo orden del conocimiento científico y el progreso nacional".[28]

Para poder comprender este momento de la vida intelectual e histórica de México, sus anhelos, sus aspiraciones, sus

---

[26] William Dirk Raat, *Positivism in Diaz México, 1876-1910: An essay in intellectual history*. Michigan: University Microfilms, 1974. p. iii.
[27] William Dirk Raat, *Positivism in Diaz México, 1876-1910: An essay in intellectual history*. Michigan: University Microfilms, 1974. p. 7.
[28] William Dirk Raat, *Positivism in Diaz México, 1876-1910: An essay in intellectual history*. Michigan: University Microfilms, 1974. p. 12.

ideales y sus contradicciones; y, para poder percibir la influencia del programa de la Escuela Nacional Preparatoria en una parte de la juventud de México en general y en Alfonso Reyes y sus amigos en particular, consideramos importante reproducir lo que dice Leopoldo Zea en su *El Positivismo en México* (p. 105):

> "Se ha visto cómo Gabino Barreda fue llamado por el presidente Juárez para reorganizar la educación, poniéndola a tono, o de acuerdo, con los principios liberales del triunfante movimiento de reforma. La misión de Barreda fue la de establecer una educación que sirviese de base social al nuevo orden que se trataba de implantar. El orden era una de las principales necesidades de la nación mexicana agotada en sus largas guerras intestinas y en su lucha contra la invasión de Napoleón III. Para que dicho orden fuese permanente, era menester que los mexicanos tuviesen conciencia de su necesidad; no bastaba un orden material, un orden mantenido con las armas, sino que se necesitaba de un orden que tuviese su base en la conciencia de los individuos; era menester un orden espiritual.
>
> Para implantar dicho orden, habría que enfrentarse en primer lugar contra el orden espiritual sostenido por el clero y el grupo militarista que le apoyaba. Pero no era éste el único enemigo; la Reforma traía en sus entrañas un nuevo enemigo del orden; a este enemigo fue al que los positivistas llamaron genéricamente jacobinismo. Los jacobinos eran aquellos liberales que no aceptaban el orden sostenido por los positivistas mexicanos. Los liberales mexicanos sostenían el ideal de la libertad en su sentido absoluto, entendida como la libertad de pensar y ac-

tuar como se quisiese. Frente a estos dos enemigos: los conservadores y los liberales, los positivistas consideraron a los segundos más peligrosos, pues eran éstos los vencedores, los hombres que habían hecho la revolución y que ahora no se resignaban a un nuevo tipo de orden; en cuanto al clero y su aliado el militarismo, eran por lo pronto los vencidos y tardarían mucho en rehacerse.

Barreda tenía ante sí una difícil tarea, la de ordenar la conciencia de los hombres que habían destruido el orden, aunque este orden destruido no fuese sino un orden de tipo teológico. Nuestro pensador tropezó inmediatamente con la ideología sostenida por los liberales mexicanos; en varios de sus escritos se queja de la hostilidad con que sus ideas han sido acogidas en los propios círculos de los hombres que tenían el gobierno. Barreda, para lograr la acogida de sus ideas, tuvo que empezar por tender un puente que hiciese fácil a los liberales pasar de sus ideas a las ideas del orden positivista. Este puente, se ha visto antes, lo estableció en la Oración Cívica, pronunciada en Guanajuato.

En dicha Oración Cívica, se pudo ver cómo Barreda alteró la doctrina comtiana para adaptarla a la interpretación de la historia de México desde un punto de vista liberal. En esta interpretación, el espíritu positivo encarnaba en las fuerzas de la revolución y el espíritu negativo en las fuerzas del clero y el militarismo. La divisa comtiana de amor, orden y progreso fue también alterada cuando Barreda habló de libertad, orden y progreso. Por medio de dicha alteración y por medio del anticlericalismo sostenido en dicho discurso logró Barreda atraer en principio el interés y aprobación de los liberales. Fue este presentar la doctrina positiva como una doctrina liberal y anticlerical lo que de seguro hizo que los liberales mexicanos prestasen su confianza a la reforma educativa encomendada a Barreda."[29]

El plan de estudios propuesto por Barreda está explicado detalladamente en una carta de fecha octubre 10 de 1870 dirigida a Mariano Riva Palacio, gobernador del Estado de México.[30] De acuerdo con el plan de Barreda, los estudios preparatorios deben incluir todas las ciencias positivas. A pesar de la intensidad de sus convicciones, Barreda fue siempre un hombre dado al compromiso político e ideológico, y por ello modificó su plan original para satisfacer las exigencias de los liberales y los católicos que se oponían al plan desde el principio. El plan de estudios debía incluir las ciencias positivas, empezando con matemáticas. Luego seguirían las ciencias naturales, estudiadas en el siguiente orden: Cosmografía, Física, Geografía, Química, Botánica y Zoología. Los estudios de Lógica se colocarían al final. Entre las ciencias naturales y la Lógica, Barreda insertó los estudios de las Lenguas Modernas: Francés, Inglés y Alemán. Declaró que el Latín debería estudiarse en los dos últimos años en lugar de al principio como era la costumbre.[31]

---

[29] Leopoldo Zea, *El positivismo en México: Nacimiento, Apogeo y Decadencia.* (México: Fondo de Cultura Económica, 1968). pp. 105-106.
[30] Leopoldo Zea, *El positivismo en México: Nacimiento, Apogeo y Decadencia.* (México: Fondo de Cultura Económica, 1968).
[31] Leopoldo Zea, *El positivismo en México: Nacimiento, Apogeo y Decadencia.* (México: Fondo de Cultura Económica, 1968). pp. 122-133.

Esta fue la estructura del programa. Un programa que tenía como fundamento la idea del orden social y político, que se lograría, de acuerdo con Barreda, a través de una educación positivista que destruyera en la conciencia del hombre los prejuicios, los miedos; y, en consecuencia, al crear una conciencia humana ordenada, se lograra, como resultado, orden político y social. Dice Zea:

"Como se ve, el desorden social y político tiene sus raíces en el desorden de la conciencia. Si se lograse ordenar la conciencia, se podría ordenar la sociedad. Del orden en que se encuentre la conciencia de los individuos depende el orden social. Así, es posible evitar la anarquía social, mediante una uniformación de las conciencias. Si todos los individuos que forman una sociedad pudiesen pensar igual, se habría acabado con todo motivo de disputa, se habría acabado con la anarquía. De aquí que sea menester que todos los mexicanos tengan lo que llama Barreda "un fondo común de verdades". Dicho fondo deberá ser lo más completo que sea posible, para que no quede ningún resquicio al error. Barreda pretendió realizar estas ideas en la Escuela Nacional Preparatoria, mediante un plan de estudios que lograse tal uniformación. Nos dice, refiriéndose a la instrucción que deben recibir los estudiantes: "se necesita que ésta sea igual para todos cualquiera que sea la profesión que deban abrazar, pues por más que estas profesiones parezcan disímbolas, todas deben obrar de consuno, porque todas tienen un mismo fin, que es el bienestar social".[32]

---

[32] Leopoldo Zea, *El positivismo en México: Nacimiento, Apogeo y Decadencia*. (México: Fondo de Cultura Económica, 1968). p. 125.

Así se creó en México la Escuela Nacional Preparatoria que sería, durante muchos años, el centro más importante de formación intelectual de una parte de la juventud mexicana. Hemos visto que su organización inicial estuvo rodeada de fuertes polémicas, que no constituyen el mejor augurio cuando se trata de los intereses de la cultura de todo un país. La formación intelectual no puede alcanzarse siguiendo un sólo camino con exclusión de otros. El mejor camino es el de la universalidad del saber y la cultura, de la apertura de todas las ventanas, de la armonía y del equilibrio. Esto, obviamente, faltó, en el *curriculum* de la Escuela Nacional Preparatoria. Había cierto dogmatismo, excluyente como todos, en las bases teóricas que le dieron vida a dicha institución. Es obvio que faltó esa indispensable visión universal; y, esa ausencia iría preparando el camino para los grandes cambios que impulsarían años más tarde los jóvenes de la Generación del Centenario y del Ateneo de la Juventud.

Alfonso Reyes completó sus estudios en la Escuela Nacional Preparatoria e inmediatamente pasó a la Facultad de Derecho de la Universidad Nacional donde recibió su título de abogado en 1913.

Ha dicho Pedro Henríquez Ureña refiriéndose a Alfonso Reyes, algo que no podemos dejar de transcribir por su importancia para el conocimiento del gran humanista mexicano:

"Su cultura era, en parte, fruto de la severa disciplina de la antigua e ilustre Escuela Preparatoria de México; en parte, reacción contra ella. Ser "preparatoriano" en el México anterior a 1910 fue blasón comparable al de ser "normalicen" en Francia. Privilegio de pocos era aquella enseñanza, y quizá por eso escaso bien para el país: a quienes alcanzó les dio fundamentos de solidez mental insuperable. De acuerdo con la tradición positivista, la escala de las ciencias ocupaba el centro de aquella construcción; hombres de recia contextura mental, discípulos de Barreda, el fundador, vigilaban y dirigían el gradual y riguroso ascenso del estudiante por aquella escala. A la mayoría, el paso a través de aquellas aulas los impregnó de positivismo para siempre. Pero Alfonso Reyes fue uno de los rebeldes; aceptó íntegramente, alegremente, toda la ciencia y toda su disciplina; rechazó la filosofía imperante y se echó a buscar en la rosa de los vientos hacia dónde soplaba el espíritu. Cuando se alejó de su "alma mater", en 1907, bullían los gérmenes de revolución doctrinal entre la juventud apasionada de filosofía. Tres, cuatro años más y el positivismo se desvanece en México, cuando en la política se desvanece el antiguo régimen."[33]

La importancia de la Escuela Nacional Preparatoria para la formación de Alfonso Reyes, fue extraordinaria no solamente por lo que le dio en términos de su formación cultural básica y disciplina intelectual, sino también, por la reacción que provocó en él y en el grupo más notable de sus amigos. En esa reacción están los gérmenes de la revolución cultural que el grupo de Henríquez Ureña y Alfonso Reyes llevaría a cabo, produciendo, como consecuencia el desvanecimiento definitivo del positivismo en México. Este fue un momento

---

[33] Pedro Henríquez Ureña. "Alfonso Reyes". *Obras Completas* (1926-1934) Tomo VI. Recopilación y Prólogo de Juan Jacobo de Lara. Santo Domingo, R.D. 1979. p. 62.

intensamente creador. Nuevas revistas, nuevas instituciones y centros de intensa actividad cultural serían creadas por el grupo de jóvenes intelectuales que hoy conocemos como Generación del Centenario.

Lo que realmente plantea la Generación del Centenario es un tema de alta cultura, es decir, el choque entre el positivismo y el humanismo y es interesante observar que la actitud renovadora, universalista, revolucionaria, era la de hombres de poco más de veinte años de edad. Eso indica una madurez intelectual nada común y una percepción de los problemas de la cultura realmente aguda y penetrante.

Para comprender este momento mexicano debemos acudir a los mejores cronistas, a dos de los hacedores de esta historia: Pedro Henríquez Ureña y Alfonso Reyes.

Pedro Henríquez Ureña, desde México, en carta dirigida a Alfonso Reyes, entonces en Paris, con fecha 29 de octubre de 1913, le ofrece datos de gran interés sobre las actividades de la Generación del Centenario en que los dos habían participado, y sobre la vida intelectual de la época. Reyes quería escribir un artículo para la Revista de América y su amigo le entregaba todos sus recuerdos. Esta carta es un documento histórico porque el corresponsal fue actor y testigo, conoció la intimidad de los hechos que narra y trató a los hombres que menciona. Dice Pedro Henríquez Ureña:

... Según parece, llegué yo a México en el momento mismo en que se definía la nueva juventud. Hasta entonces, sólo había existido como grupo adscrito a la Revista Moderna (Rafael López, Roberto Argüelles, Parrita, Zárraga, Gómez Robelo, Luís Castillo, Abel Salazar); pero ese era

un honor muy codiciado, al que Alfonso Cravioto tenía mucho respeto. Algunos escritores y poetas (Cravioto, Castillo Ledón, Quijano, Rafael Cabrera, Abel Salazar) habían obtenido premios en certámenes, desde el célebre de 1901... Savia Moderna reunió a todos los jóvenes, bajo la dirección de Castillo Ledón y Cravioto. La ida de éste a Europa hizo fracasar la obra. La revista hizo una exposición de pinturas, donde se relevaron Diego Rivera,... También puede hablarse de que la mejor obra de la juventud mexicana no está en las letras sino en las ideas y en la pintura: Rivera, Ramos Martínez, Zárraga, ...
En Savia Moderna había de todo: pintores y escultores (el más notable, de los mexicanos, Arnulfo Domínguez...; poetas y prosistas, malos y buenos. Algunos muy malos... En Savia Moderna se formó. un grupo céntrico: Cravioto, López, Argüelles, Parrita, Gómez Robelo y yo. Muerta Savia Moderna, el regreso de Cravioto no parecía determinar nada nuevo, hasta que Acevedo concibió la idea de las Conferencias. Es de advertir que por entonces las conferencias eran cosas raras en México, y después, gracias a nuestro ejemplo, han aumentado de modo increíble...
...Pero entonces surgió un nuevo proyecto que ha sido el verdadero definidor del grupo. Acevedo y yo pensamos en una serie de conferencias sobre Grecia: el grupo de conferencistas hubiera sido Caso, Acevedo, Gómez Robelo, Cravioto, no recuerdo si Valenti y Rafael López, tú y yo. Aunque no llegaron a hacerse estas conferencias, el estudio a que nos obligó la idea de prepararlas fue tan serio y las reuniones cortas (entonces en casa de Acevedo) fueron tan importantes, que de aquí surgió el grupo

céntrico. Como pasaba el tiempo y no había posibilidad de dar desde luego las conferencias griegas, se organizó una segunda serie a principios de 1908... D. Justo [Sierra] ya se refirió a las nuevas doctrinas filosóficas, que apenas habían comenzado a mencionarse en nuestras conferencias. En 1907, junto con el estudio de Grecia, surgió el estudio de la filosofía y la destrucción del positivismo. ...De ahí data la renovación filosófica de México,...
1909: no hubo nuevas conferencias. El ambiente político agitado lo impedía. Caso, sin embargo, dio sus siete sobre el positivismo en la Escuela Preparatoria. Esfuerzo formidable, pero al que no quiso él dar toda su significación, por miedo a atacar de frente la tradición de la Escuela... y no habló suficientemente de ideas nuevas ni censuró bastante el comtismo.
Fin de año: invención de Caso, el Ateneo de la Juventud.
...
... En 1910, por iniciativa mía y de Pedro González-Blanco, se fundó la Universidad Popular...
Esta obra será la mejor del Ateneo...Influencia de la juventud en la difusión de las nuevas ideas. Desaparición de la filosofía positivista. Influencia de Caso y Pedro Henríquez Ureña en el orden filosófico.
Influencia en favor del gusto literario. Influencia de los poetas modernistas (Nervo, Urbina, Olaguibel, Urueta) en la Preparatoria y de Rafael López en la Normal. Además del modernismo, hay el helenismo traído por Urueta. Y por último, la influencia de Urbina y Pedro Henríquez Ureña en favor de los clásicos castellanos, en la Escuela Preparatoria.

La juventud ha llegado muy aprisa a desempeñar papeles principales. ... Pero lo más significativo es su entrada al profesorado de la Escuela de Altos Estudios, junto con los viejos doctores universitarios.[34]

Así le ofrecía Pedro Henríquez Ureña a su amigo datos y fechas, nombres y juicios, esquemáticamente, para "refrescarle la memoria", y don Alfonso, con puntualidad y rigor, escribirá el ensayo que no solamente fijará en la historia lo puramente anecdótico, sino que nos hará comprender los problemas ideológicos, filosóficos, históricos y generacionales que, en su momento, producirían la nueva etapa histórica de México.

En el año del Centenario, 1910, ya estaban alineados en México todos los factores que liquidarían la dictadura de Porfirio Díaz, la supremacía del ya decadente positivismo de Barreda. En 1910 se celebra el Primer Congreso Nacional de Estudiantes y ese año, dice Reyes:

"...nos aparece [1910] poseído de un sentimiento singular. Los símbolos de la cronología quieren cobrar vida objetiva. La vaga sensación de la etapa se insinúa en los corazones y en las mentes para volverse realidad. El país, al cumplir un siglo de autonomía, se esfuerza por llegar a algunas conclusiones, por provocar un saldo y pasar, si es

---

[34] Pedro Henríquez Ureña y Alfonso Reyes. *Epistolario Íntimo,* (1906-1946), Vol. I. Prólogo de Juan Jacobo de Lara. (Santo Domingo: UNPHU, 1981). pp. 164-172

posible, a un nuevo capítulo de su historia. Por todas partes se siente la germinación de ese afán."35

Ese estado de ánimo que prevalecía en la sociedad mexicana era el preludio de la sangrienta revolución a punto de estallar. Dice Reyes en "Pasado Inmediato":

Bajo el signo de Porfirio Díaz, en aquellos últimos tiempos, la historia se detiene, el advenir hace un alto. Ya en el país no sucedía nada o nada parecía suceder, sobre el plano de deslizamiento de aquella rutina solemne."

"...México era la paz, entendida como especie de la inmovilidad, la Pax Augusta. Al frente de México, casi como delegado divino, Porfirio Díaz, "Don Porfirio", de quien colgaban las cadenas que la fábula atribuía al padre de los dioses. Don Porfirio que era, para la generación adulta de entonces, una norma del pensamiento sólo comparable a las nociones del tiempo y del espacio, algo como una categoría kantiana.

... ¿La paz? También envejecía la paz. Los caballeros de la paz ya no las tenían todas consigo. Bulnes, un contemporáneo de la crisis, exclama un día: "La paz reina en las calles y en las plazas, pero no en las conciencias". Una cuarteadura invisible, un leve rendijo por donde se coló de repente el aire de afuera, y aquella capitosa cámara, incapaz de la oxigenación, estalló como bomba".36

Y para que se produjera el estallido concurrirían a la tarea muchos grupos, muchas gentes y entre ellos los jóve-

---

[35] Alfonso Reyes. *Obras Completas*. Vol. XII. "Pasado Inmediato". pp. 182-183. México: Fondo de Cultura Económica, 1960.
[36] Alfonso Reyes. *Obras Completas*. Vol. XII. "Pasado Inmediato". México: Fondo de Cultura Económica, 1960. pp. 183-185.

nes de la Generación del Centenario, los egresados de la Escuela Nacional Preparatoria, los fundadores de la Sociedad de Conferencias y del Ateneo de la Juventud, los fundadores de revistas, los poetas, los filósofos, los escritores, todos, iban a participar en la revolución, en la demolición de aquellas fatigadas estructuras que tenían como base ideológica la filosofía positivista. Y juntos se desplomarían las estructuras de gobierno y los métodos de enseñanza. Alfonso Reyes nos lo dice en "Pasado Inmediato", quizás con la nostalgia del estudiante pero con la briosa alegría del legitimo humanista que siempre fue. Nos dice, repito, de la decadencia de la Escuela Nacional Preparatoria, de la fatiga y desinterés de sus mejores profesores, "... la herencia de Barreda se fue secando";[37] Porfirio Parra... ya no era más que un repetidor de su tratado de Lógica";[38] ..."la literatura iba en descenso;"[39]. "Quien quisiera alcanzar algo de Humanidades tenía que conquistarlas a solas, sin ninguna ayuda efectiva de la Escuela.[40] Y a pesar de todo esto, dice Reyes, "... no era todavía el derrumbe de la Escuela Preparatoria. ... El derrumbe vino después..."[41]

---

[37] Alfonso Reyes. *Obras Completas.* Vol. XII. "Pasado Inmediato". México: Fondo de Cultura Económica, 1960. p. 189.
[38] Alfonso Reyes. *Obras Completas,* Vol. XII. (México: Fondo de Cultura Económica, 1960). p. 190.
[39] Alfonso Reyes. *Obras Completas,* Vol. XII. (México: Fondo de Cultura Económica, 1960). p. 191.
[40] Alfonso Reyes. *Obras Completas,* Vol. XII. (México: Fondo de Cultura Económica, 1960). p. 191.
[41] Alfonso Reyes. *Obras Completas,* Vol. XII. (México: Fondo de Cultura Económica, 1960). p. 191.

En medio de todo este cuadro de decadencia, de pereza y de desinterés, Alfonso Reyes reserva un encendido elogio para alguien que años atrás había sido un defensor, con Porfirio Parra, y un promotor, de las ideas positivistas: don Justo Sierra. Dice Reyes:

"Antes de seguir adelante, un franco tributo a la memoria del gran Ministro de Instrucción Publica, Justo Sierra. Nada de lo dicho va contra este magno organizador de la educación primaria. Dondequiera que intervino, hizo el bien. ... Sabía que la Preparatoria reclutaba a la clase media, pero no podía absorber al pueblo; y por eso, para ir al pueblo, quiso completarla por abajo en las escuelas primarias, donde sembró el bien a manos llenas. De suerte que dio un paso más sobre Barreda: el que le tocaba dar en su tiempo. Finalmente, también completaría la obra por arriba, en la investigación superior, poniendo como corona a su nueva Universidad —con plena conciencia de que ya la Preparatoria y las Profesionales eran insuficientes— aquella Escuela de Altos Estudios llamada precisamente a ser baluarte de nuestras campañas juveniles: la Escuela contra la cual se agitaron —como es natural— la ignorancia de legisladores improvisados y el sectarismo de los menos que positivistas; la Escuela que abrió al fin las puertas a las Letras y a la Filosofía, de la que procede la actual Facultad, cuyo solo nombre hubiera sido incomprensible en aquella edad venturosa. Por si su pluma no bastara para su gloria, es Justo Sierra, en la administración porfiriana, la inteligencia más noble y la voluntad más pura. A la distancia de las jerarquías y los años, se sintió amigo de los jóvenes, nos vio nacer a la vida espiritual, nos saludó con públicas manifestaciones de confianza y de simpatía, comprendió nuestras rebeldías y acaso las bendijo. En el Gabinete, era el Ministro de lujo de quien se hace caso hasta cierto punto porque —"cave canem"— es poeta, y a quien el omnipotente Ministro de Hacienda escatima todo lo que puede el dinero y la autoridad. Era el mejor; es casi el santo".[42]

Este elogio inmortaliza justamente a don Justo Sierra. Yo diría que lo más revelador del mismo está contenido en no más de media docena de palabras: —"comprendió nuestras rebeldías y acaso las bendijo", porque pone de manifiesto la lozanía y la nobleza de su espíritu, la juventud de su intelecto, su profunda inteligencia, su capacidad para evolucionar intelectual y estéticamente con los tiempos, su comprensión de las inquietudes juveniles, de la realidad evolutiva de la historia. Todo un estadista. Con toda razón don Alfonso dice de él que "Era el mejor; es casi el santo"

Siguiendo la pauta que nos ofrecen Pedro Henríquez Ureña y Alfonso Reyes en la carta del 29 de octubre de 1913 y en el ensayo "Pasado Inmediato" respectivamente, debemos reseñar brevemente los aspectos principales del movimiento de la Generación del Centenario que, dice Reyes, "no se inspiró en el afán de asaltar los puestos educativos, sino de renovar las ideas.[43]

---

[42] Alfonso Reyes. *Obras Completas,* Vol. XXII. "Pasado Inmediato". (México: Fondo de Cultura Económica, 1960). p. 194.
[43] Alfonso Reyes. *Obras completas*, Vol.XXII."Pasado Inmediato". (México: Fondo de Cultura Económica, 1960). p. 207

Dice Alfonso Reyes que los nuevos rumbos, las nuevas orientaciones empiezan con Gutiérrez Nájera y su Revista Azul. Ahí se trata, desde luego, de la transición del Romanticismo al Modernismo, en cuyo momento Gutiérrez Nájera es uno de los que se lanza a buscar nuevas orientaciones para la literatura y la poesía. De ese impulso renovador surge la Revista Azul, que funda con Carlos Díaz Dufoo en 1894. Luego surgiría la Revista Moderna, tribuna de los poetas postrománticos. Pero, dice Reyes, "la hora de la Revista Moderna había pasado". En 1906, Alfonso Cravioto y Luís Castillo Ledón fundaron Savia Moderna. Dice Reyes que en el grupo literario de esta revista había los dos géneros de escritores: los que escriben y los que no escriben. Entre los segundos, Jesús Acevedo, cuya obra fue sobre todo de precursor, obra de charlas, de atisbos, de promesas. También Rafael López, Diego Rivera, el prosista Ricardo Gómez Robelo, que "estaba enamorado del genio y que leía y releía constantemente los veinte o treinta libros definitivos". Además estaban Eduardo Colín, Roberto Argüelles Bringas, Antonio Caso, José Vasconcelos, Pedro Henríquez Ureña que, según Reyes, ejercía una influencia socrática muy honda. Tales eran, afirma Reyes, al iniciar el ataque, los caballeros del "Sturm-und-Drang" mexicano. Se trata de la punta de lanza, del grupo que iba abriendo nuevos caminos y nuevas posibilidades para la creación literaria.

El año en que se funda Savia Moderna, 1906, Gerardo Murillo, el "Doctor Atl" organiza la exposición de pintura de la revista, donde se exhiben las obras de Ponce de León, Francisco de la Torre y Diego Rivera.

En 1907 se produce la manifestación en memoria de Gutiérrez Nájera y poco después se funda la Sociedad de Conferencias por iniciativa de Jesús Acevedo, "para tener trato directo con los públicos, para hablar con ellos". Leemos en *Pasado Inmediato* que "el primer ciclo se dio en el Casino de Santa María. En cada sesión había un conferenciante y un poeta. Así fue extendiéndose nuestra acción por los barrios burgueses. Hubo de todo: metafísica y educación, pintura y poesía. El éxito fue franco". [44]

Luego, el proyecto de las conferencias helénicas que no pasó de proyecto, pero que tuvo mucho que ver con la tendencia humanística del grupo. En 1908, el grupo decidió honrar la memoria de Gabino Barreda, ante los ataques emprendidos contra la Escuela Preparatoria por los conservadores y este acto, dice Alfonso Reyes, "fue la primera señal patente de una conciencia pública emancipada del régimen".[45] Y continúa Reyes diciendo: "El periódico del régimen no pudo ocultar su sorpresa ante aquellos nietos descarriados del positivismo que, sin embargo, confesaban su solidaridad con la obra liberal de Barreda...

En el orden teórico, no es inexacto decir que allí amanecía la Revolución.

Luego se produce el segundo ciclo de la Sociedad de Conferencias y en 1909, Antonio Caso da en la Escuela Preparato-

---

[44] Alfonso Reyes. *Obras Completas,* Vol. XII. "Pasado Inmediato". (México: Fondo de Cultura Económica, 1960). p. 208.
[45] Alfonso Reyes. *Obras Completas,* Vol. XII."Pasado Inmediato". (México: Fondo de Cultura Económica, 1960).p. 209.

ria una serie de conferencias sobre la Filosofía Positivista que "acaba de definir la actitud de la gente joven frente a las doctrinas oficiales".[46]

A fines de 1909 se funda el Ateneo de la Juventud que por sus largos años de intensa actividad intelectual "deja un surco duradero; y, en 1910, el año del Centenario, se organiza una serie de conferencias sobre asuntos americanos en que Caso habla sobre Hostos; Vasconcelos sobre Gabino Barreda; Pedro Henríquez Ureña sobre Rodó; Alfonso Reyes sobre Manuel José Othon.

Ese mismo año de 1910 Justo Sierra crea la Escuela de Altos Estudios que luego se convertiría en la Facultad de Filosofía y Letras, y se funda la Universidad Nacional. Ya en este momento habían comenzado los motines, se escuchaban los primeros estadillos revolucionarios, Vasconcelos se había marchado para participar activamente en la lucha revolucionaria. La Generación del Centenario, a pesar de todo, continúa la lucha por la cultura y una segunda campaña que se manifiesta intensamente en lo que Alfonso Reyes llama "cuatro batallas principales": La ocupación de la Universidad, con cursos gratuitos y libres de filosofía a cargo de Antonio Caso que domina el panorama intelectual de México hasta el regreso de José Vasconcelos. La fundación de la Universidad Popular, el 13 de diciembre de 1912, y que era, dice Reyes "escuadra volante que iba a buscar al pueblo en sus talleres y en sus centros, para llevar, a quienes no podían costearse estu-

---

[46] Alfonso Reyes. *Obras Completas,* Vol. XII. "Pasado Inmediato". (México: Fondo de Cultura Económica, 1960).p. 209.

dios superiores ni tenían tiempo de concurrir a las escuelas, aquellos conocimientos ya indispensables que no cabían, sin embargo, en los programas de las primarias".[47] La Universidad Popular continuó su obra por diez años, una verdadera hazaña. Ya en este momento la hora del Ateneo había pasado. La fundación de la primera Facultad de Humanidades, donde por primera vez se oyen los nombres de asignaturas como Estética (Caso), Literatura Inglesa (H. Ureña), Lengua y Literatura Españolas (Reyes), Latín (Mariano Silva). Conmovía, dice Reyes, ver juntos a jóvenes y ancianos. Y fue en esta época que aparecieron en la Facultad de Humanidades Antonio Castro Leal, Manuel Toussaint, Alberto Vázquez del Mercado y Xavier Icaza; y, finalmente, las Conferencias en la Librería de Gamoneda; pero ya se acerca el período más violento de la lucha revolucionaria y la actividad literaria, dice Reyes, comienza a ser una heroicidad. Sin embargo, todavía se organizan conferencias públicas. Acevedo diserta sobre arquitectura virreinal; Ponce sobre música popular mexicana; Gamboa, "hombre ya sin tiempo", sobre la novela nacional; Urbina, sobre aspectos de las letras mexicanas; Pedro Henríquez Ureña, "establece entonces el mexicanismo de Ruiz de Alarcón, tesis llamada a larga fortuna"; Caso, trata de Bergson.

Ya la revolución es una marejada incontenible y estos hombres que tanto habían hecho por la cultura mexicana empezaron a dispersarse. Alfonso Reyes tuvo que irse a Europa, Henríquez Ureña se refugió en La Habana, pero el legado que

---

[47] Alfonso Reyes. *Obras Completas,* Vol. XII. "Pasado Inmediato". (México: Fondo de Cultura Económica, 1960). p. 213.

dejaron, como grupo, como Generación del Centenario, para juicio de la posteridad, cambiaría, irrevocablemente, la fisonomía intelectual de México.

Para Alfonso Reyes esta época de la historia de México fue una etapa decisiva de su formación como intelectual y como hombre. En el orden de la cultura Reyes y sus amigos dejaban encaminada una tarea, esencialmente revolucionaria en sus propósitos, dirigida a incorporar a la vida culta mexicana el vasto, esencial, indispensable mundo de las humanidades. En esta tarea descansa el triunfo de Reyes en esta primera etapa de su vida. Fue uno de los entusiastas, uno de los que cooperó a la tarea general de demolición de las viejas estructuras académicas y creación de las nuevas. Todo esto sólo le trajo a él y a sus amigos, satisfacciones y esperanzas.

Sin embargo, el México de la política, de la historia, de la lucha revolucionaria armada, le tenía reservada una amarga sorpresa. Pedro Henríquez Ureña lo ha dicho:

> "La Revolución iba a llamar a todas las puertas y marcar en la frente a todos los hombres; Alfonso Reyes, uno de los primeros, vio su hogar patricio, en la cima de la montaña, desmantelado por el huracán que nacía: ¡Ay casa mía grande, casa única! [48]

---

[48] Pedro Henríquez Ureña, "Alfonso Reyes", *Obras Completas* (1926-1934), Tomo VI. (Recopilación y Prólogo
de Juan Jacobo de Lara. Santo Domingo, República Dominicana, 1979). p. 58

El hogar patricio de Alfonso Reyes estaba presidido, por quien fue "el primer director de mi conciencia"[49] el hombre "cuya vecindad lo penetra y lo invade y lo sacia todo. Junto a él no se deseaba más que estar a su lado. Lejos de él, casi bastaba recordar para sentir el calor de su presencia". [50] El padre de quien Alfonso Reyes niño oyó decir a su madre: "No llores: bajo estos techos, la palabra de tu padre es la palabra de Dios".[51]

Las circunstancias de la muerte de Bernardo Reyes las ha recogido la historia de manera fidedigna. Una decisión precipitada e irreflexiva en medio del caos, un encuentro frente al Palacio Nacional. "Después, la metralla, el pavor de los soldados que retroceden, los gritos de los heridos y el galopar de los caballos sin jinete. Reyes, agoniza. La tentativa de abolir lo que se admitía como el caos mismo... había fracasado". ... "No poco del antiguo régimen había muerto,... con Bernardo Reyes".[52] Y con la muerte de Bernardo Reyes, tragedia pública, se abría en el alma de su hijo Alfonso una herida que no cicatrizaría jamás. Dice Gastón García Cantú:

> "Alfonso Reyes escribió la tragedia íntima de Bernardo Reyes, su padre —hay extremos que sufren papel—, sin consolarse jamás ante aquella muerte inútil. Evocó a su

---

[49] Alfonso Reyes, Crónica de Monterrey I. Albores. Libro Segundo de Recuerdos. (México: El Cerro de la Silla, 1960). p. 85.
[50] Alfonso Reyes. Oración de 9 de febrero. Alacena. (México: Ediciones Era, 1963). pp. 1-2.
[51] Crónica de Monterrey, *op. cit.*, p. 75.
[52] Gastón García Cantú. Introducción a Alfonso Reyes, Oración del 9 de febrero. (México: Ediciones Era, S.A., 1963). pp. II, IV, V.

padre —huésped de su soledad— sangrando por sus siete heridas de guerra, sin compartir sus ideas políticas. ...¡Cuánto debió dolerse al imaginar que la mano de su padre, apta para escribir sus memorias de soldado o impartir consejo de gobernante, empuñaba la espada! Con hilos de historia íntima, advirtió su entrañable amigo Pedro Henríquez Ureña, está tejida la Ifigenia Cruel. Con episodios de las hazañas y la muerte de Bernardo Reyes, don Alfonso escribió, entre otras páginas admirables, Enseña de Occidente, Villa de unión, 13 de febrero y esta Oración".[53]

La *Oración del 9 de febrero* es un documento desgarrador. Es necesario conocer la trayectoria vital de Alfonso Reyes y sus relaciones con su padre, para comprender cabalmente este documento, único en las literaturas hispánicas. Alfonso Reyes escribe con tal fuerza, dominando con tal intensidad su carga emocional, mostrándonos fisuras casi invisibles por donde no podemos ver los ríos de dolor que provocó en él la muerte de su padre. Pero si no podemos ver, sí podemos intuir el dolor, la tristeza y la melancolía que no siempre puede ocultar completamente. Diecisiete años después del trágico episodio, Alfonso Reyes escribía:

"Hacia varios años que sólo veía yo a mi padre de vacaciones o en cortas temporadas. ... Me bastaba saber que en alguna parte de la tierra latía aquel corazón en que mi pobreza moral, —mejor dicho, mi melancolía— se respaldaba y se confortaba. ... mi instinto acudía de tiempo

---

[53] Gastón García Cantú, *op. cit.*, p. V.

en tiempo al recuerdo de mi padre, y aquel recuerdo tenía la virtud de vivificarme y consolarme."
"De repente sobrevino la tremenda sacudida... tanto mayor cuanto que la muerte de mi padre, fue un accidente, un choque contra un obstáculo físico, una violenta intromisión de la metralla en la vida y no en el término previsible y paulatinamente aceptado de un acabamiento biológico. Esto dio a su muerte no sé qué aire de grosería cosmogónica, de afrenta material contra las intenciones de la creación." "Por las heridas de su cuerpo, parece que empezó a desangrarse para muchos años, toda la patria. Después me fui rehaciendo como pude, como se rehacen para andar y correr esos pobres perros de la calle a los que un vehículo destroza una pata; como aprenden a trinchar con una sola mano los mancos; como aprenden los monjes a vivir sin el mundo, a comer sin sal los enfermos. Y entonces, de mi mutilación saqué fuerzas. Mis hábitos de imaginación vinieron en mi auxilio. Discurrí que estaba ausente mi padre —situación ya tan familiar para mí— y de lejos, me puse a hojearlo como solía. Más aún: con más claridad y con más éxito que nunca. Logré traerlo junto a mí a modo de atmósfera, de aura. Aprendí a preguntarle y a recibir sus respuestas."[54]

No podía ir más lejos en la expresión de su dolor, en la apertura de las ventanas de su alma. Su sufrimiento, tan íntimo, tan demoledor, se le escapa aunque no quiera dejarlo salir, es como una catarsis, es como querer expulsar, con provocada intensidad, las espinas de su dolor, es como querer

---

[54] Alfonso Reyes. *Oración del 9 de febrero.* (México: Ediciones Era, S.A., 1963). pp. 4-5

eliminar los recuerdos que perturban su conciencia o su equilibrio nervioso y Alfonso Reyes, gran agonista, parece alcanzar la necesaria serenidad, para la revelación íntima, para la última lágrima:

> Entre mi padre y yo, ciertas diferencias nunca formuladas, pero adivinadas por ambos como una temerosa y tierna inquietud, fueron derivando hacia el acuerdo más liso y llano. El proceso duró varios años, y me acompañó por viajes y climas extranjeros. Al fin llegamos los dos a una compenetración suficiente. Yo no me arriesgo a creer que esta compenetración sea ya perfecta porque sé que tanto gozo me mataría, y presiento que de esta comunión absoluta sólo he de alcanzar el sabor a la hora de mi muerte. [55]

En su trayectoria espiritual parece que Alfonso Reyes llega a una estación de reposo cuando dice: "Yo siento que, desde el día de su partida, mi padre ha empezado a entrar en mi alma y a hospedarse en ella a sus anchas".[56]

Y, finalmente, la llegada al dolor sereno, tranquilo. Al dolor que puede resucitar, que está presente como ingrediente de una permanente nostalgia, de un recuerdo melancólico, que se siente vivo, 'integro:

> Pero el golpe contra la realidad brutal de haberlo perdido fue algo tan intenso que puedo asegurar que persiste; no sólo porque persistan en mi los efectos de esa inmensa

---

[55] Alfonso Reyes. *Oración del 9 de febrero*. (México: Ediciones Era, S.A., 1963). p. 5.

[56] Alfonso Reyes. *Oración del 9 de febrero*. (México: Ediciones Era, S.A., 1963). p. 6

herida, sino porque el golpe está aquí —íntegro, vivo— en algún repliegue de mi alma, y sé que lo puedo resucitar y repetir cada vez que quiera. El suceso viaja por el tiempo, parece alejarse y ser pasado, pero hay algún sitio del ánimo donde sigue siendo presente". [57]

La muerte del general Reyes, el asesinato del presidente Madero, la efímera jefatura del general Victoriano Huerta, la designación de su hermano Rodolfo para ocupar la Secretaría de Justicia en el gobierno de Huerta y la atmósfera general de violencia, desorden, asesinatos y verdadero caos que prevalecía en México, hicieron estragos en el ánimo de Alfonso Reyes. Por otra parte, en medio de sus dolores personales, su actitud política, muy bien definida, lo convertía en una persona "non-grata", de manera muy especial después de rechazar el nombramiento que le ofrecía el general Huerta de secretario particular suyo. Dice Alicia Reyes:

> "Se lo manifestó así en Popotla: "Yo me presenté lleno de recelo —escribe Reyes en su *Diario*— y en vez de aquel Huerta campechano y hasta pegajoso (a quien yo me negaba ya a recibir meses antes en el despacho de mi hermano, porque me quitaba el tiempo y me impacientaba con sus frases nunca acabadas), me encontré a un señor solemne, distante y autoritario. Así no podemos continuar —me dijo—la actitud que usted ha asumido... Me apresuré a presentar mi tesis para recibir el título de abogado, me dejé nombrar secretario de la Legación en París, y al fin consentí en salir de México, el 10 de agosto

---

[57] Alfonso Reyes. *Oración del 9 de febrero*. (México: Ediciones Era, S.A., 1963). pp. 6-7.

de 1913, a las siete de la mañana, por el Ferrocarril Mexicano. Además de mi mujer y mi hijo, me acompañaron hasta el puerto mi madre y el tío Nacho".[58]

El flamante diplomático mexicano sale de Veracruz el día 12 de agosto de 1913, a bordo del "Espagne" y desde el mismo barco le escribe a Pedro Henríquez Ureña, el 13 de agosto de 1913, la primera carta de un largo epistolario, quizás el más importante entre intelectuales hispanoamericanos. Debemos reproducir 'integra esta carta, por su interés histórico, por ser como una anticipación del exilio que comenzaba. Es una carta serena, que el lector sabrá apreciar:

"A bordo del Espagne, 13 de Agosto de 1913. Corriente del Golfo, paralelo no sé cuantos, etc. Mi querido Pedro: Puesto que mañana llegaremos a Cuba, desde hoy en la tarde me pongo a escribirte para hacerlo con desahogo. Por fortuna lo puedo hacer en mi camarote. En este vapor no hay mal camarote. El mar es benigno. El movimiento era mayor en el G.C. Mexicano. Aún no hay incidente que valga la pena de contarte.

Salimos de México Mamá, Nachito, mi mujer, mi hijo y yo. Nacho y mamá salieron a dejarnos fuera de la bocana en un vaporcito del puerto. Nacho me dio muchos consejos. Mi mamá, los únicos necesarios. Las consabidas bellezas del camino. Todos los puentes, guardados por fuerzas federales. Intolerable gente comienza a subir desde antes de Esperanza. Las bellezas y otros sentimentalismos del camino no compensan la incomodidad del viaje diurno en

---

[58] Alicia Reyes. *Genio y Figura de Alfonso Reyes.* (Buenos Aires: Editorial Universitaria, 1976). p. 56.

primera, (no hay Pullman), entre el humo y los tradicionales gritos jarochos sic[59] ; ¡y la mala comida de Esperanzas! Consecuencia: jaqueca. Así llegamos al Puerto con un tiempo infernal: los vestidos se tornan, espontáneamente, blancos. El aire sonoro, el aire suave que me cura la tos en México. En México no se puede respirar a plenos pulmones sin que venga un golpe de tos. En Veracruz, Antonio Caso podría reír a mandíbula batiente sin que le viniera la tos. La gente del pueblo es tan inteligente, como bruta la superior clase. El ansia de conversar le sale a la cara a todo el mundo.

Paseo a la Isla de Sacrificios el día 11 por la mañana. Nos acompañan Carlos Lozano, su padre, y una familia Carranza (un Carranza rico y ranchero, hermano de la rama lagartija del mismo nombre, cuyas dos hijas, muy jóvenes aún y bonitas, resultaron ex-discípulas de Carlitos. Murió a poco la madre, y el papá las lleva a París a distraerse).

La isla tiene una vegetación chaparra, unos árboles de cortezas de plata y ramas en sombrilla, unas arenosas calzadas por donde viajan las hormigas arrieras cargando una cáscara vacía de cangrejo. Calor insoportable. No vemos ni el lazareto ni el faro, porque no hay quien nos guíe, o porque hace demasiado calor, no sé bien la causa. El encargado es un Felipe Lera, de hundidas mejillas y del sucio color de la nicotina en las uñas, que tiene aspecto miserable, lleva los zapatos rotos, y tiene el descaro de llamarse hermano de Carlos Américo Lera, el diplomático. Sin embargo, todo puede ser posible en el

---

[59] Probablemente se refiere a "Gritos jarochos", de Veracruz.

mundo, como diría William James. Me dijo que quizá su hermano se embarcaría conmigo. Me parece que no, o por lo menos, no lo he descubierto entre los pasajeros, y creo que debe ser hombre notorio.

Por la tarde nos instalamos en el vapor. Nacho y mamá vuelven al hotel. (Diligencias naturalmente; qué Terminal ni qué modas banales!) El vapor tiene calles de camarotes con nombres. Yo vivo en la calle de la Habana. Al día siguiente salimos con una admirable lentitud: el Puerto está mal cuidado, y, a la salida del vapor, el agua se va ensuciando de polvo: quiere decir que va cortando el suelo.

Viene a bordo Fernando Galván, preguntándome si ya siento el **pie marino** (?) El Lic. Aspe y su familia. La Vda. de Limantour y el anodino hijo de Ives. Algunos lagartijos indefinibles que usan zapatilla de baile sobre la cubierta. ¡De milagro que no se ponen patines! Un don Jenaro García, ex-gobernador de Zacatecas bajo Don Porfirio (nota de Merimée: a quien no hay que confundir con el historiador del mismo nombre, que se escribe con G.) Alguna familia yanki con su Everyman. Alguna heroína romántica de quien otra vez te contaré etc. etc. Vienen dos padres. Uno dijo misa esta mañana en el comedor de los niños, para celebrar la Asunción: el Pbro. Zavala. Van a Roma a un Capítulo General, y quién sabe a cuántas ciudades. El Ing. Salvador Echegaray (a bordo) tiene un notable parecido en su manera con Manuel Sierra.

Se come bien. Se bebe bien. El barco es una ciudad y la gente de V. Cruz Veracruz lo considera como el más importante de los que allá llegan. He visitado sus misteriosas entrañas, llenas de marineros desnudos, peludos, sucios, dormidos. He visto destazar los bueyes que nos comemos en la elegantísima sala de comedor. He visto las máquinas. No hay que buscar nunca el mecanismo a las cosas: sobreviene la emoción del peligro: el mecanismo interno es como la conciencia. Nada hay más plácido e inconsciente que la máscara del universo. He visitado la **segunda** y la **tercera**. ¡Oh América de mis abuelos! Aún hay criollas que viajan con pericos. Nadie se marea a bordo. El mar no tiene novedad que contarnos. Hay muchos peces voladores, muchos encajes de plata por la noche, muchos borregos de día. Comienzan a aparecer aves que anuncian la vecindad de la tierra. En lo más alto del buque se encuentra un joven afable de muy inteligente sonrisa que es hijo de Chucho Contreras y estudia en los Estados Unidos: ahora va a Cornell. Continuaré a la noche. Alfonso".

La segunda carta procede de París y tiene fecha de 27 de agosto de 1923. Reyes ya estaba instalado como secretario de la Legación de México en la capital de Francia y comenzaba su periplo europeo. En Europa, en París, se iniciaba una etapa fundamental en la formación de Alfonso Reyes. No se trata, solamente, de formación intelectual, sino también humana, de experiencia vital. No olvidemos que Alfonso Reyes nació hijo del gobernador de Nuevo León y el 9 de febrero de 1913, seguía siendo el hijo de una de las personalidades eminentes de la vida política mexicana. Es decir, había vivido una vida serena, apacible, de estudio intenso, presidida por las cosas agradables de la vida. De repente toda su vida se trocó en lo radicalmente opuesto: inseguridad, sufrimiento moral intenso, pobreza; y, de la cima de la vida social, a la nada, a la condición de exiliado sin dinero y sin trabajo. Estos primeros años europeos fueron años de intensa prueba, de madurez, de fortalecimiento de su carácter, de expansión de su cultura. Fue la época, además, en que encontró su plena madurez como intelectual.

La primera carta que Reyes escribe a Pedro Henríquez Ureña al llegar a París está fechada el día 27 de agosto de 1913 y escrita en papel con membrete del HOTEL PRIMA, 7, Rue de Trévise, París. En ella, le cuenta a su entrañable Pedro:

> ...El viaje de ferrocarril de St. Nazaire a París es ameno por los muchos castillos que se ven al paso y lo preciosamente cultivada que está la tierra. Ví de lejos la Catedral de Orleans. De París aún no recibo emociones precisas, ni quiero. Lo primero para mí es instalarme. Para un hombre que viaje sólo y con una sola maleta,... nada hay más fácil que llegar a París.[60]

Todavía no se había instalado Alfonso Reyes cuando escribe el 27 de agosto y ya se preocupa de sus relaciones literarias:

> ... Nada interesante puedo ni pretendo contarte todavía. Acabo de conocer a Francisco García Calderón: una impresión algo falsa y equívoca. Va a comenzar a publicar tu *Inglaterra de Menéndez y Pelayo*. Cambié unas cuantas

---

[60]Pedro Henríquez Ureña y Alfonso Reyes. *Epistolario Íntimo* (1906-1946), Vol. I. Prólogo de Juan Jacobo de Lara. Santo Domingo: UNPHU, 1981). p. 150.

palabras con él, pues estaba ocupadísimo en la Legación.[61]

Un mes después, en septiembre, ya Alfonso Reyes empieza a sentir el vacío, la ausencia, la nostalgia del exiliado y lo expresa sin disimulo en carta del 28 de septiembre de 1913, a su amigo Pedro:

> Pedro: He pasado mis ratos tristes pensando si seré yo del género de hombres a quiénes la soledad es provechosa. Después de mis tantos años en medio de amigos extraordinarios, hasta respirar se me hace difícil por mi cuenta. Convengo en que la soledad me curará de este mal hábito, devolviéndome o desarrollándome mis fuerzas autonómicas. Pero ¿será esto lo mejor para el progreso de mi espíritu, aun cuando sea lo mejor desde el punto de vista de mi libertad vital? ... Si te hablo de mi soledad es porque, como tú comprenderás, no es posible que os sustituya. Los franceses no son gente para recibir en su intimidad a ningún extranjero. Y las gentes de habla española que hay en Paris, ni conocerlas deseo. Francisco García Calderón (cuya amistad se me va brindando mucho más despacio de lo que me conviene, sin duda porque no posee, como yo, el hábito superior de las amistades francas) me asegura que su *Revista* no es, como pude creerlo, un centro literario; que no se comunica casi más que por escrito con sus colaboradores; y que, en fin, es tal la vanidad de los americanos, que más vale así. Sin

---

[61] Pedro Henríquez Ureña y Alfonso Reyes. *Epistolario Íntimo* (1906-1946), Vol. I. Prólogo de Juan Jacobo de Lara. Santo Domingo: UNPHU, 1981). p. 150.

embargo algunas relaciones ha de tener y espero que me vaya introduciendo con ellas. Por ahora hemos quedado en vernos todos los domingos por la noche: ¡miserable cosa para mis opulentas costumbres de derrochador del tiempo![62]

El Paris que conoció Alfonso Reyes en 1913 estaba lleno de mexicanos y suramericanos. Cada uno hacia de la ciudad lo que quería, de acuerdo con su temperamento e intereses y Alfonso Reyes tomaba nota de personajes y personajillos para ir marcando su rumbo, afirmando sus intereses, fortaleciendo su vocación. Observa la frivolidad de alguno: "Carlos Lozano se ha entregado a pasear en auto con algunos aristócratas mexicanos. Está demasiado acostumbrado a ser el adorno de sus fiestas."[63] Satisface, desde los primeros días, su vocación intelectual: "Por las mañanas he comenzado una visita rápida a los Museos del Louvre...". Se alegra al conocer a Amado Nervo: "He conocido a Nervo, que ya me conocía. Me encontré con un hombre enteramente distinto (físicamente hablando) del que me esperaba. Es un delicioso conversador, y me parece que los dos nos estimamos. Por desgracia pasa por París con vertiginosa rapidez; pues, oficialmente, debiera

---

[62] Pedro Henríquez Ureña y Alfonso Reyes. *Epistolario Íntimo*, (1906-1946), Vol. I. Prólogo de Juan Jacobo de Lara. (Santo Domingo: UNPHU, 1981). pp. 151-152.
[63] Pedro Henríquez Ureña y Alfonso Reyes. *Epistolario Íntimo*, (1906-1946), Vol. I. Prólogo de Juan Jacobo de Lara. (Santo Domingo: UNPHU, 1981). p. 152.

estar a estas horas en San Sebastián"[64]. El espectáculo humano de los exiliados mexicanos residentes en París le producen evidente irritación: "Los mexicanos de París están divididos por la querella política. No se escapa uno ni a esta distancia de las miasmas del rencor. Entre ellos tampoco me podré hallar a gusto. Por todo lo cual, como Emerson, estoy solo en París."[65]

París fue, es decir, su primera estadía en Paris, para Alfonso Reyes, un paréntesis. Fue, además, preludio de su vida española, pero definitivamente fue un periodo de temores, de incertidumbres y de esperanzas. En carta de noviembre 6 de 1913, le escribe lo siguiente a Pedro Henríquez Ureña:

... Cierto es que paso por el más agudo periodo de crisis de mi vida. Nunca he sufrido tanto ni con tanta crudeza. Mi situación es por demás inestable. Mi trabajo me toma, íntegra, la parte más útil del día. Una fatiga desconocida me obliga a abrir los ojos un poco tarde en las mañanas (¿será la mitológica diferencia de horas? y cuando no logro rasgar, desde muy temprano, ese velo de sueño, soy hombre al agua: perdí el día. Estoy sumergido (me refiero a la Legación) en el mundo más raquítico, más vacío, más mezquino y repugnante que pudo nunca concebir, en su sed de fealdad y crudeza, cualquier novelista realista. Nunca creí que la bajeza y la vaciedad humana

---

[64] Pedro Henríquez Ureña y Alfonso Reyes. *Epistolario Íntimo*, (1906-1946). Vol. I. Prólogo de Juan Jacobo de Lara. (Santo Domingo: UNPHU, 1981). pp. 153-154.
[65] Pedro Henríquez Ureña y Alfonso Reyes. *Epistolario Íntimo*, (1906-1946). Vol. I. Prólogo de Juan Jacobo de Lara. (Santo Domingo: UNPHU, 1981). p. 153.

llegaran a tanto. Temo, casi, por la salud de mi espíritu. ¡Ay Pedro, no podría yo pintar con colores bastante vivos el género de hombres que escriben a máquina junto a mí! Nunca creí que a tanto se pudiera llegar: es lo peor que he visto en mi vida: ¡qué vaciedad! ¡qué estupidez! ¡qué solapado odio a la inteligencia y al espíritu! ¡qué ánimo vigilante de venganza contra la superioridad nativa, qué sublevación del lodo y de la mierda en cada palabra y ademán! ¡qué vidas sin objeto! ¡qué asco! ¡qué vergüenza y qué dolor tan irredimible ante tales aberraciones de la especie! [66]

En 1914 se cerraba, por razones mexicanas y europeas, el período francés del exilio de Alfonso Reyes. La guerra y la terminación de sus funciones diplomáticas llevarían a Reyes a España. El 19 de septiembre de 1914 le escribe, a su entrañable Pedro, desde San Sebastián, una carta en que cuenta sus peripecias de desterrado. Esta carta es muy importante para conocer la entrada de Reyes en España:

> Venzo mi profunda pereza, y te escribo al fin. A la salida de París del Gobierno francés, salimos nosotros (yo y mi familia) en tren diplomático especial para Burdeos. Era yo el único que estaba listo para viajar de todo el personal de la Legación. Días antes había renunciado de la Barra por telégrafo, aún no le contestan, estamos incomunicados con México y nada sé de mi familia de allá, y yo, viendo que cada quien tiraba por su lado, le pedí licencia (anual re-

---

[66] Pedro Henríquez Ureña y Alfonso Reyes. *Epistolario Íntimo*, (1906-1946), Vol. I. Prólogo de Juan Jacobo de Lara. (Santo Domingo: UNPHU, 1981). p. 176

glamentaria) pues en París la vida era ya insoportable y todas las tardes caían bombas alemanas, e hice mis maletas. Por eso, en cuanto nos notificaron la salida a Burdeos, pude aprovechar el tren diplomático. Dejé mi casa como estaba, al cuidado de mi conserje (gente de fiar) con todos mis libros, y no me traje más que uno sólo. Salimos el 2 de septiembre a la diez de la noche. Llegamos a Burdeos el 3 a la 1 p.m. Es una bella ciudad, con aspectos grandiosos. ... Una gran luna roja, por las noches. Un francés mal pronunciado, pero alegre. Un trato hermano más fácil y dulce que el de París...Pasé tres días infames sin encontrar alojamiento. El Gobierno había embargado todos los hoteles y posadas para su séquito. En su séquito iba yo; pero de un pobre Secretario de Legación Americana nadie quiso ocuparse. ... A este cuarto de hora de mi vida le llamo yo "Mis irónicas lunas de Bordeaux". Después de hacer acto de presencia a nombre de la Legación,… telegrafié al Ministro (que se había escapado días antes al balneario de Trouville) diciéndole que, por no poder alojar mi familia en Bordeaux, y por estar la vida allí excesivamente cara (y no tengo sueldo desde Julio, que fue el último mes pagado) seguía yo hacia San Sebastián, en uso de mis vacaciones. ... Salí de Bordeaux... el día 6 por la mañana, y llegué a ésta a las cuatro de la tarde. ... El paisaje es delicioso al llegar cerca del mar: se van viendo los manchones de mar, entre las lomas. Hay unos pueblecitos encantadores, derramados por las colinas con una ingenuidad de casitas de "nacimientos". En España hay más luz que en Francia.[67]

---

[67]Pedro Henríquez Ureña y Alfonso Reyes. *Epistolario Íntimo*, (1906-

Al llegar a San Sebastián, Alfonso Reyes iniciaba un periodo de diez años de vida española. Detrás quedaba París y traía de ella su amistad con Foulché-Delbosc y con los hermanos García Calderón, sus contactos con las casas editoriales más importantes, Ollendorf, entre otras. ¿Por qué San Sebastián? Porque allí vivía su hermano: "Rodolfo se vino aquí desde que las cosas se pusieron mal en París. Aquí se tenían más noticias de la guerra que en París."[68] Estos momentos iniciales en España son de total incertidumbre para Reyes. El mismo lo dice:

> Paso a exponerte mi situación oficial. Desde que cambió el Gobierno de México supusimos nuestra destitución general. ... Un día se nos envió una copia del telegrama recibido por Juan Sánchez Azcona... en que se decía que todos los empleados de Relaciones Exteriores estaban destituidos desde el 19 de agosto.[69].

En San Sebastián, Reyes conoce a Azorín. En la misma carta de septiembre 19 de 1914, don Alfonso dice:

> Está aquí Azorin, a quien le pedí una entrevista sin más ambages, en una tarjeta. ... Me dio una cita por carta para su casa, a la vuelta de la mía. Me resultó un hombre de aspecto humilde, casi vulgar, de difícil palabra, vergonzoso, callado. ... Azorín se interesa mucho por ti. Cuando

---

1946), Vol. II. Prólogo de Juan Jacobo de Lara. (Santo Domingo: UNPHU, 1981). p. 50.

[68] Pedro Henríquez Ureña y Alfonso Reyes. *Epistolario Íntimo*, (1906-1946), Vol. II. Prólogo de Juan Jacobo de Lara. (Santo Domingo: UNPHU, 1981). pp. 51-52.

[69] Pedro Henríquez Ureña y Alfonso Reyes. *Epistolario Íntimo* (1906-1946), Vol. II. (Santo Domingo: UNPHU, 1981). P. 52.

te nombré, me dijo: le iba yo a decir que me hablara de él. Te ha leído.[70]

Muy pocos días estará Reyes en San Sebastián. Allí deja a su familia en casa de su hermano Rodolfo y se dirige a Madrid donde se encuentra ya el 10 de octubre de 1914. Desde el principio Reyes va abriéndose paso en Madrid. Conoce a Enrique Diez-Canedo (1879-1945) a quien lo unirá una amistad íntima y profunda, sin manchas ni altibajos, durante toda la vida. En Madrid empieza para Alfonso Reyes una época importantísima. Conoce a Cipriano Rivas Cherif, Juan Ramón Jiménez, Américo Castro, Onís, Ortega y Gasset, R. Menéndez Pidal, Ramón Gómez de la Serna, Unamuno; es decir, el grupo que dirige la cultura española de la época. A ese grupo se incorporará Reyes por derecho de cultura y de inteligencia.

Durante los cinco primeros años de los diez (19141924) que pasa en la capital española, Reyes dedica totalmente su vida a tareas de la cultura: ejerce el periodismo en periódicos españoles e hispanoamericanos; y, al incorporarse a la Sección de Filología del Centro de Estudios Históricos, dirigido por don Ramón Menéndez Pidal se consagra por entero a los altos estudios eruditos y la investigación literaria. Es una época de intenso trabajo intelectual, de reafirmación de su vocación literaria. En su prólogo a *Verdad y Mentira*, de Alfonso Reyes, dice José M. González de Mendoza refiriéndose a estos años:

> Escribe la mayor parte de los eruditos ensayos recogidos en las dos series de *Capítulos de literatura española* (1939-1945) y en *Cuestiones gongorinas* (1927), donde reúne los

---

[70] Pedro Henríquez Ureña y Alfonso Reyes. *Epistolario Íntimo* (1906-1946), Vol. II. (Santo Domingo: UNPHU, 1981). p. 53.

resultados de sus investigaciones sobre Góngora, ya iniciadas en su primer libro: *Cuestiones estéticas* (1910). Con Foulché-Delbosc, que le llamaba "el primer gongorista de las nuevas generaciones", colabora "como humilde albañil —dice en *Reloj del sol* con más modestia que exactitud— en la creación de las obras del gran poeta cordobés.[71]

Pero los días iniciales fueron difíciles y llenos de incertidumbre y de pobreza. Se instala en un pisito en Torrijos 42, su primera residencia familiar en Madrid. Realiza el primer trabajo de traducción que le trae don Luis Ruiz Contreras y recibe la ayuda de Diego Redo, rico mexicano, a quien se le ocurre escribir un libro sobre el cultivo de la caña y la fabricación del azúcar.

La permanencia de Reyes en Madrid se divide, cronológicamente, en dos etapas. Veamos lo que nos dice Alicia Reyes:

> La primera etapa de fines de 1914 a fines de 1919, en que se sostiene exclusivamente de la pluma, en pobreza y libertad; y la segunda, de 1920 a 1924, en que, tras de haber sido unos meses secretario de la Comisión Histórica Paso y Troncoso, bajo la dirección de don Francisco A. de Icaza y en compañía de Artemio de Valle Arizpe, se reintegra al servicio diplomático en la Legación de Madrid (10 de junio de 1929), recibe un ascenso sobre su antiguo grado (21 de enero de 1921) y, salvo el momento inicial o las jefaturas

---

[71] José M. González de Mendoza, "Prólogo", a *Verdad y Mentira* de Alfonso Reyes. (Madrid: Aguilar, 1950). p. 15.

transitorias de Sánchez Azcona y Alessio Robles, se queda cerca de cinco años como Encargado de Negocios.[72]

En su primera etapa madrileña, Reyes publica libros radicalmente diferentes en contenido: *Cartones de Madrid, Visión de Anáhuac* y *El Suicida* y realiza un intenso trabajo periodístico que, entre otros efectos, lo vincula profesionalmente con el periodismo cubano, al publicar artículos en *El Heraldo de Cuba*, de Manuel Márquez Sterling, que le pagaba 25 pesetas por artículo.

Durante estos primeros años, en el proceso de construcción de su propia existencia, su segunda residencia familiar será, ya en 1916, un piso situado en la calle del General Pardiñas #32, que pronto se convierte en una especie de centro de operaciones para sus amigos. Por allí pasaron, entre otros, Carlos Pereyra y Pedro Henríquez Ureña; Antonio Solalinde vivió en el mismo edificio y en 1918, José María Chacón y Calvo estableció allí su residencia. Estos en Pardiñas, fueron años fructuosos. Reyes trabajó intensamente. Aunque todavía vivía en una época difícil, de penuria, de incomodidades, de frío. No olvidemos que la de Pardiñas, es la casa que José María Chacón y Calvo bautizó como **La casa de hielo** y que don Alfonso ha recordado como tal en la *Historia Documental de mis Libros*. Por la mañana trabaja en la Biblioteca Nacional, por la tarde en el Centro de Estudios Históricos, por la noche escribe artículos periodísticos, prepara ediciones de los clásicos y, cuando encuentra tiempo, sus ensayos, su poesía. Du-

---

[72] Alicia Reyes. Genio y Figura de Alfonso Reyes. (Buenos Aires: Editorial Universitaria 1976).pp.70-71.

rante los tres últimos años de esta etapa, vive en un piso situado en la calle de Serrano #56. Esta casa es un testimonio de su bienestar, de su triunfo sobre la pobreza y el infortunio de los primeros años. En la calle de Serrano, Reyes recibía a sus amigos los domingos y por esta época fundó con Eugenio D'Ors una tertulia en el Hotel Palace que se reunía los jueves y a la que pusieron el nombre, ¡oh Chesterton!, de "Los hombres que fueron jueves".

Reyes había llegado a Madrid como refugiado, vivió allí de su pluma durante muchos años a pesar de los terribles presagios de su paternal amigo, don Francisco A. de Icaza, que preocupado por el porvenir de su joven amigo, le había dicho:

"Posible es —le decía— que usted logre sostenerse aquí con su pluma, pero es como ganarse la vida levantando sillas con los dientes".[73]

Pues bien, "levantando sillas con los dientes" vivió Alfonso Reyes durante algunos años en Madrid. Su llegada, rodeada de pobreza, de inseguridad y de incertidumbre, quedó escondida detrás de las brumas del recuerdo, de los tristes recuerdos; y, poco a poco, fue surgiendo una brillante carrera de escritor y de poeta, de erudito y de humanista. Años después, sus amigos españoles le ofrecerían una apoteósica despedida al escritor, al humanista y al amigo. Alfonso Reyes se alejaba de España en 1924 después de completar el período formativo más importante de su vida. Se retiraba un gran

---

[73] Alicia Reyes. Genio y Figura de Alfonso Reyes. (Buenos Aires: Editorial Universitaria 1976).pp.76.

escritor, un humanista completo, un hombre de cultura enciclopédica. Un diplomático eminente. Había triunfado sobre toda clase de obstáculos, sobre el destino adverso. Este momento cerraba el primer período europeo, es decir: el primer París que fue, a la vez, exilio y diplomacia; la España primera de la pobreza y la incertidumbre; y, también, la España del éxito y del retorno a la casaca rameada. Meses después estaría Reyes de regreso en Europa, ahora radicado en París como Ministro de México. Pero el Reyes del segundo París era un hombre radicalmente distinto al que durante unos meses vivió allí en su primera juventud en pleno proceso formativo. El hombre que regresaba a Francia por segunda vez era ya un gran escritor, un gran humanista, un hombre universal y por eso Francia y Europa iban a recibir a "uno de los suyos", porque Reyes ya había alcanzado ese grado de universalidad que lo hacía un ciudadano del mundo.

Por eso su experiencia europea puede dividirse en dos partes: la primera, París, el primer París de sus asombros y la España primera. París fue un momento fugaz que dejó su huella y lo vinculó personalmente por primera vez al mundo de la cultura europea. Pero la gran experiencia, la gran influencia fue española. Es decir, lo más personal, lo más humano, le viene a través de hombres españoles y de instituciones españolas. Instituciones como la Residencia de Estudiantes, el Ateneo de Madrid y el Centro de Estudios Históricos lo vincularon a lo mejor de la intelectualidad española de la época. La lista de sus amigos españoles incluye a todo lo que vale y brilla: Ortega, Unamuno, Valle-Inclán, Juan Ramón Jiménez, Azorín, Ramón Menéndez Pidal, Ramón Gómez de la Serna, Américo Castro, Enrique Diez-Cañedo, Federico de Onis, Eugenio D'Ors, Tomás Navarro, Antonio Solalinde y ¡para que seguir! España completó en él ese anhelo de universalidad que sentía desde siempre, le dio al alma, al intelecto de Alfonso Reyes la forma final, la de un gran humanista; y allí también, desde la lejanía, desde su perspectiva peninsular pudo comprender y definir su propia identidad de hombre de América, de mexicano universal. En esta etapa primera de Paris y de España, Reyes adquirió su dimensión total, su consagración como erudito, como poeta, como ensayista. En España terminó y trascendió su etapa formativa. Cuando regresó a París por segunda vez, ya no llegó al París de sus asombros. Ahora venía a contribuir, a abrir caminos, a escribir, a ensanchar su visión del mundo. Había llegado un gran maestro americano.

Cuando Alfonso Reyes cesó como Encargado de Negocios en España, se despide de sus amigos el 12 de abril de 1924, [74] en una comida que le ofrecieron en el restaurante Lhardy, donde estuvo presente, entre otras figuras notables, el cubano José María Chacón y Calvo. Sale de España el 17 de abril, pasa brevemente por La Habana donde la prensa se hizo eco de su presencia y llega a Veracruz el 7 de mayo de 1924. Lo reciben con entusiasmo. Recibe homenajes del PEN Club y de la Academia de la Lengua Mexicana. Y, dice Alicia Reyes, "su inolvidable Antonio Caso —en *Revista de Revistas* tocó la cuerda más sensible de Reyes, porque su efusiva bienvenida estaba a

---

[74] Alicia Reyes. *Genio y Figura de Alfonso Reyes*. (Buenos Aires: Editorial Universitaria, 1976). pp. 104.

la vez penetrada de los más gratos recuerdos y de melancólicas visiones". Así escribió Antonio Caso:

El humanista ha regresado a la patria. En largos años de ausencia pulió su espíritu con el contacto de otras gentes, que en el Viejo Mundo elaboran el tesoro de la civilización. Su espíritu es el mismo, ágil, vigoroso, resuelto, sincero, inasible. Su característica fue siempre la inquietud mental, la curiosidad inextinguible, el desbordamiento interior ceñido a lo que dictan el criterio ponderado y el gusto excepcional. Pero el instinto, que es intuición, constituye el fondo dinámico de su naturaleza: "La libertad —dice— será de aquel para quien el raciocinio sea un peldaño ligeramente tocado, rosado apenas... La libertad del que se hace señas con las cosas. Alfonso ha pasado su vida guiñándoles el ojo en una complicidad perfecta.

"Porque hay dos maneras de entender el mundo: la manera interior y la exterior. Quienes entienden la vida exteriormente, son los espíritus amplios; quienes interiormente la comprenden, son los espíritus profundos. El peligro de la amplitud es la superficialidad; el escollo de la profundidad, el aislamiento. El ideal sería, claro está, ser amplio y profundo a la vez;...Plotino fue un alma original y profunda, pero impenetrable. ... Erasmo y Voltaire fueron amplios espíritus: reflejaron su siglo, modelaron su época, abarcaron su sociedad; por eso han muerto un poco para las épocas y los siglos que siguen pasando. Platón fue amplio y profundo a la vez, por eso todavía figura como una estrella fija...

Nuestro amigo es un espíritu profundo, pero no deja de ser un amplio espíritu. Jamás vivirá recogido en su torre. Como el renaciente francés, deja que entren a su biblioteca los rumores del tumulto social; pero sabe salvar el alma, porque, al fin, no es del tumulto, sino del ideal. Aun en el solar castellano asistía el desenfreno de nuestras pasiones políticas, sin desencarnarse de la patria, pero sin que hasta él llegara el vaho de la sangre vertida, que a tantos nos nubló la vista con su trágico horror. En Madrid vivía en México. Ahora en México, vivirá un poco en Madrid..."[75]

Reyes permanece en México hasta fines de 1924. Nombrado Ministro en la Argentina, nunca toma posesión del cargo. Se traslada a España en misión confidencial y estando en Europa es nombrado Ministro en París, ciudad en la que residirá hasta principios de 1927. Este "segundo Paris" será el pórtico, el "presagio de América". Mientras espera sus Cartas Credenciales, don Alfonso y su familia se trasladan a Roma para pasar las Navidades en compañía de Justo Gómez Ocerin, Consejero de la Embajada de España ante la Santa Sede. "Me siento deslumbrado en Roma..."

De regreso en París, fija su residencia en el 23 de Cortambert. Este segundo París será muy diferente del primero. Ahora trabajará reposadamente, sin incertidumbre, con una gran paz interior. Ya no es el París de la guerra, sino la gran metrópoli de la cultura, de las artes, de la inteligencia. Fue durante esa época que estrechó su amistad con el abate José María González de Mendoza, que ha recordado en su artículo "Alfonso Reyes anecdótico" que en parte reproduce Alicia Reyes en su

---

[75] Alicia Reyes. *Genio y Figura de Alfonso Reyes*. (Buenos Aires: Editorial Universitaria, 1976). pp. 107-108.

biografía, algo que da la medida del hechizo de la gran ciudad y de sus piedras milenarias:

> Lo que hallamos allí en París es la cumbre de la civilización de la que nos sentimos parte, la civilización latina, no dominada por máquinas tremendas, no acuciada por angustiosas prisas, no envenenada por el imperioso materialismo del dinero, sino hecha a la medida humana, armoniosa, impregnada de tradición cultural.
>
> Una frase de Alfonso Reyes me dio la clara percepción de esto. Estábamos sentados bajo los castaños floridos, en la terraza de la Closerie des Lilas. Contemplábamos la perspectiva que desde la fuente ornada con el magnífico grupo de Las cuatro partes del mundo, obra de Carpeaux, tiene por fondo el jardín y el palacio de Luxemburgo. Inmediata a nosotros se alzaba la estatua del Mariscal Ney, modelada por Rudi; y, en frente, el barrancón del Bal Bullier, nido de bullicio y alegría juveniles. Veíamos la umbrosa encrucijada de la Avenida del Observatorio con los bulevares de Montparnasse, Port-Royal y Saint-Michel. Sabíamos que estaban cerca las prestigiosas Escuelas Universitarias, el Val-de-Grace con su majestuosa cúpula, la casa donde vivió Rubén Darlo. Ningún alambre rayaba el cielo primaveral: tan sólo vuelos de gorriones y de palomas. Y Alfonso Reyes, mirando con delicia el amable paisaje, comentó: ¡Cuántos siglos de buena educación han sido necesarios para formar todo esto!
>
> El meollo de la frase no era "civilización", concepto sobreentendido. No: era "buena educación", con cuanto

ello significa: urbanidad, cortesía, pensamientos delicados, acción moderada y congruente".[76]

En esta anécdota está precisamente el elemento que establece, espiritual e intelectualmente, la diferencia entre el primer París y el segundo París. Su primera visita fue consecuencia de los problemas políticos mexicanos que, entre otros trágicos resultados, produjo la muerte del general Reyes, el acontecimiento más devastador, en el orden espiritual y afectivo, de la vida de Reyes. Además, la primera Guerra Mundial no contribuyó en ningún sentido al disfrute reposado de la ciudad y de su mundo cultural e intelectual. El "segundo" París fue una época de éxitos, de actividad intelectual intensa, de continuados servicios a la patria.

James Willis Robb se ha referido a la **Doble Presencia de Francia** en la vida de Alfonso Reyes, en su ensayo breve "Siete presencias de Alfonso Reyes":

> Francia, otro mundo cultural en que Reyes convive perfectamente, ocupa dos etapas en su itinerario: 1913-1914 y 1924-1927. Diplomático oficialmente, siempre desempeñaba el papel de embajador cultural en el sentido más amplio, tendiendo puentes culturales entre Francia —crucero de las corrientes internacionales— y América Latina, como antes sus amigos peruanos los hermanos Francisco y Ventura García Calderón. Sus amistades francesas Jules Romain y Valery Larbaud, sus afinidades con Mallarmé, Paul Valéry, Proust, Anatole France, Rémy de Gourmont, tendrán expresión en las más diver-

---

[76] Alicia Reyes. *Genio y Figura de Alfonso Reyes*. (Buenos Aires: Editorial Universitaria, 1976). pp. 130-131.

sas obras elaboradas en distintas ocasiones. Mallarmé será frecuente punto de partida para meditaciones alfonsinas sobre los problemas de la traducción, la creación poética, las angustias metafísicas. Un libro de ensayos basado en sus experiencias de París, *El cazador*, ejemplifica su don artístico para transformar la mera crónica literaria ocasional en creación poética autónoma o en fecunda divagación.[77]

La experiencia europea de Alfonso Reyes fue una de carácter formativo, de desarrollo cultural, de apostolado intelectual, de patriotismo del bueno; de enlace entre Europa y América Latina, como dice Robb; de reivindicación del prestigio del hombre americano en Europa, sin olvidar, desde luego, el alcance de la plenitud como poeta, ensayista y erudito de dimensión universal.

Se acercaba el fin de su misión europea. En septiembre de 1926 recibe un cable de Genaro Estrada anunciándole su traslado. Se inicia la época de la experiencia americana. Se retiraba de "la Francia eterna", la Francia que con Grecia y España forma la gran trilogía que nutrió, a caudales, el alma y el intelecto del gran sabio americano. Se retira de Francia dejando escrito el testimonio de su admiración por los grandes escritores franceses, clásicos y modernos, en ensayos que abarcan desde Mallarmé hasta Paul Morand, pasando por Montaigne, Descartes, Rousseau, Saint-Simon, Renan, Anatole France, Bergson, Proust, Cocteau, Valery Larbaud y Paul Valéry.

---

[77] James Willis Robb, "Siete presencias de Alfonso Reyes" en *Presencia de Alfonso Reyes*. México: Fondo de Cultura Economica, 1969. pp. 119-131

Alfonso Reyes regresa a América como una gran figura de enlace, para colocarse, ya en plena madurez, "en el cruce de todas las corrientes de la cultura".[78]

Sus amigos de París le organizan un banquete de despedida, y Gabriela Mistral lo saluda y lo despide con palabras de fervor en la amistad, de justicia en el elogio, de intensidad en el cariño:

Se va Alfonso Reyes y lo despedimos franceses, peruanos o chilenos, como criatura propia, con cuya honra se nos añade alegría y con cuya pena se nos ofende o se nos roba. ...

Reyes ha logrado una cosa difícil como un repecho: hacer estimar del europeo al muy discutido hombre de la América española: hemos sido empinados en él, en sus capacidades y en su hidalguía. Le debemos, ni más ni menos, que el haber dado testimonio de nosotros, el haber sido nuestra prueba irrefutable.

Suele decirse que la América no inglesa tiene al individuo por debajo de su geografía y de su economía, que valemos muchísimo menos que el caucho del Brasil o la esmeralda colombiana; se asegura que entre nosotros la planta fue verdad siempre, pero el individuo no lo es todavía. Por ello resulta una sorpresa para el europeo cuando el hombre de allá le aparece tan sólido y tan fino como sus maderas preciosas. ... Vaya a donde vaya, verá siempre esta fiesta de la consideración superior y del cariño, en torno suyo. Donde quiera hablar, será maestro

---

[78] James Willis Robb, "Quinta Presencia: Argentina y Brasil", *Siete Presencias de Alfonso Reyes*. México: Fondo de Cultura Económica, 1969.

de jóvenes y amigos buscado de viejos doctos. En cualquier parte dirá la palabra precisa, sin exageración de malicia ni de soberbia. ...

Sea bueno el mar y segura la otra orilla para nuestro amigo. [79]

Después de una corta temporada en México, Alfonso Reyes ocupará el cargo de Embajador de México en Argentina, para iniciar lo que el profesor Robb llama la "Quinta Presencia: Argentina y Brasil". La experiencia sudamericana será la experiencia de la madurez. El hombre que llega a Buenos Aires está en la cima de su carrera literaria y en la posición más alta de su carrera diplomática: Embajador a los 37 años. Ricardo Molinari le da la bienvenida con un artículo que publica en la revista *Martín Fierro*, en abril de 1927, donde dice: "Reyes que todavía está distante de la edad madura, nos ha dado ya una colección de libros escritos en la mejor prosa que hoy se trabaja: ensayos, crítica, diálogos, cuentos, estudios y simpatías y diferencias..."

Reyes fue despedido en París por Gabriela Mistral con unas conmovedoras palabras de acento ético y es recibido en Buenos Aires con un artículo de Molinari en que el énfasis cae en los logros intelectuales de gran mexicano. La despedida y la bienvenida apuntan a la totalidad de la personalidad humana de Alfonso Reyes.

La experiencia americana de Reyes es la experiencia del maestro, del dirigente, del gran escritor de categoría continental. Su llegada estuvo rodeada de artículos en periódicos y

---

[79] Alicia Reyes. *Genio y Figura de Alfonso Reyes*. (Buenos Aires: Editorial Universitaria, 1976). pp. 147-148.

revistas, banquetes y toda clase de bienvenidas. Es el momento de su "Saludo a los amigos de Buenos Aires" en que afirmó:

> Hay una alegría de místico en sentir que la morada humana es cosa provisional; hay una alegría de justo en reducir nuestros bienes al tamaño de una maleta de viaje; hay una alegría de soldado en saberse presto a levantar la tienda al primer toque de clarín.[80]

Y con esas tres alegrías, que tenían mucho que ver con su realidad vital, llegó don Alfonso a Buenos Aires para iniciar su período americano.

Su itinerario americano puede marcarse cronológicamente así: De 1927 a 1930, Buenos Aires; de 1930 a 1936, Río de Janeiro; de 1936 a 1937, de nuevo Buenos Aires; y, de 1938 a 1939, Río de Janeiro por segunda vez. Este es el eje "Norte-Sur" al que se refiere James W. Robb, es decir, México-Sudamérica, además de su otro itinerario "Este-Oeste", refiriéndose a Europa-América[81].

Don Alfonso Reyes fue, en Buenos Aires, mucho más que Embajador de México. Fue un apóstol de la cultura, un animador, un maestro entusiasta. Alicia Reyes recuerda un artículo titulado "Recuerdo argentino de Alfonso Reyes" escrito

---

[80] Alicia Reyes. *Genio y Figura de Alfonso Reyes.* (Buenos Aires: Editorial Universitaria, 1976). p. 156.
[81] James Willis Robb, "Alfonso Reyes al cruce de los caminos" Por los caminos de Alfonso Reyes. Estudios, segunda serie. (México: INBA y EDUVEM, 1984). p.14.

por Ulises Petit de Murat,[82] en el que el autor nos dice deslumbrado: "Su pira verbal se encendió para algo que perdura en él. Elogió la juventud."... Y sigue recordando el propio autor:

> "Un día llegó a mi casa Jorge Luis Borges. Tenía una gloriosa desazón y necesitaba explayarse con alguien. Había ido a una conferencia de Reyes. Y Reyes, sorpresivamente, lo había nombrado. Creo que fue el primer gran estímulo que ese escritor de excepción recibió en su vida. Luego,...Alfonso Reyes fue nuestro, de nuestro Buenos Aires, de nuestra pampa lisa y metafísica y angustiosa como la idea matemática del infinito, sin dejar de ser mexicano hasta en la raíz de su mirada viva y vencedora.[83]

Alrededor de Alfonso Reyes se reunía en Buenos Aires el grupo más eminente de intelectuales argentinos: Jorge Luis Borges, Molinari, Petit de Murat, Victoria Ocampo, Martínez Estrada, Juana de Ibarbourou, Alfonsina Storni, Adolfo Bioy Casares, Guillermo de Torre, Ángel Battistessa, Luisa Luisi, Norah Borges y muchos más. Después de leer estos nombres y al recordar la lista de sus amigos españoles, nos damos cuenta de que Alfonso Reyes fue, a la vez, parte y hacedor de la historia de la cultura del mundo hispánico a todo lo largo del siglo XX hasta el momento de su muerte.

Alfonso Reyes en Buenos Aires fue un colaborador muy íntimo de la revista SUR de Victoria Ocampo y una de sus

---

[82] Alicia Reyes. *Genio y Figura de Alfonso Reyes*. (Buenos Aires: Editorial Universitaria, 1976). p. 162.
[83] Alicia Reyes. *Genio y Figura de Alfonso Reyes*. (Buenos Aires: Editorial Universitaria, 1976). p. 164.

contribuciones más importantes al mundo de la cultura argentina fue la publicación de los *Cuadernos del Plata* estimulado por los jóvenes intelectuales que "quieren que aquí también deje huella."

En 1930, Reyes es nombrado Embajador en el Brasil, en sustitución de Ortíz Rubio, que pasa a ocupar la presidencia de la República. En su *Diario*, anota el día 6 de marzo de 1930, "... En Brasil voy a reposar... y a ocuparme de mi trabajo literario. ... Tengo el propósito de comenzar allá para sentirme más acompañado la publicación de mi *Correo Literario*. Llegaba a Río de Janeiro desilusionado y entusiasmado a la vez. "Evar Méndez y no yo es quien dirige los *Cuadernos del Plata*. Tal es el error de contar con editores literarios. ... No estamos de acuerdo siquiera en el uso de las palabras... "Así escribía con desilusión, pero sin embargo lo entusiasmaba la idea del *Correo Literario*. Se despide de Argentina con su elocuente "Adiós a los diplomáticos americanos." En el Brasil su trabajo de animador de la cultura y de misionero intelectual cobrará una dimensión internacional con la publicación de su *Monterrey* (Correo Literario de Alfonso Reyes), cuyo primer número fue publicado en Río de Janeiro en junio de 1930. La publicación de Monterrey fue una labor de enlace, de acercamiento, de difusión cultural, de intercomunicación entre todos los intelectuales del mundo hispánico principalmente. La naturaleza de *Monterrey* fue una labor de enlace, de acercamiento, de difusión cultural, de intercomunicación entre todos los intelectuales del mundo hispánico principalmente. La naturaleza de *Monterrey* como publicación periódica y sus características, las dejó perfectamente definidas Alfonso Reyes en el largo "Propósito" que publicó bajo su firma en el número inicial. Lo que Reyes quería que fuera *Monterrey* lo dejó dicho de la siguiente manera:

> ... pero modestamente dispuesto Monterrey a ser un terreno de investigaciones literarias precisas; prestándose al diálogo entre los amigos que quieran aclarar consultas o cambiar erudiciones por este medio; siempre hospitalario, pero siempre casa privada y no edificio público, siempre habitación de una sola persona que no ha de explicar sus preferencias; de aparición periódica en lo posible, y frecuente según convenga al redactor único, puesto que es un papel de obsequio, una carta impresa; útil como tarjeta para agradecer los muchos libros que nos enviamos unos a otros y de que apenas podemos ya acusarnos recibo, a riesgo de abandonar toda otra tarea, —el correo literario (éste Correo Literario que pongo bajo la advocación de mi ciudad natal por motivos puramente cordiales)— sale hoy a desandar la trayectoria de todos mis viajes, en busca del tiempo y del espacio perdidos, para limpiar las veredas de la amistad y atarme otra vez al recuerdo de mis ausentes: a toda rienda, a todo anhelo, todo él galope tendido, ijar latiente, y redoble de pezuñas y espuelas. A.R[84].

Monterrey circuló por América y España principalmente. Continuó publicándose hasta 1937, ya estando Reyes por segunda vez en Buenos Aires donde solamente residió durante

---

[84] *Monterrey*. Correo Literario de Alfonso Reyes. No. 1. Río de Janeiro, Junio de 1930.

unos meses para regresar a Río de Janeiro por segunda vez (1938-39) y luego ya definitivamente regresar a México.

En Río de Janeiro, Alfonso Reyes dejó una huella profunda en el afecto de innumerables escritores e intelectuales. Alceu Amoroso Lima, siempre fiel en la amistad y constante en el afecto diría de Reyes: Alfonso Reyes foi, sem dúvida alguma, o maior mexicano que pisou as nossas praias. Deixou aqui um rastro como nenhum outro.[85]

De la amistad de Don Alfonso con Cecilia Meireles dan testimonio las cartas que se guardan en el archivo de Alfonso Reyes.[86] Y Manuel Bandeira, quizás el mejor poeta brasileño en la década de los treinta, fue, asimismo una firme amistad de don Alfonso Reyes. Dice Alicia Reyes que: "Para festejar a Bandeira cuando cumplió los cincuenta años, en 1936, casi cuarenta distinguidas figuras de arte y letras brasileñas se reunieron con un solo escritor mexicano, Alfonso Reyes, para crear la joya bibliográfica hoy tan rara y apreciada, Homenagem a Manuel Bandeira." Después, en 1936 también, cuando Reyes se marchaba de nuevo a Buenos Aires, sus amigos se reunieron en número de setenta, para despedirlo, y fue Manuel Bandeira quien lo despidió con el "Rondó dos Cavalinhos", un corto poema juguetón y tierno que reproduce Alicia Reyes en su biografía:

---

[85] Alicia Reyes. *Genio y Figura de Alfonso Reyes*. (Buenos Aires: Editorial Universitaria, 1976). p. 22.
[86] James Willis Robb, "Alfonso Reyes y Cecilia Meireles: Una amistad Mexicano-Brasileña", *Hispania*, Vol. 66, May 1983, Number 2. p. 164.

"Rondó dos Cavalinhos"
(Despedida a Alfonso Reyes)
Os cavalinhos correndo,
e nós, cavaloes, comendo...
Tua beleza, Esmeralda,
 acabou-me enloquecendo.
Os cavalinhos correndo,
e nós, cavaloes, comendo...
O sol tao claro lá fora,
e em minh' alma anoitecendo...
Os cavalinhos correndo,
e nós, cavaloes, comendo...
Alfonso Reyes partindo,
e tanta gente ficando.
Os cavalinhos correndo,
e nós, cavaloes, comendo...
A Italia falando grosso
a Europa se avacalhando...
 Os cavalinhos correndo
e nós, cavaloes, comendo...
 O Brasil politicando,
 Nossa! A poesía morrendo...
O sol táo claro lá fora,
o sol táo claro, Esmeralda,
e em minh' alma... anoitecendo!

En 1936 volverá a Buenos Aires como Embajador. Es su segunda etapa argentina. Allí lo esperan sus viejos amigos de siempre: Pedro Henríquez Ureña, Victoria Ocampo, Eduardo Mallea, Jorge Luis Borges y Toño Salazar entre otros. Será una breve misión que precede a su año final y segunda Embajada *en* Río de Janeiro.

En 1939, Reyes regresa a México de manera definitiva. Llega el 9 de febrero. Dice Alicia Reyes: "El primer día mexicano se le va en visitar la tumba de su padre..."[87]

Reyes había cumplido su itinerario profesional y regresaba a sus raíces, a sus orígenes, a iniciar una nueva etapa de su vida, en plena madurez, y a dedicarse sin un desvío a las tareas de la cultura. La diplomacia, ciertamente, había sido una manera noble de sustentar el cuerpo, una manera digna de vivir. Ahora regresaba, la vida asegurada, a alimentar el espíritu, a seguir escribiendo, a seguir creando. Su regreso definitivo a México no fue fácil. De él se apoderó en los primeros días una "tristeza seca". La tristeza del olvido, de la deslealtad y de la injusticia. Pero en poco tiempo ya estaría de nuevo bregando por México y por la cultura universal.

Su primera preocupación fue la terminación de su "casa de libros", lo que luego seria la famosa "Capilla Alfonsina" y una vez instalado reanuda sus gestiones ya iniciadas en 1938 cerca del Presidente Cárdenas para la fundación de un centro cultural y de investigaciones al cual se invitaría a los grandes maestros extranjeros inclusive españoles desterrados de su Guerra Civil que en aquel momento andaban perseguidos. Su plan original fue modificado durante su ausencia en el Brasil y así surge la Casa de España. Esto no fue lo que Reyes propuso originalmente. Además el nombre no le pareció conveniente

---

[87] Alicia Reyes. *Genio y Figura de Alfonso Reyes*. (Buenos Aires: Editorial Universitaria, 1976). p. 254

por razones políticas. Todo esto fue modificado y el resultado final fue la aparición de El Colegio de México, una institución privada de fines no lucrativos y constituida por escritura pública según el Código Civil mexicano. En realidad El Colegio de México tiene el carácter de una Ecole de Hautes Etudes, pero privada y limitada a ciencias humanas, historia, literatura, filología. Es en esencia, un centro de investigaciones. Esta institución que fue el producto de una idea de Don Alfonso, estaba presidida por una Junta de Gobierno que a su vez presidía Reyes desde su fundación. La significación de este aporte institucional a la vida de la cultura superior en México, no puede elogiarse demasiado. Esta institución fue el primer fruto de la cultura universal de Alfonso Reyes.[88]

Más tarde en 1945 seria creado El Colegio de México. Reyes seria uno de sus fundadores junto con algunos de sus amigos de la Generación del Centenario, como Antonio Caso, Diego Rivera y otros. La fundación de El Colegio de México vendría a cerrar un gran ciclo en la historia de la cultura mexicana, porque esta institución vendría a ser un símbolo viviente de los ideales de su generación y de los propósitos que la misma persiguió en aquellos años iniciales cuando toda la actividad y todos los sueños de los hombres de su generación se movían alrededor del Ateneo de la Juventud.

Los años inmediatamente posteriores a su regreso, fueron difíciles años de readaptación y de ajuste para el gran maestro americano. Pero también fueron años de realizaciones

---

[88] Alicia Reyes. *Genio y Figura de Alfonso Reyes*. (Buenos Aires: Editorial Universitaria, 1976). p. 256.

fundamentales en beneficio de México, años en que coronó su servicio público con la fundación de esas dos admirables instituciones: El Colegio de México y El Colegio Nacional.

Todo esto, desde luego, nos estimula la curiosidad sobre esta figura epónima en la cultura mexicana. Porque en Alfonso Reyes no encontramos solamente al erudito que atesora conocimientos de dimensión universal, sino también al creador e impulsor de instituciones diseñadas para la difusión de la alta cultura. Es además un alma nobilísima, un espíritu superior, un hombre de cultura enciclopédica que entendió la vida interior y exteriormente, como dijo Caso, siendo por ello, un hombre amplio a la manera de Erasmo y un hombre profundo a la manera de Plotino. Por eso es necesario indagar en el Reyes íntimo, el hombre cuyo mundo espiritual es de una transparencia cristalina y que merece nuestro asombro, nuestra admiración y nuestro estudio. Después de conocerlo adivinamos que lo más brillante, lo más atractivo de su personalidad no es, necesaria y únicamente, el producto de su talento, su obra literaria. Existe un Reyes íntimo que debemos estudiar y al hacerlo, descubrimos en su alma una reserva infinita de virtudes. A Alfonso Reyes, para conocerlo bien, hay que estudiarlo en su totalidad humana y para poder delinear su perfil de hombre y su "manera de ser", así lo haremos.

El mundo espiritual de Alfonso Reyes es, decíamos anteriormente, de una transparencia cristalina. Su posición ética ante el mundo era algo de una intensa fuerza vital.

Se concebía a sí mismo como hombre y como escritor dentro de una sola pieza moral. Su virtud, su "manera de ser" era el resultado de un compromiso adquirido consigo mismo a plenitud de conciencia. Ser bueno fue, para Alfonso Reyes, una manera de ser hombre, una vocación y una decisión.

Hombre y escritor no son dos cosas distintas en el gran regiomontano. En Alfonso Reyes no cabe prescindir del hombre ni de la obra. Todo va junto. El mismo lo dijo alguna vez: "El arte de la expresión no me apareció como un oficio retórico, independiente de la conducta, sino como un medio para realizar plenamente el sentido humano."

En su vida, sus propios actos son los mejores testimonios de su virtud, de su noble y limpia "manera de ser." Los puntos de referencia que podemos señalar, para dar testimonio vivo de lo que decimos, son su condición de amigo, entendiendo la amistad como función ética; y, su capacidad para perdonar.

Alicia Reyes ha escrito lo siguiente:

Y a propósito de González Martínez, debemos recordar algo ... que fue definitivo para consolidar esta amistad, por todos motivos ejemplar: cuando Reyes es nombrado para regresar a España como Ministro Plenipotenciario —cargo que no llegaría a desempeñar— González Martínez está disgustado, Reyes lo sabe y propone a Genaro Estrada muchas soluciones para que lo envíen a otra parte, con tal de no perjudicar a su Enrique. ...Psicológicamente hablando, Reyes era el hombre incapaz de herir a un amigo, prefería, en tal caso, la renunciación a sus propias ventajas, con tal de que los demás se sintieran complacidos.[89]

---

[89] Alicia Reyes. Genio y Figura de Alfonso Reyes. (Buenos Aires: Editorial Universitaria, 1976). p. 258.

Con motivo de la muerte de José Ortega y Gasset, Don Alfonso publicó unas líneas que tituló "Treno para José Ortega y Gasset", que posteriormente recogió en su *Marginalia, Tercera Serie: 1940-1959*. Nobles palabras publicó entonces, llenas de recuerdos, de gratitudes, de perdones:

> Cuando, a fines de 1914, yo llegué a Madrid, dejándome atrás, como Eneas, el incendio de mi tierra y el derrumbe de mi familia, mis buenos hermanos de España, sin interrogarme siquiera ni examinar mis credenciales, me abrieron un sitio en las filas del periodismo y las letras y me consideraron, desde el primer momento, como uno de los suyos. ...
>
> En el nuevo firmamento de España... José Ortega y Gasset, aunque muy joven todavía, era una estrella radiante, en torno a la cual giraba toda una ronda de planetas. El me aproximó a su tertulia y a sus dominios, me dio el marchamo, junto con otros amigos cuya benevolencia no me canso nunca de admirar. Me reclutó para las revistas y periódicos en que de algún modo intervenía, me embarcó en sus empresas.
>
> No siempre estuvimos de acuerdo, porque la vida del espíritu es vida de arisca independencia,...
>
> Pero hubo siempre, entre los dos, horas de perfecta cordialidad, de cabal comprensión, de intimidad afectuosa que dudo se haya consentido con quienes más de cerca parecían acompañarlo. Dudo si concedió a otros la íntima cercanía que llegó a concederme a mí.
>
> El quiso extrañárseme un día. Pero sabía bien a qué atenerse, y cuando su España padeció y yo me apresuré a ofrecerle mi casa, me escribió así: "Agradecí muy viva-

mente su cariñosa carta, que me trae su vieja amistad. Siempre en lo recóndito contaba con ella."

Yo quiero evocar sobre su tumba las palabras de Horacio a Hamlet, envolviendo así en cortesías poéticas las asperidades de la desgracia: "Buenas noches, dulce príncipe: los coros de ángeles arrullen tu sueño."[90]

En la vida de Alfonso Reyes, el 9 de febrero fue un episodio devastador para su espíritu, tan alejado, hasta entonces, de las duras realidades de la vida. Ese día su padre le fue arrebatado en una escaramuza incomprensible. Ese episodio, absolutamente inexplicable, marcó con sangre y con fuego la frente del gran humanista mexicano y decidió el derrotero de su vida. Fueron los tiempos a los que se ha referido con tanto tino y simpatía Pedro Henríquez Ureña:

Y el hombre que prueba el sabor salado del pan ajeno hace su camino entre ímpetus y desfallecimientos. Cayendo y levantando, acaba por confiarse a la vida:

Remo en borrasca,
ala en huracán:
la misma furia que me azota
es la que me sostendrá.
Se hace dura la vida:...[91]

Nada de esto evitará que algunos de sus amigos lo llenaran de reproches y lo hicieran sangrar otra vez. Pero nunca lo sacaron de sus casillas. Cuando Martín Luis Guzmán le envía

---

[90] Alfonso Reyes. *Marginalia. Tercera Serie: 19401959.* (México: El Cerro de la Silla, 1959). pp. 41-43.
[91] Pedro Henríquez Ureña, "Alfonso Reyes" *Obras Completas*, Tomo VI, (Santo Domingo, República Dominicana: UNPHU, 1979). p. 59.

su ejemplar de *La Sombra del Caudillo*, con una dedicatoria que se acerca demasiado al insulto y a la provocación, y que con gran descortesía, se refiere, de una manera explícita, a la cuestión política mexicana que Reyes quería olvidar, Don Alfonso le contesta con una carta que es uno de los documentos más hermosos escrito por el gran humanista mexicano y que da la medida de la transparencia de su mundo espiritual y de la belleza de su "manera de ser." Dicha carta, escrita en Río de Janeiro el día 17 de mayo de 1930, no contiene ni una sola palabra de amargura, de rencor o de resentimiento. Sin embargo, reduce a cenizas a Martín Luis Guzmán. Lo pulveriza con la bondad, con la comprensión, con el razonamiento, con el análisis, con las confesiones íntimas, con la reiteración de la amistad, con el perdón, con el olvido. Y además es una carta enérgica y firme.[92]

Sobre este mismo episodio del 9 de febrero y sus consecuencias personales y políticas, Alfonso Reyes escribe una íntima carta a Jorge Mañach el 20 de septiembre de 1954, en la que vuelve a hacerse patente su "manera de ser", la transparencia de su mundo espiritual. Dos líneas sobran para comprenderlo así:

> Más de una vez tuve que cerrar los oídos a quienes me querían contar su muerte y decirme los nombres de quienes hicieron fuego contra él. No quise arrastrar vendettas (léase la transposición de este caso en mi poema Ifigenia cruel); no quise arrastrar cadenas de rencores.

---

[92] Véase el texto íntegro en el Apéndice.

Yo tenía otra misión que desempeñar en la vida, y he procurado cumplirla en la medida de mis fuerzas.[93]

Con el mismo sentido ético, con la misma entereza y fidelidad se acercó Alfonso Reyes a su obra literaria. El suyo es un caso único en la historia literaria de América. La obra de Reyes es de dimensiones oceánicas. No tratamos aquí de realizar un estudio exhaustivo de su obra, sino de ofrecer una visión panorámica lo más abarcadora posible, que nos dé, más o menos, la medida de lo que fue don Alfonso Reyes como escritor. De la mano de Alfonso Reyes podemos adentrarnos en esa intrincada selva que es su producción literaria. El ha dicho de sus libros:

No sé, verdaderamente, cuál libro prefiero entre los míos. ... Me interesan, de cierto modo especial, *El Suicida* y *El plano oblicuo*... Yo siempre escribo bajo el estímulo de sentimientos — ¿cómo diré?— constructivos. Lo que me deprime o me angustia nunca es fuente de inspiración en mí. Cada libro me recuerda un orden de estados de ánimo que me es grato, que me ha sido útil —íntimamente útil— dejar definido. *Cuestiones estéticas*, aunque escrito en la lengua tortuosa de la adolescencia, me recuerda las orientaciones fundamentales de mis estudios, mis primeros entusiasmos por los grandes libros. Cartones de Madrid es para mí, en su brevedad, toda una época de mi vida: la de mis alegres pobrezas. Los tomos de Simpatías y diferencias serán, a la larga, como un plano de fondo, como el nivel habitual de mis conversaciones literarias.

---

[93] Léase el texto completo de la carta que aparece en la Correspondencia…

Porque siempre estoy queriendo comunicar y cambiar ideas con los demás; y como no tengo ocasión de hablarlo todo, escribo lo que se me va acumulando. ... De igual modo, tras de cada libro me aparece el cuadro de las emociones que lo empujaron, que lo produjeron. En mí el razonamiento más clarificado y dialéctico procede siempre de un largo empellón de sentimientos que, a lo mejor, han venido obrando durante varios años. Así, cuando se me pregunta por un libro mío, corro el riesgo de contestar algo que no corresponde al libro en cuestión, sino a ese doble fondo invisible que las obras tienen a los ojos de su creador; a ese otro libro no escrito, de que el libro publicado es sólo un efecto final, un hemisferio visible; a ese libro fantasma que nunca conocen los lectores, y que los críticos nos esforzamos a veces por adivinar. ... Hoy por hoy, no sé ya qué pienso de mis libros escritos. Estoy ocupado, torturado y gozoso, con los que llevo dentro[94]

No existe en el mundo hispánico un escritor que haya dejado un dibujo tan transparente como Alfonso Reyes, de su mundo interior, de sus mecanismos de creación, de su angustiada capacidad creadora, de ese "anhelo que se parece tanto al amor." Alfonso Reyes nos deja ver siempre los hilillos invisibles que alimentan su capacidad creadora; siempre se nos muestra por dentro y por fuera; el producto de su pensamiento y los mecanismos de su pensamiento; el producto de su inspiración y las angustias de su inspiración. Por eso es tan

---

[94] Alfonso Reyes. *Obras Completas*, Vol. VI, p. 450.

importante, al hablar de su obra, la lectura cuidadosa del párrafo que acabamos de transcribir.

Al contestar la pregunta ¿Qué fin persigo al escribir? dice Reyes:

> Me guía seguramente una necesidad interior. Escribir es como la respiración de mi alma, la válvula de mi moral. Siempre he confiado a la pluma la tarea de consolarme o devolverme el equilibrio, que el envite de las impresiones exteriores amenaza todos los días. Escribo porque vivo. Y nunca he creído que escribir sea otra cosa que disciplinar todos los órdenes de la actividad espiritual, y, por consecuencia, depurar de paso todos los motivos de la conducta. Ya sé que hay grandes artistas que escriben con el puñal o mojan la pluma en veneno. Respeto el misterio, pero yo me siento de otro modo. Vuelvo a nuestro Platón, y soy fiel a un ideal estético y ético a la vez, hecho de bien y de belleza.[95]

Este es el Reyes de una sola pieza que hay que conocer. Aqui el hombre y el escritor son, como hemos dicho antes, inseparables. Reyes sabe que existen escritores que "escriben con el puñal o mojan la pluma en veneno"; y esos, son los que muestran una dicotomía irreconciliable entre los ideales estéticos y los inexistentes ideales éticos. Son los que rompen la necesaria armonía espiritual que tan sólida es en la figura alfonsina. La grandeza de Reyes depende de esa armonía existente en él y lo que lo convierte en una de las más eminentes figuras de la cultura hispanoamericana. De ello de-

---

[95] Alfonso Reyes. *Obras Completas*, Vol. IV, p. 451.

pende lo que hay en Reyes de universal y eterno; de prodigioso y noble.

La obra de Alfonso Reyes apunta en todas direcciones. Como la rosa de los vientos. Desde su aparición juvenil con *Cuestiones Estéticas* (1911), ya empezaban a florecer las grandes direcciones que seguiría para crear su monumental obra posterior. José Luis Martínez ha escrito lo siguiente:

> La cultura clásica, la investigación teórica de la literatura, las letras españolas, francesas, inglesas y mexicanas, la fantasía y el ensayo, Goethe y Mallarmé, aficiones que frecuentará y desarrollará en sus libros siguientes, tienen aquél de su juventud un afortunado nacimiento.[96]

Frente al hombre y su obra, los eruditos, los críticos, los historiadores de la literatura, no se ponen de acuerdo sobre un tópico puramente técnico: ¿Es Reyes poeta? ¿Es ensayista? Probablemente nunca se llegarán a responder estas preguntas de manera definitiva.

Pedro Henríquez Ureña, en su artículo "Alfonso Reyes"[97] afirma enfáticamente que Reyes "ante todo, es poeta." Sin embargo, tema polémico al fin, desde Cuba surge la opinión de Medardo Vitier, que escribe en 1945:

> ... Y Pedro Henríquez Ureña lo disputa poeta con preeminencia sobre los demás títulos. No sé si sostiene hoy

---

[96] José Luis Martínez. La obra de Alfonso Reyes. La empresa de su generación literaria, en *Páginas sobre Alfonso Reyes*. (Edición Homenaje), Vol. II, Monterrey, Nuevo León, 1955. p. 585.

[97] Pedro Henríquez Ureña. "Alfonso Reyes", *Obras Completas* (1926-1934), Tomo VI. Recopilación y prólogo de Juan Jacobo de Lara, Santo Domingo, República Dominicana, 1979. p. 57.

el mismo criterio D. Pedro. Su juicio data de 1927. Lo cierto es que ni ha sido la poesía la principal labor de Reyes ni se lo representan principalmente como poeta los lectores y estudiosos de más de veinte países. Figuran poemas suyos en muy responsables antologías. Sus versos, en conjunto, son de fina elaboración. No me toca apreciarlos aquí. Pero reitero que Reyes debe su renombre, mucho más, a sus trabajos en prosa. Varios libros recientes sirven para corroborarlo. [98]

Más adelante, en el mismo artículo mencionado, Vitier parece encontrar una brecha en la enfática posición de Henríquez Ureña é insiste vigorosamente sobre su propia opinión:

La aseveración de Pedro Henríquez Ureña merece que volvamos sobre ella. Textualmente: "Al fin el público se convence de que Alfonso Reyes es, ante todo, poeta". El artículo, según apunté, data de 1927. Quince años son suficientes para decidir. La decisión parece contraria al juicio del crítico esta vez. De las quince páginas sobre Alfonso Reyes, Henríquez Ureña gasta nueve en apreciaciones sobre los trabajos en prosa y la formación intelectual de su amigo. Más todavía: casi se rectifica, en estos términos:

Alfonso Reyes se estrenó poeta; pero desde sus comienzos se le veía desbordarse hacia la prosa; su cultura rebasaba los márgenes de la que en nuestra infantil América creemos suficiente para los poetas; su inteligencia se

---

[98] Medardo Vitier. "Alfonso Reyes" en *Páginas sobre Alfonso Reyes* (1911-1945). Edición Homenaje. (Monterrey, Nuevo León, 1955). p. 577.

desparramaba en observaciones y conceptos agudos, si no estorbosos, al menos inútiles para la poesía pura[99].

Y continua Vitier sobre el mismo tema:

Nadie, entre los enterados, excluye a Unamuno del número de los poetas españoles contemporáneos. Y hasta hay que situarle alto por algunas de sus notas líricas. Pero lo mismo en España que en América, la imagen de Unamuno se resuelve en pensamiento, en agonía hispánica, en desasosiego vital, cosas que él comunicó en la prosa de no pocos libros. Es semejante el caso de Reyes, salvo, desde luego, lo que tienen de dispares uno y otro espíritu.

Ni prepondera en Reyes el mensaje ardoroso de fines sociales. La elaboración del saber y la conjunción de sus caminos lucen como fines en su obra; no son medios, como en el caso de José Vasconcelos. Por supuesto que de su ensayismo se levanta la noble avidez de afinar lo humano. Mas la representación dominante que nos formamos de él consiste más bien en la pulcritud filológica, en la elegancia ensayística, en la finura de una inteligencia sorprendente por el desembarazo con que se mueve en superiores y diferentes planos.[100]

Al ser preguntado Jorge Luis Borges: ¿Cuáles de las obras de Reyes le gustan más? contestó: "Admiro su prosa, pero no su poesía. Sus libros de poemas están llenos de cu-

---

[99] Ibid., p. 578.
[100] 51d., p. 579.

riosidades: sonetos de ocasión, cartas en verso, poemas acrósticos, etcétera.[101]

Sin embargo, en este debate sobre Reyes como poeta y sobre Reyes poeta, la aparente contradicción se puede resolver en equilibrio entre el poeta y el prosista; o sea, en las palabras de James W. Robb: "Intuitivamente hemos sentido que Reyes en tan poeta y artista en el ensayo como en sus versos..."[102] Cuando Robb afirma que él "intuitivamente siente que Reyes es tan poeta y artista en el ensayo como en sus versos" nos parece que coincide con José María Chacón y Calvo, en el sentido de encontrar lo lírico, lo esencialmente poético de Alfonso Reyes en obras que no son necesariamente "poesía" o versos. Lo dice Chacón en su artículo "Alfonso Reyes y su impulso lírico":

De pronto, en medio del Retiro, cerca del gran estanque, Reyes me dijo: "Anda usted con mucha lentitud, todavía trae usted nuestro ritmo de América". Desperté ante la palabra mágica y sentí una gran alegría: comprendía el secreto del escritor; veía, con una visión clarísima, proyectarse el maravilloso espíritu que llenaba de claridad la imagen de mi amigo. El ritmo: centro de vida, alma del universo. El ritmo que se acondiciona a la idea y que la crea de nuevo.

---

[101] José Emilio Pacheco, "La correspondencia entre Borges y Reyes. *Revista de la Universidad de México*. Vol. XXXIV, num. 4, diciembre de 1979. p. 15

[102] James Willis Robb. *El estilo de Alfonso Reyes*, (Imagen y Estructura). (México: Fondo de Cultura Económica, 1978). Segunda edición. p. 15.

El ritmo, que está en nuestros menores actos y en los más decisivos: en nuestro ensueño y en el cansado paseo de un día estival.

Un ritmo ascendente, un ritmo creador. Sentimos este impulso en las obras más diversas de Reyes: en *El Suicida* y en *El Cazador*, libros de ensayos y divagaciones: en *Visión de Anáhuac;* en los fuertes *Cartones de Madrid*; en *El Plano Oblicuo* ... Pienso que en Reyes el impulso lírico tiene un esencial valor humano.[103]

Esta parece ser la posición válida en el caso de Reyes. La de Chacón y Robb. La que trata de encontrar en el espíritu de Reyes ese "impulso lírico" que puede encontrarse en todo lo que escribe, en todo lo que hace. La palabra que lo aclara todo parece ser "armonía"; armonía entre el ser y el quehacer de Alfonso Reyes; armonía entre posición ética y su posición estética; o mejor, la realidad declarada por él mismo de que su actitud estética ante la vida y su posición ética ante el mundo preceden y gobiernan su tarea como escritor, porque "soy fiel a un ideal estético y ético a la vez, hecho de bien y de belleza".

La posición de Chacón y Robb parece coincidir con la de Francisco Giner de los Ríos:

Yo no me atrevería a afirmar que la poesía de Alfonso Reyes sea lo más importante de su obra importantísima, ni aun siquiera —aunque ello no acabe nunca de saberlo a ciencia cierta, sobre todo ante ciertos poemas— que sea

---

[103] José María Chacón y Calvo. "Alfonso Reyes y su impulso "lírico" en *Páginas sobre Alfonso Reyes* (1911-1945) Edición Homenaje, Monterrey, Nuevo León, 1955).

su poesía lo que más me remueva e interese dentro del rico conjunto. Pero si creo que Reyes es ante todo poeta, y que todo lo suyo —crítica, pensamiento, historia y teoría literaria, relato, ensayo general— está informado directamente por su inteligencia poética y precisamente por ella. En el libro más abstracto e intrincado que pudiera encontrársele a Alfonso Reyes, en el tema o problema más alejado de la poesía que pueda asediar, surge como chispa poética que lo electriza todo, que le presta una luz especial a lo que se dice. Y en toda la organización y disposición de sus materiales se hace patente el sentido poético. El poeta está siempre presente en su obra no estrictamente poética, dándole en definitiva ese tono que hay en todos sus escritos que los hará más perdurables todavía.[104]

La labor poética de Alfonso Reyes empieza casi en la adolescencia. Como poeta Reyes pertenece al postmodernismo en su reacción hacia lo tradicional y clásico. En su primer libro de poemas *Huellas* (1922), escribió una enfática declaración de vocación y de fidelidad a la poesía: "Yo comencé escribiendo versos, he seguido escribiendo versos, y me propongo seguir escribiéndolos hasta el fin, según va la vida, al paso del alma". La promesa de fidelidad absoluta la cumplió Reyes cabalmente y toda su vida fue poeta además de todo lo otro: ensayista, dramaturgo, historiador, filólogo, investigador, cuentista, clasicista, erudito. Es decir, un completo hombre del Renacimiento. Después de *Huellas* (1922) seguiría publi-

---

[104] Francisco Giner de los Rios: "Invitación a la poesía de Alfonso Reyes", *Cuadernos Americanos*, VII: 6 (nov.-dic. 1948). p. 253.

cando versos y libros: *Pausa* (1926); *5 casi sonetos* (1931); *Romance del Río de Enero* (1933); *Cortesía* (1948); y, finalmente en 1952, recogió sus versos de 1906 a 1952 en un volumen titulado *Obra poética* (1952), luego *Constancia poética* (OC, X). En *Ifigenia cruel* (1924) la función poética adquiere en Alfonso Reyes dimensiones de catarsis. Dice Henríquez Ureña que, "*Ifigenia cruel* está tejida, como las canciones, con hilos de historia íntima."[105] Es el 9 de febrero que no dejará de perseguirlo nunca. Es aquella pesadilla de sangre y de muerte, la que lo obliga a escribir el poema trágico. Quien conozca la vida de Alfonso Reyes, descubrirá la huella de su alma dolorida en su *Ifigenia cruel*.

No debe extrañarnos esta incursión de Reyes por el teatro. James W. Robb ha escrito lo siguiente:

> Encontramos en Alfonso Reyes desde los principios un dramaturgo latente, cuyo sentido del teatro se manifiesta primero indirectamente, a través de su diversa actividad literaria. Su obra ensayística, poética y narrativa refleja un genuino sentido oral del lenguaje; una predilección especial por el diálogo dentro del ensayo, el poema o el cuento; y un sentido de dramaticidad o teatralidad que le hace enfocar un ensayo como "Pasado Inmediato",

---

[105] Pedro Henríquez Ureña. "Alfonso Reyes", *Obras Completas* (1926-1934) Tomo VI. Recopilación de Juan Jacobo de Lara. Santo Domingo, República Dominicana, 1979. p. 61.

Homilía por la cultura o *El Brasil en una castaña*, en términos de imágenes del escenario.[106]

En el artículo que acabamos de citar dice Robb que:

La *Ifigenia cruel* de Alfonso Reyes como obra literaria tiene un doble aspecto, evidente en su designación por el propio Reyes como "poeta dramático", al publicarla en Madrid en 1924, es decir, obra lírica y obra dramática. Para muchos críticos, la Ifigenia seria su obra maestra en el género lírico, y para Gómez de Baquero (Andrenio), en 1926: "Este poema dramático me parece la más acabada de las producciones del literato mexicano, obra en que el poeta y el humanista se dan la mano."[107]

Ifigenia cruel no es la única pieza dramática en la obra de Alfonso Reyes. *El pájaro colorado* (1928) es una obra para teatro infantil. Otra es la *Cantata en la tumba de Federico García Lorca* (1937) poema dialogado compuesto como homenaje al poeta español muerto durante la Guerra Civil española. Alfonso Reyes dijo: "La *Cantata* salió como brota un quejido, aunque naturalmente tuvo que pasar por la razón".[108] Dice Robb que la vocación de dramaturgo en Alfonso Reyes "se descubre en otras diversas formas a través de su obra, por ejemplo en dos proyectos de obra teatral que se le quedaron en el tintero... *Sófocles y La posada del mundo*"... y "se ve su imaginación experimentalista de dramaturgo latente, en el ensayito *Paradoja del*

---

[106] James Willis Robb. "El revés del calcetín: Alfonso Reyes, Landrú y el Teatro". *La palabra del hombre.* (Revista de la Universidad Veracruzana), Xalapa, Veracruz, Enero-Marzo 1966 #37. p. 26.
[107] Ibid., p. 27.
[108] Ibid., p. 30.

teatro"... y el "diálogo titulado *Égloga de los ciegos* (1925) susceptible de representarse como drama de cámara;" y, finalmente debemos recordar el *Landrú*, opereta de Alfonso Reyes y Rafael Elizondo, obra que mereció más de cincuenta representaciones y originó una intensa polémica. Finalmente dice Robb: "Lo que es del seis el nueve, es también el *Landrú* de la *Ifigenia cruel* de Alfonso Reyes: dos grandes sondeos en el alma humana realizados por la recreación literaria de los grandes mitos antiguo y moderno". [109]

Cintio Vitier, critico cubano, ha escrito palabras muy esclarecedoras en relación con la *Ifigenia cruel*, que se refieren a aspectos verdaderamente importantes del ángulo poético de dicho poema dramático:

> Quince años transcurrieron desde las reflexiones de Reyes sobre *Las tres Electras del teatro ateniense* (1908) y la terminación del poema dramático *Ifigenia cruel* que nos ocupa. Sin saberlo ni quizá presentirlo el autor de aquellas páginas juveniles —cuyo estilo ha de parecerle en su madurez "rebuscado, arcaizante, superabundante y oratorio"— surgirá en buena parte la posibilidad del poema del que, casi treinta años después, dirá: "Opté por estrangular, dentro de mi propio, al discípulo del Modernismo. Suprimí todo lo cantarino y lo melodioso: resequé mis frases, y despulí la piedra". Operaciones todas que —como el famoso estrangulamiento del cisne modernista por Enrique González Martínez o las voluntariosas sequedades formales de Miguel de Unamuno—, lejos de sacarlo del ámbito mayor del Modernismo, lo enraizaron

---

[109] Ibid., p. 41.

en él de un modo más esencial, despojado y perdurable. Porque el Modernismo, ya lo sabemos, no era simplemente "lo cantarino y lo melodioso", sino una regeneración de la palabra hispanoamericana y española que podía llegar hasta su corazón y hasta sus huesos; y la Ifigenia de Reyes, hija indudable de su pasión vitalicia por lo griego, pero también —el lo dice— "de una experiencia propia", tiene mucha más sustancia hispanoamericana de la que tal vez el mismo Reyes suponía.[110]

La pluralidad de vocaciones de Reyes nos coloca ahora frente a su labor como prosista. Tanto en el cuento como en el ensayo y en los estudios eruditos, resplandece la riqueza estilística del gran maestro mexicano. Antes de salir de México, en 1913, ya había escrito casi todos los cuentos y diálogos de *El plano oblicuo* (1920) libro de extraordinaria originalidad "por el rápido deslizamiento de lo real a lo fantástico", según la afirmación de Enrique Anderson Imbert, en el cuento "La cena" "y por sus procedimientos expresionistas." Los años que vivió en España fueron, quizás, los años más fecundos de su carrera: *Visión de Anáhuac* (1917), *Las vísperas de España* (1937), *El suicida* (1917), *El cazador* (1921), *Retratos reales e imaginarios* (1920), las cinco series de *Simpatía y diferencias* (1921-1926). Más tarde publicará otros libros de prosa personal, imaginativa, como: *El testimonio de Juan Peña* (1930), *Tren de ondas* (1932), *Los siete sobre Deva* (1942), *Los trabajos y los días* (1945), *A lápiz* (1947), *La expe-*

---

[110] Cintio Vitier. "En torno a la Ifigenia cruel". Alfonso Reyes: Homenaje de la Facultad de Filosofía y Letras. Universidad Autónoma de México, México, 1981

riencia literaria (1952), *Árbol de pólvora* (1953), *Quince presencias* (1955).

Cada uno de los volúmenes mencionados constituye un puñado de páginas magistrales. Enrique Anderson Imbert ha dicho:

> Una característica de sus ficciones es que prefiere excitar la imaginación del lector con detalles sugeridos en vez de satisfacer su curiosidad con una trama o desenlace; fantasía para lectores agudos, ya avezados y acaso fatigados de tanto leer novelas. Sus ensayos, en cambio, son siempre líricos, aun los de tema lógico o didáctico, pues la dirección con que ataca su objeto es personal, no pública. En *Reloj de sol* (1926) Reyes había confesado: "No me deja desperdiciar un solo dato, un solo documento, el historiador que llevo en el bolsillo"[111]

En *Verdad y mentira* (1950) y en *Quince presencias* (1955) reunió finalmente Alfonso Reyes la mayor parte de su obra narrativa o de fantasía. José Luis Martínez ha dicho que "Estos cuentos, diálogos y narraciones tienen una condición especial dentro del género de ficción. Se apartan por lo general de la prosa narrativa pura... para entregarse, en cambio, a los atractivos de la imaginación, al deleite mismo del narrar y al juego de la prosa. Su autor no puede ocultar su condición esencial de poeta y ensayista para quien las palabras con tanto significados y significantes como también magia y música.[112]

---

[111] Enrique Anderson Imbert. *Historia de la literatura Hispanoamericana*. II, Época contemporánea. Fondo de Cultura Económica, México, 1974. pp. 140-141.
[112] Op. cit., p. 587.

En la elaboración de los textos breves: narraciones, cuentos, diálogos, ficciones, la calidad de ensayista de Alfonso Reyes impone su presencia. Por esa influencia ensayística, Luis Leal ha dicho que Reyes "crea un "género genial" —el cuento-ensayo-"[113].

La obra de Reyes como cuentista es una obra de precursor. Precursor fue en *La Cena*, precusor fue en *La mano del Comandante Aranda*, donde vemos elementos estilísticos, estructurales y temáticos que eran nuevos en la literatura hispanoamericana. En este caso "el tema de la mano destroncada que adquiere autonomía de intenciones y movimientos llega a Reyes por el camino de la literatura francesa".[114]

A pesar de la evidente brillantez del humanista mexicano en la elaboración de su prosa imaginativa, sus cuentos son a la vez ejemplos acabados de la mejor literatura del género y al propio tiempo, piezas desconcertantes en cuyos textos podemos encontrarnos toda clase de sorpresas. En sus cuentos, nos encontramos que un narrador encaja un cuerpo dentro de otro; o aparecen elementos de cuentos conocidos; o descubrimos una variante de un tema conocido; cuentos cuyos personajes son personajes de obras clásicas, o con escritores reales como protagonistas, etc.[115]. La clave en todos los trabajos imaginativos de Reyes es, por una parte, su inmensa erudi-

---

[113] Luis Leal. *Teoría y práctica del cuento en Alfonso Reyes*. En Revista Iberoamericana, v. XXXI, n. 59, enero-junio, 1965. p. 101.
[114] Enrique Anderson Imbert. *La mano del Comandante Aranda*, de Alfonso Reyes, en *Nueva narrativa hispanoamericana*, Vol. II, n. 2 (Septiembre de 1972). p. 28.
[115] Ibid., p. 26.

ción y por otra, el ángulo poético que aparece en todos. Y es en el aspecto erudito por donde le viene a su literatura imaginativa el elemento ensayístico, leve si se quiere en algunos casos, pero presente siempre.

Porque Reyes, y esto parece ser una opinión universal, es un ensayista a quien no se le regatea ni el reconocimiento ni el elogio. Enrique Anderson Imbert ha escrito:

> En lo que sí acertó fue en el ensayo. Alfonso Reyes es el más agudo, brillante, versátil, culto y profundo de los ensayistas de hoy, en toda nuestra lengua.[116]

Ante el ensayo, el estudioso se enfrenta con una obra tan vasta, que hace difícil la tarea clasificadora. Desde luego que no hay exageración en decir que Reyes, el escritor, es un clásico "por la integridad humana de su vocación, por su serena fe en la inteligencia, en la caridad, en los valores eternos del alma".[117]

Un intento de clasificación de los ensayos alfonsinos nos llevaría a una afirmación preliminar: los ensayos de Reyes, son obras esencialmente literarias con un visible elemento poético inevitablemente incorporado. No importa si toca temas de interpretación histórica, o se trata de un ensayo expositivo, o un ensayo histórico o de crítica literaria. En todos los ensayos de Reyes, los elementos literarios y poéticos se entrecruzan con los elementos eruditos, históricos, filosóficos, de teoría literaria, etc. El problema fundamental

---

[116] Enrique Anderson Imbert. *Historia de la literatura hispanoamericana*, vol. II. Época contemporánea. México: Fondo de Cultura Económica, 1974. p. 141.
[117] Ibid., p. 141.

que se presenta cuando tratamos de realizar una clasificación completa es la enorme cultura de Reyes, su sentido humanístico de la cultura, su enorme capacidad para citar, sugerir, nombrar, incorporar autores, e incorporar, de una manera o de otra, toda la inmensa cultura que poseía a lo que estaba haciendo. Por eso la tarea clasificadora está llena de riesgos.

Sin embargo, por razones puramente didácticas, podemos seguir a José Luis Martínez en su intento de clasificación contenido en su artículo "La obra de Alfonso Reyes. La empresa de su generación literaria".[118]

I. Ensayo como género de creación literaria:
 Visión de Anáhuac (1917)
 Palinodia del polvo (1940)
 Por mayo era, por mayo, (1946)

II. Ensayo breve, poemático:
 Cartones de Madrid (1917)
 Tren de ondas (1932)

III. Ensayo de fantasía, ingenio o divagación:
Algunos de estos ensayos, reunidos en
 Ancorajes (1951)
 Árbol de pólvora (1953); y,
 Al diablo con la homonimia.

IV. Ensayo discurso u oración (doctrinario):
 Discurso por Virgilio (1931)
 Tentativas y orientaciones (1944)

---

[118] José Luis Martínez. *Páginas sobre Alfonso Reyes*. (Edición Homenaje), Vol. II. (Monterrey, Nuevo León, 1955).7

V. Ensayo interpretativo
Literarios:
  Retratos reales e imaginarios (1920)
  Tránsito de Amado Nervo (1937)
  Mallarmé entre nosotros (1938)
  Grata compañía (1948)
  De historia americana:
  Ultima Tule (1942)
De temas humanísticos:
  Junta de sombras (1949)
  La caída (1933)
  Idea política de Goethe (1937)
  Trayectoria de Goethe (1954)
VI. Ensayo teórico:
  El suicida (1917)
  A vuelta de correo (1932) (páginas luego recogidas)
  La X en la frente (1952)
  La experiencia literaria (1942)
  Tres puntos de exegética literaria (1945)
VII. Ensayo de crítica literaria:
  Cuestiones gongorinas (1927)
  Entre libros (1948)
  El paisaje en la poesía mexicana del siglo XIX (1910)
  Capítulos de literatura española (1945) Letras de la Nueva España (1948)
  Los "Poemas rústicos" de Manuel José Othón (1910)
Cuestiones estéticas (1911)
  Simpatías y diferencias (1921-1926)
  El cazador (1921)

De un autor censurado en el "Quijote": Antonio de Torquemada (1948)

VIII. Ensayo expositivo:

Panorama del Brasil (1945)

Panorama de la religión griega (1948)

Sirtes (1949)

IX. Ensayo crónica o memorias:

Parentalia (1954)

Las vísperas de España (1937)

Pasado Inmediato (1941)

X. Ensayo breve, periodístico y de circunstancias:

Norte y Sur (1945)

Los trabajos y los días (1946)

A lápiz (1947)

De viva voz (1949)

Marginalia (dos series: 1952-1954)

XI. Tratados: (para obras que superan un tanto el ensayo)

La crítica en la Edad Ateniense (1941)

La antigua retórica (1942)

El deslinde (1944)

Alfonso Reyes es universalmente reconocido hoy como una de las figuras más notables de la cultura hispanoamericana en toda su historia. Esto, desde luego, tiene mucho que ver con el hecho de que Reyes realizó plenamente, hasta sus más extraordinarios límites, los propósitos de su vocación. El gran humanista quiso ser un hombre de letras y lo fue a plenitud. El mundo circundante intentó en vano interferir con su vocación y don Alfonso hizo que su vocación venciera. Desde adolescente el estudio metódico, intenso, fue su preocupación fundamental; y trabajó y estudió metódica e intensamente hasta el ultimo día de su vida. La vida, los sufrimientos personales, las agonías familiares, los cargos públicos, nunca pudieron torcer su rumbo. No hay otro caso de tan intensa fidelidad a la propia vocación como el de Reyes.

La práctica constante de su vocación y el alcance de la plenitud como humanista mantuvieron siempre a don Alfonso Reyes trabajando con el entusiasmo de sus años mozos. Entendió como nadie la función unificadora de la cultura universal; su bondad fue testimonio de su cultura. Como punto final debemos recoger las palabras que aparecen en su Atenea Política y que explican la permanente juventud de su espíritu:

> Este mensajero de otra edad os queda muy cerca, porque no alimenta mayor afán que el de salvar, a lo largo de su viaje, lo más que pueda de la curiosidad avizadora, el entusiasmo alerta y la divina plasticidad que son prendas de la juventud.[119]

---

[119] Alfonso Reyes. *Obras Completas.* Vol. XI. (México: Fondo de Cultura Económica, 1960).

Capítulo II
Jorge Mañach. Atisbos biográficos

La vida de Jorge Mañach, en el contexto de la sociedad cubana de su época, presenta al biógrafo una trayectoria llena de méritos, de fracasos y de contradicciones. Quizás los fracasos y las contradicciones no sean tanto de Mañach como de la sociedad misma en que vivió. O quizás sus fracasos y contradicciones puedan atribuirse a su creencia de que las contradicciones y los fracasos de la sociedad cubana podían redimirse con el ejemplo, con la prédica noble. Pero lo cierto es que el estudio de su vida encuentra desde el principio un conflicto nunca resuelto entre el **ethos** y el **pathos** de este hombre bueno y sabio cuyo carácter nunca pudo poner freno a los impulsos de su ternura, ni a los rumbos que su bondad y su patriotismo le señalaban. Había en Jorge Mañach mucha ternura y mucha bondad. Había en él una aspiración permanente para su patria, que era como una dimensión vital de su propio ser. Se olvidaba siempre de lo negativo de su mundo circundante y luchaba para crear otro que fuera testimonio de la virtud y de la nobleza de su pueblo. Su vida muestra muchas direcciones: la cátedra, el periodismo, la actividad revolucionaria, la política, el ejercicio de la función pública; y, en los ratos de ocio, la tarea creadora del ensayista, la función iluminadora del conferenciante, la admonición y la advertencia del pensador. Y en medio de todo, su agonía íntima, sus dudas, sus frustraciones y sus fracasos. Mañach, quizás, fue un hombre para otras latitudes, para la vida serena de la meditación y del estudio, para el diálogo culto, para la política elevada de ideas y de servicios.

Jorge Mañach y Robato nació el día 14 de febrero de 1898,[120] hijo de don Eugenio Mañach y Couceiro, hombre culto, de profesión abogado, y de la dama cubana Consuelo Robato y Turró. Don Eugenio, español de nacimiento, se trasladó a Cuba en los años de la década de los ochenta y el matrimonio se estableció en Sagua la Grande, provincia de Las Villas. Allí nació Jorge,[121] en el seno de una familia culta y refinada. Su padre, abogado y periodista, fue a la edad de 18 años, director del periódico *El Telegrama* de la Coruña y su madre pertenecía a una distinguidísima familia de Sagua la Grande.[122] De manera que Mañach creció en un ambiente de cultura, propicio al estudio y a la superación intelectual. Más tarde, después que Cuba obtuvo su independencia la familia Mañach se trasladó a España y se instaló en Tembleque donde vivieron desde 1907 hasta 1911. En Tembleque, don Eugenio Mañach ejerció como Notario Público. Si, efectivamente, se trata del pueblo de Tembleque, a que se refiere Cervantes en su Don Quijote:

"... respondió Sancho... que yo no me hallé presente, que había ido por aquel tiempo a segar a Tembleque..."

---

[120] El 14 de febrero es el día de San Valentín. Véase *Lives of Saints* by Rev. S. Baring-Gould, M.A. Vol. II, February. Edinburgh: John Grant MCMXIV.
[121] Al nacer recibió los nombres de Jorge Antonio **Valentín** Mañach y Robato.
[122] Nicolás Emilio Alvarez, *La obra literaria de Jorge Mañach*. Studia Humanitatis, José Porrúa Turanzas, Potomac, Md. 1979.

"Por vida vuestra, hijo, que volváis presto de Tembleque, y que sin enterrar al hidalgo, si no queréis hacer más exequias, acabéis vuestro cuento."[123]

Jorge Mañach nos habla de sus años en Tembleque con nostalgia, con amor, con humor y con una prosa castiza que ha sido siempre uno de los blasones del gran escritor cubano:

"Al cabo de cuarenta y cinco años, he vuelto a ver Tembleque a mis anchas. No solamente lo he visto: lo he revivido; es decir, ha vuelto él a vivir en mí. A la verdad, no sé si esto le interesará al posible lector. Se trata nada más que de un regreso a la niñez.

"Tembleque es un pueblo de la Mancha toledana... a mí me parece uno de los más bellos lugares del mundo, porque en él viví desde los diez hasta los trece años. Fue un salto tremendo desde mi Sagua la Grande natal, en Cuba. Mi padre, gallego, había combinado en la isla el foro con la política integrista de la postrimería colonial. Al advenimiento de la república decidió volverse a España, a reorientar su vida. Hizo oposiciones a Notarías y se ganó la que comprendía Tembleque, La Guardia y Villatoba.

Allí fui yo a parar, con mi madre y dos hermanos, cuando apenas comenzaba a asomarme a la vida.

"Es curiosa, a veces, la trivialidad de las imágenes que más perduran. De mis primeras horas de Tembleque, yo he recordado siempre primordialmente un toldo y un pocillo de caldo. El toldo protegía el patio del sol

---

[123] Miguel de Cervantes, *El ingenioso hidalgo Don Quijote de la Mancha*. Prólogo y Notas de Salvador de Madariaga. Editorial Sudamericana. Buenos Aires, 1940

canicular. ...El caldo fue aquel que nos sirvieron al comenzar la primera cena, ya con las sombras de la noche, cuando regresaban los rebaños de ovejas entre una nube de polvo. Era de mucha sustancia en poca cantidad, y flotaban sobre él —bien lo recuerdo— unas "como obleítas de grasa. También descubrí aquella noche —ahora me viene a mientes— la excelencia del tocino, que se desleía en la boca. Y no sé si fue ya entonces cuando mi padre contó la queja de otro chico menos circunspecto y la administrativa respuesta paterna: "Padre, ¿y mi tocino..? — ¡Pues qué! ¿No lo ves, indino, tras ese grano de arroz?"[124]

Mañach llegó a Tembleque a los diez años de edad, casi cuando uno empieza a darse cuenta del mundo que lo rodea. Allí entró "en contacto con el padre Perfecto. Nos lo ponían de mentor. Era un franciscano que aún no sé por qué andaba flotando en la villa."[125] Allí conoció la estruendosa camaradería de los niños del pueblo: "Un día nos vimos iniciados en la turba estruendosa de los demás chicos. Llevaban blusones sobre sus pantaloncillos de molida pana. Los más eran hijos de menestrales, tenderos y gañanes; algunos pertenecían a las familias jerarcas del pueblo: el médico, el ingeniero, el próspero mercero de la plaza, el boticario. Recuerdo que éste se llamaba de apellido Cabeza y su mujer, Revuelta. El consiguiente y divertido enlace de apellidos en su hijo César le

---

[124] 5Jorge Mañach. *Visitas Españolas: lugares, personas*. Madrid: Revista de Occidente, 1960. pp. 50-51.
[125] Ibid., p. 51.

hacía bastante justicia: era un poco loco, y me parece que fue él quien estrenó las burlas por nuestro seseo criollo."[126]

Tembleque no fue, para los niños de la familia Mañach, juegos, instrucción y ocio infecundo. Fue época de reflexión y de lectura; época de aprendizaje, de contacto con la naturaleza y con los libros que realmente importan:

> "El descubrimiento de aquellas faenas ¡las agrícolas! fue toda una revelación. Empezó por las eras, pues las viñas quedaban "algo lejos del pueblo. Supe, al verlas, de dónde le venía a éste aquel polvillo ubicuo de paja, que todo lo inundaba, y aquella fragancia honrada de trigo, que parecía absorber todos los demás colores.
>
> Admiré cómo, en la trilla, las rastras de filoso pedernal se deslizaban con redonda perseverancia, sólo comparable a la del asno vendado en el huerto. El día que un gañán me permitió montar en su trillo gocé como si se hubiera tratado de una cuadriga (la era fue mi primer barrunto del circo). Y luego aquel aventar la mies trillada, en el que yo ya percibía vagamente lo que el trabajo agrario tiene de santa colaboración entre la naturaleza y el hombre.
>
> "Los molinos de viento que desde las eras se divisaban tenía el mismo sentido. Cuando, justamente por entonces, mi padre nos empezó a leer, por las noches, de sobremesa, capítulos de *El Quijote*, me parecía particularmente absurdo que el buen caballero de aquella tierra manchega los hubiera podido tomar por amenazadores

---

[126] Ibid., p. 54.

gigantes ¡a los molinos, tan apacibles, tan mansamente colaboradores, tan suaves en su aspado gesto...!"[127]

En Tembleque también empezó a perfilarse el hombre bueno que fue Jorge Mañach:

> "Vergüenza me da el recordar cómo, pasadas ya las labores del estío, correteé con otros chicos por aquellas eras, persiguiendo las avecillas con mi tirador de gomas, hasta que un día recogí del suelo una que no había caído de tiro alguno, sino de su propia fatiga. Espeluznada y tibia y palpitante de susto la tuve en el cuenco de la mano, y creo que aquello me curó de crueldad para toda la vida.[128]

Tembleque no fue en la vida de Jorge Mañach la aldehuela por donde se pasa ligero, de carrera, sin dejar rastro ni llevarse nada en la retina ni en el corazón. Con un leve temblor en la pluma, Mañach declara sin rubor que aquel pequeñito pueblo manchego es parte de su arquitectura moral, de sus más tiernos recuerdos:

> "Si Sagua era mi pueblo estrictamente natal, en Tembleque ya había nacido a la adolescencia. Allí confesé mis primeros pecados y aprendí los primeros versos. Allí fumé, a escondidas, mi primer pitillo, hecho de salvado y papel de *La Correspondencia de España*... En Tembleque ví, con cierta envidia, desfilar a los quintos que se iban a la gran aventura de la guerra, y oí cantar a las mozas que se sentaban en torno a una mesa a mandar la flor del azafrán...

---

[127] Ibid., pp. 54-55.
[128] .bid., pp. 55.

Allí tuve un primer contacto de amorcillo precoz con una chica de pelo color de trigo, a la que hice un regalo absurdo! una navaja de muelle! En Tembleque... Pero ¿a qué seguir? Fue todo el estreno de las curiosidades, de los asombros, de los instintos...[129]

Viviendo la familia en Tembleque, Mañach empezó sus estudios académicos como interno de las Escuelas Pías de Getafe. Allí estuve desde 1909 hasta 1911 y en 1912 pasó al Colegio Clásico, en Madrid, ciudad donde entonces vivía con su familia. En Madrid fue alumno del famoso pintor Alejandro Ferrant y Fischermans [1843-1917],[130] a la sazón director del Museo de Arte Moderno de Madrid.

En 1913, la familia Mañach regresó a La Habana y Jorge continuó sus estudios de Bachillerato en el Colegio San Agustín. Alguien que ha estudiado muy intensamente la vida y la obra de Jorge Mañach, nos dice:

"En 1915 su padre lo envió a estudiar a Cambridge, Massachusetts. Al terminar la segunda enseñanza entró becado en la Universidad de Harvard, en septiembre de 1917, donde estudió Inglés, Física, Economía, Historia, Historia del Arte, Literatura Francesa, Filosofía Francesa del Siglo XIX, Literatura Española e Hispanoamericana, Lógica, Psicología e Historia de la Filosofía. Tras sólo tres años de estudios, que fueron sucesivamente cubiertos por be-

---

[129] Ibid., pp. 60-61.
[130] 11Alejandro Ferrant y Fischermans (1843-1917), perteneció a una familia de notables pintores. Fue sobrino de Luis Ferrant y Llausá (1806-1868) y de Fernando Ferrant y Llausá (1810-1856). Alejandro Ferrant y Fischermans fue académico de San Fernando, y desde 1903, director del Museo de Arte Moderno de Madrid.

cas otorgadas por la universidad, se graduó *cum laude*, con el título de "Bachelor of Science" en junio de 1920. Siendo estudiante recibió en dos ocasiones el premio Susan Anthony Porter por sus trabajos "Las interpretaciones del Quijote" y "La influencia francesa en la literatura hispanoamericana."[131]

Los éxitos académicos de Mañach hicieron posible su elección como miembro de la más prestigiosa fraternidad académica de los Estados Unidos, la Phi Beta Kappa. Inmediatamente después de su graduación del Harvard College, Mañach continuó sus estudios graduados con el propósito de obtener un M.A. en Lenguas Romances y a la vez, desempeñó, durante un año, una plaza de Instructor. Dice Nicolás Emilio Alvarez:

"A mediados de 1921, la Universidad le otorgó la Beca Sheldon con la finalidad que se especializara en la Sorbona en Filología Románica. El joven se inscribió, en cambio, en la Facultad de Derecho de la Universidad de París. Durante este tiempo, aparte de los menesteres académicos, Mañach se dedicó con gran entusiasmo a la pintura —la vida bohemia de la gran ciudad disipó un poco la austeridad puritana de la Nueva Inglaterra. Viajó por Alemania, Austria, Bélgica, Holanda, Suiza, Italia, Inglaterra, Francia y España y recogió sus impresiones en crónicas que remitió al principal rotativo de La Habana, el *Diario de la Marina*. ... A fines de 1922 regresó a Cu-

---

[131] Op. cit., pp. 4-5. Nicolás Emilio Alvarez, *La obra literaria de Jorge Mañach*. Studia Humanitatis. José Porrúa Turanzas, S.A. Ediciones. Madrid: 1979

ba y continuó... los estudios de Derecho iniciados en París. En junio de 1924 se graduó de la Universidad de La Habana con el título de Doctor en Derecho Civil. ... En junio de 1928, al recibir la nota de Sobresaliente por la tesis "La ley de los tres estados, de Augusto Comte," el joven se doctoró en Filosofía y Letras."[132]

Así termina la etapa académica, formativa de Jorge Mañach. Por razones de temperamento y vocación "su carrera" fue sin duda la de Filosofía y Letras. La abogacía fue para Mañach, como para muchos otros, en Cuba y en Hispanoamérica, una especie de válvula de seguridad, sustento seguro, posición profesional y social, incorporación a la vida del quehacer cotidiano, pero no vocación. El mejor cauce para su vocación estaba en la carrera de Filosofía y Letras. No podía ser de otra manera para un hombre con esa insaciable curiosidad universal por la pintura, por las letras, por la historia y por la filosofía. Mañach, realmente, fue un humanista, un hombre que perteneció a un mundo espiritual de fundador, parigual de las figuras más conspicuas del escenario intelectual de América. De ese templo era Jorge Mañach.

Hasta ahora hemos visto su trayectoria vital, que constituye esencialmente el período de su etapa formativa y nos parece apropiado detenernos para hacer algunas reflexiones.

Jorge Mañach regresó a Cuba a fines de 1922, a la edad de 25 años, en plena juventud. Hasta ese momento, el joven cubano había disfrutado de una experiencia vital única. Además de sus primeros pasos en Cuba, estudios con un preceptor en

---

[132] [13]Ibid., pp. 5-6.

Tembleque, internado en Getafe con los padres escolapios, estudios en el Colegio Clásico de Madrid, regresó a Cuba y luego, durante varios años, estudios en los Estados Unidos, que incluyen varios años en la Universidad de Harvard; y, en Francia en la Universidad de la Sorbona y extensos viajes por los países europeos. Este joven al regresar definitivamente a Cuba en 1922 no era un joven "típico" cubano ni su experiencia como hombre había sido fundamentalmente "cubana". Ni siquiera sugerimos que Jorge Mañach se sintiera, ni poco ni mucho, ajeno a la esencia de lo cubano, ni que su trayectoria vital disminuyera, en lo más mínimo, la intensidad de su devoción cubana. No. Al contrario, a todo lo largo de su vida dio pruebas constantes de su cubanidad, de un sentimiento patriótico del más intenso amor, de las más altas esperanzas, de los más lacerantes sacrificios. Sin embargo, el joven que llegó a Cuba era "diferente". Su cultura, había sido adquirida en los grandes centros de la cultura norteamericana y europea; sus viajes habían llenado sus pupilas con visiones milenarias; sus lecturas comprendían los temas claves de la cultura occidental. Y equipado de esa manera llega a Cuba, una pequeña isla, recién salida del yugo colonial. Pero hagamos una pausa para examinar la cronología de su vida hasta el momento de su regreso a La Habana procedente de Francia. Mañach nació en 1898. Vivió en España desde 1907 hasta 1913. Regresó a Cuba y allí vivió hasta 1915. Viajó a los Estados Unidos hasta mediados de 1921 en que se trasladó a París para estudiar en la Sorbona. En 1922 regresó a La Habana. Es decir que a los 25 años de edad había vivido en Cuba desde su nacimiento hasta 1907 y luego de 1913 a 1915. De manera que los años fundamentales de su formación humana e intelectual los pasó en el extranjero. Quizás esto explique su empaque señorial, majestuoso, noble. Quizás su reserva, su aire distante, le venga de su propia alcurnia, o de sus años en la puritana Nueva Inglaterra o de ambas cosas. Pero, definitivamente, a su regreso, no era el típico "criollo". Todo esto creó en Mañach una ambivalencia entre su manera de ser y sus circunstancias. Entre su arquitectura interior de prócer y la vulgaridad y plebeyez del medio en que decidió vivir.

Ahí está la gran tragedia del último "grande" de la cultura cubana. Gastón Baquero lo ha dicho con precisión y agudeza:

"Jorge Mañach fue, ante todo, una cabeza lúcida, nacida para el análisis, para la reflexión, para la difícil tarea de construir estéticamente una explicación racional del mundo en que se vive. Un razonador, un **explicador** de lo circundante, de una condición, un tipo, que actualmente no es apreciado en sí, y se pretende **aplicarlo**, ponerlo en función de cosas que habitualmente son lo contrario de la razón y del análisis.

"Esas cabezas lúcidas aparecen muy de tarde en tarde en nuestra América, donde todos somos tan inteligentes, pero donde la suma de las inteligencias, su activo, no da un saldo apreciable de sindéresis, de sensatez, de creación.

"Será fruto fatal del desarrollo histórico, será problema propio de una etapa dada de la cultura, e intervendrán motivos raciales, geográficos, ambientales, yo no lo sé. Pero el hecho bien visible es que lo **latino**, lo hispanoamericano típico, se manifiesta mayoritariamente por la imaginación desbordada en lo verbal y en el adorno; por el pathos en tensión y presto a inmolar a su portador o a su antagonista (posible memoria racial de las civilizaciones precolombinas); por el fanatismo político ligado al hombre más que a las ideas, y por una apariencia de comprenderlo todo con más rapidez que nadie en el mundo, pero olvidándolo todo un segundo después de haberlo aprendido, y sin transformarlo en motor de una acción necesaria.

"En un escenario así, representan una sorpresa, casi una intromisión, los nacidos con cerebros fríos, amigos de la diafanidad, de la penetración y del análisis. Esos que suponen el ethos al pathos, y el logos a la sangre, son los **extraños** en el reino de la pasión y del grito. Lo primero que decimos en cuanto tenemos a la vista un hombre de estos es: "no parece de aquí".

"¡Terrible cosa no parecer de dónde se es! Quiere esto decir que esos hombres están fuera de ambiente, condenados a desajuste perpetuo. Inasimilados por el contorno, ni ellos entran de una vez en el mundo circundante, ni el mundo circundante entra de una vez en ellos. Su existencia se transforma en una lucha sin tregua entre su ser y su estar. Si estos hombres no se fugan, si no desertan de su tierra natal (caso de un Eliot, de un Santayana, de un Picasso) e interpretan que su **deber** es quedarse allí donde creen que serán más útiles, el drama inicial se convierte en amarga tragedia.

"Lo más frecuente, lo inevitable casi, es que el mundo circundante devore al hombre, y a fuerza de dentelladas, de amputaciones de su personalidad y de achicamiento de sus facultades, frustre en él sus grandes simientes innatas, y entregue a la posteridad una figura que no pudo vivir en estado de plenitud, que no se dio completa en ninguna de sus aptitudes, y que en consecuencia deja como huella, como cenizas de su presencia en la tierra, una sinfonía interrumpida, un torso inacabado."[133]

Nadie podría haber dicho con más tino, con mayor acierto y destreza, lo que dice Baquero, un hombre que, como Mañach, fue quizás una víctima en "el reino de la pasión y del grito" porque fueron ambos amigos "de la diafanidad, de la penetración, y del análisis."

Después de su regreso a Cuba procedente de París a fines de 1922, Mañach continuó sus estudios de derecho iniciados en la Universidad de La Soborna y en junio de 1924 obtiene su titulo de doctor y es nombrado ¡oh, manes del diario sustento! Abogado Fiscal de la Audiencia de La Habana, posición que abandonó en 1926 por negarse, enfáticamente, a pedir el sobreseimiento de una causa criminal donde aparecía procesado un ex-Alcalde de La Habana. Ya, pues, desde el principio de su carrera el dilema de siempre se le presenta ominosamente. En esta oportunidad, como en otras, como siempre, escogió el camino recto. Sin embargo, su salida del ministerio fiscal simboliza lo que fue su tragedia constante. Mañach no había nacido para esas tareas. El había "nacido para pensar, para escribir grandes y valiosos ensayos, para orientar desde arriba, con el índice de luz que tiende delante de los demás el hombre señero, el que no mira nunca si va siguiéndole o no la multitud, sino que se contenta con saber que un día u otro será seguida

---

[133] Gastón Baquero. "Jorge Mañach o la tragedia de la inteligencia en la América Hispana." *Cuba Nueva,* Vol. I, No. 12, septiembre 1, 1962. pp. 19-20.

su señal. Ha nacido para eso, pero ha venido al mundo en un país donde una sucesión de frustraciones, culminadas en la del 98 y prorrogadas sin término, determine un vuelco tal en las jerarquías, en el orden lógico de la tectónica social, que nadie está nunca en su puesto, y los que deben mandar, obedecen, y los que deben obedecer están al mando. Donde los que tendrían que hablar enmudecen, y hablan los que tendrían que enmudecer".[134]

El mismo año de su renuncia como Fiscal, Mañach contrae matrimonio con la señorita Margarita Baños y Fernández Villamil[135] y de dicho matrimonio nace el 23 de diciembre de 1927 el único hijo: Jorge Mañach y Baños.[136]

Esta fue una época de intensa labor intelectual. Mañach publica su primer libro en 1924, *Glosario*, en el cual recogió algunas de sus crónicas periodísticas. En 1925 pronunció la famosa conferencia "Crisis de la alta cultura en Cuba"; las crónicas habaneras publicadas en el periódico *El País*, vieron la luz en forma de libro bajo el título de *Estampas de San Cristóbal*. En 1927 fue uno de los fundadores de la *Revista de Avance*; y en 1928 se produce la reforma constitucional propuesta por el presidente Machado que sería uno de los elementos germinales de la revolución de 1933, en la que Jorge

---

[134] Ibid., p. 23.
[135] La Srta. Baños es hija de don Secundino Baños y de Guadalupe Fernández Villamil. Don Secundino fue, en vida, Abogado y Notario y hombre de fortuna y de extraordinaria influencia dentro de la colonia española de la época.
[136] Nicolás Emilio Alvarez. op. cit., p. 6. El Dr. Jorge Mañach y Baños ejerce la carrera de médico en San Juan, Puerto Rico.

Mañach participó muy activamente. A partir de ese momento iba a iniciar un largo camino sin regreso; un camino que limitaría hasta grados mínimos su real y verdadera vocación. Lo ha dicho Baquero:

> "su vocación es la inteligencia, mas hay un llamamiento interior, de orden moral, un imperativo ético, de piedad por los suyos, que lo lleva a renunciar a la grandeza del espíritu cultivándose y creando a plenitud, para aceptar los menesteres tristes, sórdidos, pequeños, de la vida política, cotidiana en una nación hispanoamericana".[137]

Cuando Jorge Mañach regresó a Cuba en 1922, era Presidente de la República el Licenciado Alfredo Zayas y Alfonso,[138] eminente abogado, poeta y hombre de extraordinaria cultura. Los primeros años de la República fueron años alucinantes: un delirante e ingenuo optimismo frente a la recién conquistada independencia; un desconcertante sentimiento de frustración ante la realidad de la Enmienda Platt, que reducía la soberanía nacional al otorgarle a los Estados Unidos el derecho a intervenir en la isla en determinadas circunstancias; y, una realidad doméstica que perpetuaba los vicios de la colonia. Un escritor y crítico cubano ha escrito lo siguiente:

> Frágil ilusión optimista. En el terreno de las instituciones políticas y sociales tal rompimiento (con la tradición colonial) parecía fácil, inmediato, resuelto a cabalidad. Los hechos demostrarían que no basta cambiar las leyes y los códigos para transformar a un país colonial en una na-

---

[137] Baquero, op. cit., p. 20.
[138] El Licenciado Alfredo Zayas y Alfonso, tomó posesión de la Presidencia de la República el día 20 de Mayo de 1921

ción libre... La colonia sobrevivía de manera bien nociva y funesta en la joven república. Los males de la administración pública, los antiguos prejuicios aisladores, las quiebras del coloniaje, las dolencias de la vieja factoría, transmitían sus lacras a la nueva nación[139].

Por otra parte, el triunfo de la Revolución Rusa, creó en la Cuba de la década de los veinte una gran incertidumbre. Sin embargo, entre los intelectuales jóvenes, todavía en proceso de formación, la reacción fue de curiosidad en algunos, de entusiasmo en una minoría influyente y de rechazo en la mayoría: pero no puede dudarse que la semilla estaba plantada y un nuevo elemento ideológico, político y revolucionario se incorporaba amenazadoramente a la vida nacional cubana.

El historiador Carlos Márquez-Sterling, refiriéndose a una carta escrita por Don Juan Gualberto Gómez[140] al Presidente Menocal[141] en julio de 1920, dice lo siguiente:

> Se trataba de un notable documento. En él examinaba nuestro *status* político de mano maestra, se describían los peligros de la situación, y se mencionaban las doctrinas comunistas que podían constituir serias amenazas en

---

[139] Salvador Bueno: *Medio siglo de literatura cubana* (La Habana: Publicaciones de la Comisión Nacional Cubana de la Unesco, 1953), p. 13.
[140] Juan Gualberto Gómez, gran patriota cubano de la raza negra. Amigo y compañero de José Martí. Periodista y político durante los primeros años de la República.
[141] Mario García-Menocal y Deop, Presidente de Cuba.(1913-1221)

nuestro futuro, si no se entraba decididamente en una era de progresos políticos, sociales y económicos,... [142]

La Cuba a la que llega Mañach en 1922 es una Cuba en efervescencia. Pero es un país que progresa lentamente. El panorama histórico que con tanta brevedad hemos esbozado, se inicia en 1902, año de la instauración de la República y no puede dejar de relacionarse con el proceso cultural que se inicia con el siglo. En los años iniciales del siglo XX se formó la primera generación literaria de la República. Raimundo Lazo distingue dos grupos dentro de esa primera generación: el primero formado por los hombres que surgieron hacia 1900, y el segundo por los que se iniciaron hacia 1910. Lazo señala claras diferencias entre uno y otro: optimismo, verbalismo gusto por la oratoria, glorificación del pasado nacional heroico, predominio de la nota lírica, en el primer grupo; tendencia a la critica, mayor sobriedad de expresión, nota cosmopolita, tono ligeramente escéptico, predominio del ensayo sobre la poesía, de la conferencia sobre el discurso, en el segundo grupo.[143]

El segundo grupo de la primera generación dejó una huella profunda en el desarrollo cultural del país. Dice Andrés Valdespino:

Aunque conscientes de los males de su tiempo, los hombres de ese grupo no llegaron al tono de agresiva rebeldía que caracterizó a la generación siguiente, pero en su

---
[142] "Carlos Márquez-Sterling. *Historia de Cuba*. New York: Las Américas Publishing Co. 1963. p. 289.
[143] Anales de la Academia Nacional de Artes y Letras. La Habana, Año XLIII, Vol. XXXVIII (1954), pp. 39-62.

esfuerzo por indagar y analizar las realidades de la joven república con severa honestidad intelectual, abonaron el terreno a los de la segunda generación para la labor de transformación cultural y social que estos últimos emprenderían. [144]

En este momento de la historia de la cultura cubana, las dos instituciones de verdadera importancia fueron la Sociedad de Conferencias y la revista *Cuba Contemporánea*. La Sociedad de Conferencias fue fundada por iniciativa de Jesús Castellanos y Max Henríquez Ureña y comenzó sus actividades el 6 de noviembre de 1910, en La Habana. Max Henríquez Ureña ha escrito lo siguiente:

> Dos primeras series de disertaciones despertaron la avidez y la curiosidad intelectual del público; las series subsiguientes, de carácter homogéneo en cuanto a sus temas, alcanzaron aún mayor significación e importancia; una, dedicada a analizar un grupo de "Poetas extranjeros contemporáneos", fue un eficaz empeño de difusión cultural; otras dos, acerca de destacadas "Figuras intelectuales de Cuba", representaron excelente aportación al estudio de la vida del pensamiento en Cuba; pero a no dudarlo, la serie que logró más extensa repercusión fue la de "Historia de Cuba", pues aparte del interés intrínseco de los temas escogidos, se turnaron en la tribuna algunos de los actores, esto es, de los que habían hecho la Histo-

---

[144] A.V. *Jorge Mañach y su generación en las letras cubanas*. (Miami: Ediciones Universal, 1971), p. 19.

ria, y traían como contribución su testimonio directo y personal.[145]

La revista *Cuba Contemporánea* fue el instrumento de este grupo, y según afirma Félix Lizaso, "se acreditó en todos los países de nuestra lengua como uno de los más logrados vehículos con que las letras cubanas contaban en esos momentos, siendo sus paginas solicitadas con frecuencia por los más destacados escritores de nuestro continente".[146]

Cuba Contemporánea fue fundada en 1913 y su existencia se prolongó hasta 1927. Sus fundadores fueron Carlos de Velasco, Julio Villoldo, Mario Guiral Moreno, José Sixto de Sola, Ricardo Sarabasa y Max Henríquez Ureña.

Debemos hacer notar aquí la presencia, como fundador tanto de la Sociedad de Conferencia como de *Cuba Contemporánea* de Max Henríquez Ureña, que había llegado a La Habana procedente de México y que vivió con carácter permanente durante varios años en La Habana y en Santiago de Cuba, donde ejerció la abogacía. En 1914, Pedro Henríquez Ureña estuvo una larga temporada en La Habana, donde se relacionó con los intelectuales de la época. Don Pedro, como su hermano, procedía de México, y viajó a La Habana, para alejarse del caos revolucionario en que se hundió la capital mexicana. Estos datos, sirven para indicar la posible influencia que ejercieron los jóvenes intelectuales mexicanos, a través

---

[145] Max Henríquez Ureña. *Panorama histórico de la literatura cubana*, (New York: Las Américas Publishing Co., 1963), Vol. II, p. 272.
[146] Félix Lizaso. *Panorama de la cultura cubana*, (México: Fondo de Cultura Económica, 1949), p. 117

de los hermanos Henríquez Ureña, en los jóvenes cubanos de la época.

Raimundo Lazo llama a la segunda generación republicana, "la de la entre-guerra", por haber hecho su aparición entre las dos guerras mundiales. Dice Lazo:

> Fue una generación eminentemente rebelde e iconoclasta, cuya actuación tuvo que significar una crisis profunda de los valores e ideas en que se apoyaba la generación anterior; y, en efecto, al individualismo de esta última, opuso el colectivismo en todas sus formas; a las teorías y a los puros valores estéticos, la necesidad de una decidida proyección social en todos los órdenes, entre ellos, naturalmente, el literario; y el realismo y el predominio de las masas a todas las idealizaciones y posibles influencias de las minorías.[147]

Dice Andrés Valdespino que "La forma en que Lazo opone esta segunda generación a la anterior, resulta, tal vez, demasiado absoluta".[148] No lo creemos así. Nos parece que la diferencia fue, ciertamente, absoluta, y que la base intelectual de la misma se debió a la penetración en Cuba de las ideas radicales, extremistas, que llegaron con la filosofía marxista como consecuencia del triunfo de la revolución en Rusia. Es cierto que en la primera generación dos destacados representantes del grupo fueron Carlos Loveira y José Antonio Ramos,

---

[147] Raimundo Lazo. "Literatura cubana en el siglo XX", en *Historia de la Nación Cubana* (La Habana: Editorial Historia de la Nación Cubana, 1952), Vol. X, p. 6.
[148] Andrés Valdespino, Op. cit., p. 21.

cuyas obras están cargadas de intención social. Pero también es cierto que ambos, en esa época, eran la excepción.

Cronológicamente esta segunda generación surge en la segunda década del siglo. Dice Valdespino:

> A diferencia de la generación anterior, en la que, a pesar de la coincidencia ideológica de muchos de sus integrantes, no se logró crear un núcleo homogéneo con perfiles definidos, esa nueva generación surgió a la vida pública con una clara conciencia de su destino histórico y de su misión generacional. Y como para que nadie se llamara a engaño sobre cuál habría de ser esa misión, hizo su entrada en escena en forma deliberadamente dramática y espectacular, a través de lo que se conoce en el proceso histórico de Cuba con el sonoro nombre de la "protesta de los 13"[149]

Los antecedentes de este episodio "deliberadamente dramático y espectacular" pueden explicarse de la siguiente manera: Desempeñaba la presidencia el Licenciado Alfredo Zayas, la corrupción administrativa era una práctica generalizada en la administración zayista, a tal punto que en ocasiones se acusó a la familia presidencial de participar en prácticas ilegales de beneficio económico personal; el sistema de oposiciones a cátedras era objeto de críticas severas y provocaba grandes frustraciones entre los jóvenes intelectuales. Todo esto, y la vocación militante de los jóvenes de la segunda generación de escritores cubanos, se unieron para provocar la llamada "protesta de los 13" que fue, esencialmente, un acto político de aquella generación literaria. No de todos sus

---

[149] Andrés Valdespino, Op. cit., p. 22.

miembros, vale advertir, porque en el grupo había conservadores y marxistas, liberales y católicos. Pero, sin embargo, del grupo surgen los intelectuales que constituyeron **el nucleo original del Partido Comunista de Cuba**, y en el proceso histórico nacional, ese grupo es conocido como revolucionario, militante, radical.

Desde los primeros meses de 1923, un grupo de escritores jóvenes cubanos, se reunía todos los sábados para almorzar. Algunos de ellos estaban vinculados a la revista *Social*, publicación que "curiosamente combinaba la nota frívola de la crónica de sociedad... con muy serias y estimables colaboraciones en sus páginas literarias.[150] Las reuniones del grupo eran absolutamente informales, sin sujeción a normas o reglamentos, directivas o autoridades. Era una versión cubana de la famosa tertulia madrileña. Naturalmente esta informalidad creaba un problema de identidad y el grupo decidió, a manera de identificación, darse un nombre: Grupo Minorista.

Max Henríquez Ureña, que fue un escritor muy vinculado al grupo, recuerda lo siguiente:

> En su mayoría, los componentes del Grupo Minorista pertenecían a las dos primeras generaciones republicanas. Nutrido era el núcleo de escritores y poetas que se contaban en su seno, pero no escaseaban los pintores, escultores y músicos. No sería tarea fácil mencionarlos a todos, pero vale la pena recordar, por lo menos, a los que concurrían con más asiduidad a los almuerzos sabatinos: el director de *Social*, Conrado W. Massaguer, y su jefe de redacción, Emilio Roig de Leuchsenring, además de

---

[150] Andrés Valdespino, Op. cit., p. 23.

Eduardo Abela, José Manuel Acosta, Juan Antiga, Luis A. Baralt y Zacharie, Otto Bluhme, Diego Bonilla, Mariano Brull, Alejo Carpentier, José Antonio Fernández de Castro, Antonio Gattorno, Luis Gómez Wangüemert, Max Henríquez Ureña, Francisco Ichaso, Félix Lizaso, Luis López Méndez, Jorge Mañach, Armando Maribona, Juan Marinello, Guillermo Martínez Márquez, Rubén Martínez Villena, Andrés Núñez Olano, Alfredo T. Quílez, Arturo Alfonso Roselló, Octavio Seigle, Enrique Serpa, Juan José Sicre, José Z. Tallet, Jaime Valls, Orosmán Viamonte.[151]

Trece miembros del Grupo Minorista[152] ante la situación política y la corrupción administrativa imperantes durante el gobierno del Licenciado Alfredo Zayas, provocaron el 18 de marzo de 1923, un incidente que tuvo honda repercusión en la conciencia nacional y que fue, en el orden político, el punto de partida de una Cuba radicalmente diferente a la que antes había sido. Es el acontecimiento que dio origen al proceso histórico que culmina el 31 de diciembre de 1958. En la fecha indicada, los 13 miembros del Grupo Minorista asistieron a un acto en la Academia de Ciencias, presidio por el Sr. Erasmo Regüeiferos, Secretario de Justicia en el gabinete del pre-

---

[151] Max Henríquez Ureña. *Panorama histórico de la literatura cubana*, (New York: Las Américas Publishing Co., 1963) Vol. II p. 354.
[152] Los "Minoristas" que participaron en el acto fueron: Rubén Martínez Villena, Jorge Mañach, Juan Marinello, Francisco Ichaso, Félix Lizaso, José Manuel Acosta, José Z. Tallet, José A. Fernández de Castro, Primitivo Cordero Leiva, Alberto Lamar Schweyer, Luis Gómez Wangüemert, Calixto Masó y Vázquez, y José R. García Pedrosa.

sidente Zayas. Regüeiferos estaba vinculado a un escandaloso negocio. Unos segundos antes de hacer uso de la palabra el Secretario de Justicia, Rubén Martínez Villena se puso de pie, junto con todos sus compañeros, tomó la palabra y, en su nombre, y en el de todos sus compañeros presentes, anunció que se retiraban del local como acto de protesta contra la corrupción administrativa representada allí por el Secretario de Justicia, Sr. Erasmo Regüeiferos. Acto seguido abandonaron el salón. El episodio provocó una causa criminal que pocos meses después quedó sobreseída.

En la misma época se fundó la Asociación de Veteranos y Patriotas, que surgía para combatir la corrupción administrativa, y que promovió enorme agitación en la conciencia pública. Se unieron a ella muchos "Minoristas". La Asociación de Veteranos y Patriotas trató de iniciar un movimiento insurreccional que fracasó. El momento era de gran agitación e incertidumbre. Cuba se encontraba en un momento de crisis.

Ese mismo año de 1923 empieza en Cuba la revolución universitaria, dirigida por Julio Antonio Mella (1905-1929). Los gritos de protesta se dirigen **contra** la corrupción administrativa y contra el imperialismo norteamericano. Martínez Villena funda "Falange de Acción Cubana" de corta vida. Se organiza la "Universidad Popular José Martí" dirigida por José Z. Tallet y por Julio Antonio Mella. Se funda el Partido Comunista en 1925.

El Grupo Minorista funciona desde 1924 hasta 1929; fue el vehículo utilizado por los cubanos para establecer relaciones con los escritores e intelectuales del mundo. El grupo se interesó activamente por los problemas políticos y sociales de la época. Vemos por primera vez en Cuba al intelectual "comprometido" y a los intelectuales divididos ideológicamente con una intensidad tal, que cuando Alberto Lamar Schweyer (1902-1942), defiende las dictaduras siguiendo las líneas de pensamiento del venezolano Vallenilla Lanz, la disputa no se detiene dentro de los límites de la controversia puramente intelectual, de ideas, sino que es expulsado por sus compañeros. Lamar trata de negar la existencia del "minorismo" y Martínez Villena, como respuesta a Lamar, redacta un Manifiesto que es el anuncio de un compromiso y una advertencia, porque allí se encuentran ideas que por primera vez se escuchaban en Cuba: "contra el imperialismo yanqui". Es interesante observar en dicho Manifiesto que Martínez Villena además de manifestarse contra el "imperialismo yanqui", se pronuncia contra las "dictaduras políticas unipersonales". El manifiesto minorista, de contenido esencialmente político e ideológico, era expresión del pensamiento político de algunos de los miembros del grupo. Dice así:

> Colectiva o individualmente, sus verdaderos componentes han laborado y laboran:
> Por la revisión de los valores falsos y gastados. Por el arte vernáculo y, en general, por el arte nuevo en sus diversas manifestaciones.
> Por la introducción y vulgarización en Cuba de las últimas doctrinas, teóricas y prácticas, artísticas y científicas.
> Por la reforma de la enseñanza pública y contra los corrompidos sistemas de oposición a las cátedras. Por la autonomía universitaria.
> Por la independencia económica de Cuba y contra el imperialismo yanqui.

Contra las dictaduras políticas unipersonales, en el mundo, en la América, en Cuba.

Contra los desafueros de la pseudo democracia, contra la farsa del sufragio y por la participación efectiva del pueblo en el gobierno.

En pro del mejoramiento del agricultor, del colono y el obrero de Cuba.

Por la cordialidad y la unión latinoamericana.[153]

Una de las iniciativas más importantes en el campo de la cultura en Cuba fue la creación de la *Revista de Avance*. Detrás de la fundación de esta importantísima publicación estaba el impulso de Jorge Mañach y de otros jóvenes escritores vinculados al Grupo Minorista y a la Protesta de los 13. La *Revista de Avance* continuaría, en cierto sentido, —la labor de difusión cultural que había tenido antes *Cuba Contemporánea*, que deja de publicarse en 1927, año en que comienza la publicación de la *Revista de Avance*. Francisco Ichaso ha escrito lo siguiente:

> *Cuba Contemporánea* era una revista de formato grave, de artículos extensos, ponderados, sesudos, una revista densa, circunspecta, gris, como la mayor parte de los hombres que la hacían y que la leían.
>
> La *Revista de Avance* era de formato ligero, de trabajos cortos, de estilo travieso, arbitrario, iconoclasta. Fue un órgano, en lo literario y en lo artístico, de una generación empeñada

---

[153] Salvador Bueno: *Historia de la literatura cubana* (La Habana: Editora del Ministerio de Educación, 1963), pp. 427-428.

en revisar enérgicamente la obra de las anteriores y en imprimirle a la vida cubana un sesgo distinto.[154]

Los fundadores y primeros directores de la *Revista de Avance* fueron Jorge Mañach, Francisco Ichaso, Juan Marinello, Alejo Carpentier y Martí Casanovas. Casi inmediatamente Alejo Carpentier fue sustituido por José Zacarías Tallet y, Martí Casanovas fue reemplazado por Félix Lizaso. El nombre *Revista de Avance* fue un subtítulo, porque la publicación cambiaría su nombre con el de cada año en que viera la luz, llamándose sucesivamente, 1927, 1928, 1929 y 1930, ultimo año de la revista. Literariamente, la revista surgió bajo el signo del "vanguardismo". El vanguardismo fue para los jóvenes intelectuales cubanos de la segunda generación, algo que sirvió dos propósitos diferentes: por un lado un medio de expresión literaria y por el otro un vehículo para expresar sus ideales de renovación política, social y cultural. Jorge Mañach lo ha explicado así:

> Aquello del vanguardismo no fue en rigor una sumisión ni una cosa inútil. Fue también una forma de protesta contra el mundo caduco que nos rodeaba... Aquella rebelión contra la retórica, contra la oratoria, contra la vulgaridad, contra la cursilería, contra las mayúsculas y a veces contra la sintaxis, era el primer ademán de una sensibilidad nueva, que ya se movilizaba para todas las insurgencias. Lo que nosotros negábamos en el arte, en la poesía, y en el pensamiento, era lo que había servido pa-

---

[154] Francisco Ichaso: "Ideas y aspiraciones de la primera generación republicana", en *Historia de la Nación Cubana* (La Habana: Editorial Historia de la Nación Cubana, 1952), Vol. VIII, p. 338.

ra expresar un mundo vacío ya de sustancias, vacío de dignidad y de nobleza... Nos emperrábamos contra las mayúsculas porque no nos era posible suprimir a los caudillos, que eran las mayúsculas de la política.[155]

La *Revista de Avance* dejó de existir en 1930. A la sazón era presidente el general Gerardo Machado y el pueblo se manifestaba cada vez con mayor intensidad contra la represión gubernativa. El día 30 de septiembre de 1930, la policía intentó dispersar por la fuerza una manifestación estudiantil y el joven Rafael Trejo resultó muerto. Ese día empezó la etapa final del gobierno de Machado. Y la *Revista de Avance* dejó de publicarse.

Lo de Mañach con el vanguardismo fue un enamoramiento pasajero y no un compromiso profundo. En 1949 le escribía una carta a José Lezama Lima en la que le decía:

Pero voy a confesarle un secreto: no siempre pude yo entonces asimilar todas las insolencias estéticas a que solíamos entregarnos. En el fondo conservaba mi fe candorosa en la poesía como idioma comunicativo y no sólo expresivo... repugnábame un poco, para mis adentros, la anarquía que cultivábamos... y apetecía algún orden de la expresión capaz de asegurarle a ésta a la vez profundidad y claridad.[156]

Después que dejó de publicarse la *Revista de Avance* en 1930, Jorge Mañach se incorporó de lleno a la lucha contra la

---

[155] Jorge Mañach: *Historia y estilo* (La Habana: Editorial Minerva, 1944), p. 189.
[156] Jorge Mañach: "El arcano de la poesía nueva", *Bohemia,* 25 de septiembre de 1949, p. 78.

dictadura de Machado, desviando, quizás, de esa manera su destino superior de pensador eminente, de escritor lleno de posibilidades insospechadas; pero, sus amigos y él, es decir los jóvenes intelectuales que habían comenzado la revolución literaria y artística, se dieron a la tarea de dar contenido intelectual a la nueva revolución política.

De esa manera Mañach participa, como dirigente nacional, en la organización del movimiento revolucionario clandestino ABC contribuyendo intelectualmente a perfilar los lineamientos ideológicos del mismo, plasmados en el famoso Manifiesto-Programa, uno de los documentos políticos más importantes de Cuba republicana. El Manifiesto-Programa señalaba tres cuestiones fundamentales: 1) austeridad moral en la vida pública, 2) nacionalismo económico y rescate de la plena soberanía nacional, y 3) justicia social, en defensa de los derechos de las clases proletaria y campesina. A la caída del gobierno de Machado y ya definitivamente comprometido con la política, Jorge Mañach desempeñó el cargo de Secretario de Instrucción Publica en el gobierno provisional del presidente Carlos Mendieta y Montefur, en 1934. Su paso por el gobierno fue una gran frustración para Mañach. Solamente estuvo en el cargo cuatro meses. No tuvo tiempo de poner en práctica ninguno de sus proyectos de "estilo vasconceliano". El ambiente era hostil, indiferente a la cultura. Después de su breve experiencia gubernamental, Jorge Mañach viajó a los Estados Unidos. Enseñó en la Universidad de Columbia, y, en el Middlebury College durante los veranos.

Mañach regresó a Cuba en 1939. Poco después ingresó como profesor al claustro de la Universidad de La Habana, para desempeñar la cátedra de Historia de la Filosofía en la Facultad de Filosofía y Letras y con este motivo se le ofreció un homenaje y en él José María Chacón y Calvo, dijo lo siguiente:

> Una afirmación de austeridad, de disciplina heroica, de renunciamiento a la circunstancia por brillante que nos parezca, de sujeción cotidiana a las puras esencias y a los fundamentales principios. Todo esto supone la actitud de Jorge Mañach al dejar una posición de primera categoría en una de las más importantes universidades del mundo para acudir al llamamiento indubitable y adolorido de la patria cubana, de su cultura, de sus ansias complejas de su tradición histórica, de su vivo fluir creador.[157]

Mañach había salido de las peripecias revolucionarias de 1933 con un sabor amargo. Había participado, quizás sin quererlo, en las actividades revolucionarias clandestinas, como miembro de la organización secreta ABC. Pero no creía que la revolución había triunfado, porque definitivamente no creía que había triunfado un gran ideal, que se habían producido cambios fundamentales, que se había implantado en la vida cubana una gran razón ética que diera origen a la Cuba nueva. La actitud de Mañach fue una de reserva, de incertidumbre, de duda. Esto queda ilustrado con perfiles muy dolorosos, en un artículo "El estilo de la revolución" publicado en *Acción* en 1934 y que fue premiado con el "Premio Justo de Lara" en 1935. Dice Mañach:

---

[157] José María Chacón y Calvo. "Homenaje a Jorge Mañach" *Revista Cubana*, XV (1941), p. 27

Desde hace por lo menos un año, casi todos estamos en Cuba fuera de nuestro eje vital, fuera de nuestras casillas. La mutación de la vida pública, con ser hasta ahora una mutación muy somera, a todos nos ha alcanzado un poco, y a algunos nos ha movilizado por derroteros bien apartados de nuestro camino vocacional. Nos ha hecho políticos, políticos accidentales del anhelo revolucionario.[158]

Mañach afirma que la política no es realmente su "camino vocacional", pero insiste en la participación activa. El sabe que está frente a una contradicción fundamental y trata de explicarla de la siguiente manera, en el mismo artículo que acabamos de citar:

...Nadie fue antaño más tolerante que yo hacia el hombre de artes o de letras que se mantenía pudorosamente al margen de las faenas públicas. Porque estas faenas tenían entonces la índole y los propósitos que ustedes saben: la carrera política era un ejercicio de aprovechamientos, una carrera en que los obstáculos sólo los ponía la conciencia, de manera que, prescindiendo de ésta, solía llegarse a la meta sin mayores dificultades.

...Y, naturalmente, sucedió que la cosa pública se fue quedando, cada vez más exclusivamente, en manos de aquellos que se sentían capaces de echarse el mundo a la espalda, y que generalmente se lo echaban.

Pero aquella abstinencia de los decorosos, de los sensitivos, les iba cerrando más y más el horizonte. Creíamos que se podría mantener la vida pública cubana dividida

---

[158] Jorge Mañach: *Historia y estilo* (La Habana: Editorial Minerva, 1944), p. 93.

en dos zonas: la zona de la cultura y la zona de la devastación. Y creíamos que, ampliando poco a poco, por el esfuerzo educador, la primera de esas parcelas —con artículos, conferencias, libros y versos— acabaríamos algún día por hacer del monte orégano. Lo cierto era lo contrario. Lo cierto era que la política rapaz iba esparciendo cada vez más sus yerbajos por el terreno espiritual de la Nación, nos iba haciendo todo el suelo infecundo, todo el ambiente irrespirable, todos los caminos selváticos.[159]

Cuando Mañach se lanzaba por el camino de la política, lo hacía con la falta de entusiasmo con que se cumple un deber ineludible; al abandonar la tarea ingrata lo hacia con la amargura y la frustración del que no ha podido completar su obra, hacer realidad su sueño. A pesar de todo insistía en su participación en las actividades públicas. Por eso, a su regreso fue elegido delegado a la Asamblea Constituyente por el partido ABC y más tarde ocupó un escaño en el Senado de la República (1940-1944) y desempeñó al final del periodo presidencial de Fulgencio Batista el cargo de Ministro de Estado (1944). Cuando Fulgencio Batista tomó ilegalmente el poder en 1952, Jorge Mañach asumió una firme postura crítica que más tarde lo llevaría a un exilio voluntario en España.

En 1959 regresó a Cuba, ilusionado con el triunfo revolucionario, ilusión que se desvaneció a los pocos meses y finalmente estableció su residencia como refugiado político en San Juan, Puerto Rico, donde murió el día 25 de junio de 1961.

---

[159] Ibid., pp. 93-94

No se podrá nunca dibujar el perfil de Jorge Mañach, ni comprender su "manera de ser" sin, al menos, tratar de esclarecer las contradicciones que mostró siempre entre su vocación y su dedicación. Mañach, hombre lúcido como pocos, "cabeza nacida para el análisis, para la reflexión" llega a Cuba en 1922, formado en las mejores universidades del mundo y se sumerge en ese medio hispanoamericano, a que se ha referido Gastón Baquero, en que el intelectual no "tiene más solución que escoger entre la fuga, para salvar su inteligencia y realizar su obra, o dejarse devorar por el Dragón, plegarse a las circunstancias, y entregarse al combate por el mejoramiento del escenario en que le tocó nacer".

> Dice Baquero: "Podemos afirmar sin chauvinismo, sin jactancia provinciana, que en este hombre se dio, potencialmente, la más rica posibilidad de pensador, de hombre de razón, de estudioso profundo. Sus facultades, su despertar, sus primeras armas, permiten decir sin riesgo de patriotería que la cadena de cumbres — ¡parva cadena!— esa que muestra a un Hostos, a un Rodó, a un Martí ideólogo, a un Montalvo, a un Varona, a un Vaz Ferreira, aun José Vasconcelos, inscribiría un nombre más. Pero, ¿era esto posible en la Cuba que debía contemplar ese de cabeza tan lúcida, nacido en el año "crucial" de 1898?[160]

Esta indagación acerca de las contradicciones evidentes que perfilan la "manera de ser" de Jorge Mañach ha preocu-

---

[160] Gastón Baquero: "Jorge Mañach: o la tragedia de la inteligencia en la América Hispana", en *Cuba Nueva*, Vol. I, No. 12, septiembre 1, 1962.

pado a todos los que de una manera o de otra se han acercado a su vida y a su obra. Andrés Valdespino, al contestar la pregunta ¿Por qué, entonces, dada esa aversión a la política, participó Mañach en ella de manera tan activa?, ha escrito lo siguiente:

> La explicación más simple sería la del socorrido argumento de que en ambientes como el de Cuba en tiempos de Mañach la política es una especie de pulpo que todo lo absorbe, y que no existiendo estímulo para la labor intelectual independiente, el hombre de letras se ve arrastrado a la actividad pública como único recurso de llegar a tener vigencia en su medio social. ... creo que la razón esencial es más compleja y profunda, y hay que ir a buscarla en la propia personalidad del escritor cubano.
> En la raíz hispánica de esa personalidad había una inclinación hacia el idealismo quijotesco que llevaba a Mañach a contemplar con inicial simpatía todo esfuerzo reformista y toda actitud no-conformista. Eso explica al Mañach de la "protesta de los 13", del Grupo Minorista, de la *Revista de Avance*, de la lucha contra Machado. ...
> Pero el quijotismo de Mañach estaba demasiado mediatizado por el otro ángulo de su personalidad: su rigor lógico, su culto a la razón, su sentido de la contención, de la sobriedad, del método. Mañach quiso desempeñar el papel de reformador de la política criolla con una actitud mental que resultaba ajena y extraña al temperamento de su pueblo."[161]

---

[161] Andrés Valdespino: *Jorge Mañach y su generación en las letras cubanas*. Miami: Ediciones Universal, 1971.

Esa terrible contradicción entre lo que quiso hacer y lo que no pudo lograr, ese divorcio entre el dirigente y su pueblo, están en la raíz agónica de la frustración de Jorge Mañach como escritor y como político. En el fracaso de Jorge Mañach está el fracaso de Cuba y las dos cosas constituyen una alucinante experiencia humana y política que, por circunstancias que no son del caso analizar aqui, están teniendo y continuarán teniendo repercusiones universales.

El reconocimiento de la gran tragedia de su vida le comunicó a sus últimos años una profunda tristeza que a veces se le escapaba a aquel "hombre de diamante y amigo de oro" como alguna vez lo llamó Alfonso Reyes.

En la correspondencia que sostuvo con Alfonso Reyes, le escribió una vez: "¡Qué bien hizo Ud. en sustraerse a esa tentación del diarismo! En esas salvas cotidianas se me ha ido a mí, mi pólvora."[162] Y en otra carta, le dice tristemente a su amigo Reyes:

"Esa del periodismo es, por cierto, una de las calamidades de que Ud. se ha sabido librar. Otra, la de la política, en relación con la cual mas de una vez he citado yo esa frase suya de que es menos un mundo de acción que de transacción. Usted supo aprovecharse de la única vía por la cual los escritores americanos podemos sustraernos a esas dos tentaciones estragadoras: la diplomacia."[163]

El periodismo y la política, las dos tareas profesionales que recibieron de él ese triste y dolorido reproche, fueron las distracciones de Mañach. Las actividades que lo alejaron de la

---
[162] Carta de 14 de septiembre de 1954.
[163] Carta de octubre 14 de 1954.

posibilidad de grandes y universales tareas de la cultura. Pero al final, después de todas las contradicciones, de todas las frustraciones, la historia le brindó una oportunidad, la última oportunidad, de parar en seco: no más transigencias. Dice Baquero:

> Esa hora le llegó a Jorge Mañach, y murió en el exilio. Su capacidad de adaptación, su empeño en acoplarse a los movimientos de las multitudes, a las consignas de la juventud, había tocado en ese limite que el comunismo presenta un día y otro al hombre honrado. Pudo transigir con muchas cosas, pero en cuanto se inició desnudamente el "descuaje" de la nacionalidad, de las raíces y simientes que él tanto amaba, se negó a seguir.[164]

Ese anhelo avasallador que lo empujaba hacia la actividad política y su entrañable vocación de pensador y de ensayista de alto porte intelectual, al chocar en aquel noble corazón, crearon en él angustias y ansiedades que nunca resolvió; aceptó humillaciones, repudios e incomprensiones con un estoicismo que lo convirtió en un héroe de la cultura cubana. La política cubana, aquel quehacer deleznable, no tuvo nada que ver con el mundo espiritual de Jorge Mañach. Este hombre bueno y sabio, se acercó a la política con la entrega y la devoción de un apóstol, con todas las dudas del hombre sabio y culto que conoce las realidades de su medio y que advierte a su pueblo de todos los peligros que trata de educarlo, de formarlo espiritualmente, de colocarlo en el camino de su grandeza, este hombre bueno y sabio, repito, llegó al final rodeado de los es-

---

[164] Gastón Baquero. E. cit., p. 29.

combros de la república que trató de salvar y engrandecer. Pero para suerte nuestra dejó un legajo, una obra, que constituye el más serio intento de explicarle al cubano la realidad de su mundo. No hubo en la Cuba republicana un pensador más agudo ni un prosista más elegante. Esa es su herencia imperecedera, su aportación esencial a la cultura americana. La obra de Mañach no es extensa. En realidad es solamente un atisbo, una promesa. ¡Y qué hermosa promesa la de los ensayos de Mañach! Pero los ensayos no son lo único notable en la obra del insigne escritor cubano. Su biografía de Martí ha sido reconocida por la crítica como la mejor biografía escrita en Hispanoamérica. Los estudios martianos profundos que darían luego como fruto admirable la biografía *Martí, el Apóstol* los inició

Mañach en la década de los veinte y escribe la biografía en la década de los treinta. La bibliografía martiana de Mañach es extensa; conferencias sobre diversos aspectos de la vida y la obra de Martí, cursos universitarios, trabajos periodísticos, discursos, son la suma de su preocupación martiana.

Martí, el Apóstol es una biografía novelada que Mañach se propone escribir con una intención, diríamos, generacional. Al escribirla Mañach trató de rescatar al Apóstol de aquellos panegíricos grandilocuentes y vacíos de la primera generación republicana que muchas veces no respondían a la realidad vital e histórica de Martí. Mañach se acercaría a la figura del prócer cubano con la profundidad del filósofo y el rigor académico del historiador y el profesor universitario. Dice Nicolás Emilio Alvarez que:

La obra surgió así hermanada a una necesidad histórica cubana. Le urgía, pues desenterrar a Martí y antes de estudiar al literato y al pensador, Mañach estimó necesario difundir el conocimiento de su vida puesto que: "La genialidad de Martí, lo que autoriza a llamar a Martí genial con menos timidez con que lo hizo Rubén Darío, es justamente esa diversidad en lo augusto,...el rango impar que llegó a alcanzar en su condición humana... Ha de bastar lo anterior para comprender que *Martí, el Apóstol* no pretendió ser una simple biografía que se ajustase exclusivamente a datos y a fechas sino que, en efecto, la obra ofrece una sutil articulación entre la estricta objetividad del biógrafo, empeñado en ceñirse a la verdad histórica, y su legítimo interés por exponer a la vez los matices ejemplares de aquella existencia...[165]

La biografía del Apóstol cubano es, indiscutiblemente la obra de más aliento de Jorge Mañach y quizás pueda afirmarse que su obra maestra. Por la índole de este trabajo no podemos analizar minuciosamente toda la obra de Mañach. Existen infinidad de artículos dispersos en periódicos y revistas que contienen incursiones en el campo de la crítica, de sus recuerdos personales y de lo genuinamente periodístico. Quede constancia de ello como mención de un aspecto de su obra. Lo que si debemos examinar con cierto detenimiento es la obra ensayística de Mañach.

El ensayo fue la dedicación más constante del gran escritor cubano. Para comprender cabalmente la obra de Mañach

---

[165] Nicolás Emilio Alvarez: *La Obra Literaria de Jorge Mañach* (Maryland: José Porrúa Turanzas, 1979).

debemos recordar que él traspasa los límites cronológicos de su generación. Su extraordinario talento y su profunda y universal cultura lo convirtieron en "maestro y guía intelectual de los sucesivos núcleos y promociones generacionales que surgieron en la isla".[166] El ensayo no fue solamente el género literario donde Mañach puso de manifiesto la agudeza y la profundidad de su pensamiento, sino, también, donde su estilo alcanzó niveles epónimos.

Cuba, en el ensayo de Mañach, fue la gran preocupación y la gran indagación. Mañach se había formado en mundos radicalmente diferentes a los que encontraría en Cuba a su regreso y ese encuentro estimuló intensamente su capacidad de análisis, su curiosidad filosófica y se lanzó a la búsqueda de una respuesta para los grandes problemas fundamentales de Cuba y quizás el descubrimiento de remedios adecuados. Por esos caminos andaba al escribir *La crisis de la alta cultura en Cuba* y la *Indagación del Choteo*. El primero de estos dos ensayos es el título original de una conferencia que pronunció ante la Sociedad Económica de Amigos del País, en el año 1925. Los miembros de esta agrupación quedaron tan impresionados con las opiniones del joven escritor de 27 años que tomaron el acuerdo unánime de publicar la conferencia en forma de libro con una nota "al lector" de Fernando Ortíz.

Dice Andrés Valdespino que "este ensayo literariamente no es de los mejores trabajos del ensayista cubano, puesto que

---

[166] Amalia V. de la Torre: *Jorge Mañach, Maestro del Ensayo* (Miami: Ediciones Universal, 1978).

no alcanza la donosura, elegancia y riqueza expresiva de sus ensayos de madurez".[167]

La crisis de la alta cultura en Cuba es un estudio profundo sobre los males de la isla en la época de los años veinte. Es una obra de visionario porque los males de la sociedad cubana en la década de los cincuenta no eran muy diferentes a los que Mañach denuncia en este ensayo.

El segundo ensayo, *Indagación del Choteo* es un ensayo de análisis social. Se publicó por primera vez en 1928 y fue el resultado de una conferencia pronunciada por Mañach en la Institución Hispano Cubana de Cultura. La *Indagación del Choteo* es un admirable documento de penetración sicológica, que no se limita al "choteo" según sugiere su titulo, sino que es mucho más abarcador el análisis que intenta explicar las raíces de ciertas características temperamentales del cubano. Demuestra la extraordinaria habilidad de Mañach para penetrar en la idiosincrasia del pueblo cubano.

Entre los ensayos de investigación histórica publicó *Historia y Estilo* en 1944. Está formado este volumen por dos ensayos distintos. Uno, *La nación y la formación histórica* es el discurso de ingreso en la Academia de la Historia, pronunciado en 1943 y el segundo *El estilo en Cuba y su sentido histórico* es el discurso de ingreso en la Academia Nacional de Artes y Letras, en 1944. Ambos están tan íntimamente entrelazados que pueden formar, de manera coherente, el volumen que los contiene. El otro gran ensayo de investigación histórica, titulado *El estilo en Cuba y su sentido histórico*, tiene como propósi-

---

[167] Op. cit., p. 13.

to el de descubrir si los distintos estilos de los escritores cubanos en las distintas épocas de su historia se corresponden con las diversas etapas de formación de la conciencia colectiva cubana. En este ensayo la preocupación histórica se canaliza hacia lo literario. Analiza los diversos periodos históricos a través de una investigación exhaustiva en que "recorrió el pensamiento cubano de extremo a extremo".[168]

En 1950 Mañach publicó un ensayo de tema hispánico titulado *Examen del Quijotismo* donde alcanza un elevado nivel de excelencia como ensayista. Este ensayo muestra a Mañach en su plena madurez. Como conclusión Mañach afirma que el quijotismo es una combinación de dos elementos: por una parte, consiste en un "mecanismo psicológico de imaginación-acción", y, por otra parte, es un "determinado repertorio de ideas y valores absolutos". Opina, finalmente, que el quijotismo es "un fantaseo heroico de la conducta y una formación sublime de ella".

En 1960, Mañach se establece en Puerto Rico como refugiado político. Seria su residencia definitiva. Allí escribió su ultimo ensayo, "su testamento ideológico y literario" según afirma Ernesto Ardura,[169] titulado *Teoría de la frontera*. En este ensayo Mañach recorre los viejos caminos de Rodó haciendo énfasis especialmente en los problemas del Caribe y específicamente, se detiene en la consideración del problema de Puerto Rico y todo el texto está traspasado de un gran amor a

---

[168] Gastón Baquero. 2E. cit., p. 27.
[169]. Ernesto Ardura, "Una síntesis cultural en América", sobre *Teoría de la frontera: de* Jorge Mañach, en Revista *Américas,* Washington, D.C. Vol. 25, num. 3, marzo, 1973, p. 36

la América española y "una gran comprensión y justicia para la otra".

Mañach hizo incursiones por otros géneros literarios. Me referiré ahora a lo que se ha llamado la prosa artística de Mañach que está básicamente contenida en su obra periodística desde el principio de su carrera literaria. A la primera etapa de su prosa artística pertenecen *Glosario* (1924) y *Estampas de San Cristóbal* (1926), el poema en prosa *"Tres etapas de Castilla"* (1927), y la obra dramática *Tiempo muerto* (1928).Y finalmente la obra narrativa: En 1925 publicó su primer relato titulado *Belén el Aschanti*; un año después publicó el cuento "O.P. No. 4"; y más tarde en la *Revista de Avance*, se publicarían "El hombre que amaba el mar" y "Tántalo".

La "obra" de Mañach no terminó en el mero quehacer intelectual. Yo quiero recordar que Mañach, como Alfonso Reyes y como Pedro Henríquez Ureña, fue un apóstol, un misionero de la cultura. Una de sus iniciativas más nobles fue la creación de la Universidad del Aire, institución de difusión de la cultura, que Mañach organizó en dos diferentes etapas, alrededor del instrumento de la radio. La primera etapa de esta empresa se inició en 1932. El programa quedó interrumpido debido a los graves problemas y dramáticas circunstancias que rodearon la lucha contra el gobierno de Machado.

Posteriormente, en 1949, la estación CMQ reinicio las actividades de la Universidad del Aire. Jorge Mañach fue su director. La Universidad del Aire fue organizada en forma de cursos que desarrollaban temas específicos y se publicaban las conferencias en folletos que se distribuían por todo el país. Al producirse el golpe militar encabezado por Fulgencio Batista, el 10 de marzo de 1952, la situación creada produjo el cese de tan hermosa institución.

La vida de Jorge Mañach no puede entenderse fuera del marco de la vida cubana, a la que dedicó lo más importante de su obra. Tampoco podrá entenderse si dejamos fuera del análisis los lineamientos de su mundo espiritual, de sus aspiraciones como intelectual y como cubano y de las contradicciones que marcaron indeleblemente su vida y su obra. Es evidente que Mañach fue un hombre destinado a las grandes tareas de la cultura. La política, el periodismo y otros quehaceres lo apartaron de la gran obra que una cabeza tan lúcida como la suya estaba supuesta a dejar como herencia. Había en él algo innato de señorío que lo hacía incompatible con la política cubana. No podía ser de otra manera porque a todo lo largo de la República, "la esencia caudillística de nuestra ficción democrática, servida por dos partidos sin doctrina real, puramente electorales y burocráticos"[170] no podían proporcionarle al gran escritor más que repetidas frustraciones. Para ilustrar, finalmente, la frustración de Jorge Mañach, nos basta con leer lo que ha escrito Gastón Baquero:

> Racionalmente se había impuesto la difusión de "lo nuevo", pero su formación espiritual, su ancestro, su concepto de la vida, le llevaban a apreciar y conservar "lo viejo". Ese imponerse actitudes que contrariaban su inclinación natural, fue el origen de sus constantes transigencias y debilidades en materia política. Su naturaleza era la de un conservador inteligente, la de un reformista, nunca la de un revolucionario, pero sentía verdadero es-

---

[170] Gastón Baquero. 2E. cit., p. 22.

panto a que alguien fuera a motejarle de reaccionario. De haber vivido en el siglo anterior, hubiera figurado en la primera línea de los autonomistas, dentro de su corazón; más se habría convencido a si mismo, cerebralmente, de que "lo nuevo", el "progreso", estaban del lado de Martí, del separatismo, afiliándose a éste para cumplir con un deber que en lo íntimo consideraba equivocado.

CAPÍTULO III
Alfonso Reyes y Jorge Mañach:
Un diálogo ennoblecido por la cultura

La amistad de Jorge Mañach con Alfonso Reyes reviste, entre los cubanos, características especiales. No fue, como en el caso de Chacón, Brull y Lizaso, una amistad fraternal. En algunas épocas la amistad de los dos primeros con Reyes fue una amistad de tonos familiares, de encuentros casi diarios, de diálogos constantes, de reuniones frecuentísimas, de confidencias. La de Lizaso fue una amistad devotísima, de tonos también personales e íntimos. Pero la de Mañach no. La amistad de Reyes y Mañach se mantuvo siempre en un plano de cordialidad y respeto, pero alejada de la intimidad en el trato. Solamente en una carta a Mañach, la del 20 de septiembre de 1954, Reyes vuelca algo que es a la vez íntimo y público, personal y político e histórico.

Me refiero al episodio del 9 de febrero de 1913, en que perdió la vida el general Reyes, y a las consecuencias que dicho episodio tuvo para la vida íntima y pública del gran humanista mexicano. La amistad de estos dos grandes escritores, se mantuvo siempre en un plano de altísima cortesía, de recíproco reconocimiento de los valores del otro. Esa carta del 20 de septiembre contiene inevitablemente confesiones de carácter íntimo por la naturaleza del suceso que explica, pero también, creo yo, se trata de una declaración de principios y en ese sentido puede entenderse como un documento político. En apoyo de lo que digo debo recordar aquí que don Alfonso envió a otros amigos cubanos de él y de Mañach copia de dicha carta como antes había enviado otra parecida a Martín Luis Guzmán. Al narrar hechos íntimos don Alfonso trataba de explicar posiciones públicas mantenidas por él irrevocablemente durante toda su vida.

Mañach se acercó a Reyes probablemente a través de los amigos antes mencionados; quizás a través de Lizaso, cuando ambos eran co-directores de la *Revista de Avance*, porque la primera carta que aparece en el archivo de don Alfonso, escrita en papel timbrado de la *Revista de Avance*, es de febrero de 1929 y no parece ser la primera comunicación entre ambos. Esta de febrero de 1929, dice en su primer párrafo:

> Mi admiradísimo Alfonso Reyes: Sus acuses de recibo dan gozo, por ser de Vd. y por venir siempre tan explosivos de generosidad. Los he recibido esta vez con sensacional reiteración, como para compensarme del remordimiento de mis dos librejos seguidos.

No sabemos, desde luego, a que se refiere Mañach al escribir "acuses de recibo". Quizás los acuses de recibo tengan que ver con la *Revista de Avance* o con cartas de Mañach. Lo cierto es que ya en 1928 estaban en contacto de una manera o de otra. Debemos tener en cuenta que Mañach regresó a Cuba a fines de 1921 por lo que podemos suponer que sus contactos iniciales con Reyes empezaron a mediados o en la segunda mitad de la década de los años veinte.

Durante los años iniciales, es decir, a partir de la carta del 9 de febrero de 1929, se nota claramente que en el trato de estos dos escritores falta la cordialidad íntima, la familiaridad, que es tan visible en la correspondencia de Reyes con

Chacón, Brull y Lizaso. Desde el principio Mañach establece un orden jerárquico en el que Reyes aparece como maestro y como guía, aunque, desde luego, el respeto intelectual siempre fue recíproco. Esta amistad con Mañach, aunque colocada en un plano diferente a la de los otros cubanos más íntimos, fue siempre una sólida, profunda y respetuosa relación personal en que la simpatía y la cordialidad siempre estuvieron presentes.

En la correspondencia de estos dos grandes escritores americanos aparecen cartas fundamentales para el conocimiento de ambas personalidades. En cuanto a Mañach se percibe claramente su actitud de despego y de poquísimo entusiasmo en relación con la política y con el periodismo que sin duda generó ese sentimiento de frustración a que se ha referido Gastón Baquero. En Reyes se nota la honda herida del 9 de febrero; su alejamiento irrevocable de toda participación en la vida política de México, sus angustias y sus esperanzas. La importancia extraordinaria de este epistolario para conocer la intimidad de estos dos corresponsales, no puede ponerse en duda.

La primera carta es, como hemos dicho, de fecha 9 de febrero de 1929. En ella, Mañach parece acercarse a Reyes con la humildad y la admiración que experimenta el discípulo al dirigirse al maestro. Nos parece, como decíamos antes, que Mañach establece voluntariamente un orden jerárquico en sus relaciones con Reyes. Dice Mañach:

> ¡Cuánto nos contenta saber que, a esa distancia, Vd. nos sigue con cariño y aprobación! Sí: estábamos un poco "maguados", como decimos por acá, de ver que Lizaso

no lograba ningún envío suyo. No se nos oculta que Vd. tiene más demanda, de la que puede servir —sobre todo del tipo "platónico" de la nuestra. Pero ¿en qué estudio de buen pintor no hay algún apunte que mercedar? ¿Ni que empeño más tesonero que el nuestro para merecerlo? Mire que vamos a izar gallardete de "huésped distinguido a bordo" cuando recibamos algo suyo! ¿Llegó a ver el número en que reprodujimos su "Canto a Cuba", tomado de *Litoral*?

Ya dije que extrema Vd. su bondad al juzgar mi *Choteo*. Me tiene, sin embargo, muy orondo el fondo de aprobación que hay en sus cariñosas frases. ¡Y saber que Vd. y Henríquez Ureña me leyeron juntos!

En la carta que, en parte, acabamos de reproducir, resalta la belleza de la prosa de Mañach; la atinadísima selección del vocablo, el ritmo de la frase, la elegante expresión, la musicalidad de los párrafos; todo lo que ha contribuido a que Jorge Mañach sea considerado como uno de los grandes prosistas de América.

La segunda carta del epistolario es de fecha 15 de mayo de 1931, dos años y tres meses después de la primera. A la sazón Reyes vivía en Río de Janeiro y Mañach se queja, cordial y amistosamente, en ella:

15 de mayo, 1931. ...Mi querido Alfonso Reyes: ¿Qué pecado he cometido yo para que no me llegue —para que nunca me haya llegado— "Monterrey"?

En la misma carta Mañach hace algunos comentarios sobre dos escritores europeos Henri Michaux y Paul Morand y menciona a los amigos comunes Paco Ichaso, Mariano Brull y Félix Lizaso. En esa época Mañach estaba trabajando en su biografía de Martí, obra que le dio fama y prestigio continentales, convirtiéndolo en uno de los mejores biógrafos de habla hispana. Escribe Mañach:

> Si su "Monterrey" no obsta para conceder algún que otro privilegio epistolar, póngame dos líneas, se lo ruego, diciéndome en qué libro o libros suyos ha escrito usted de Martí. No recuerdo; y Vd. lo declara en un envió reciente a la revista generosa de Carrancá Trujillo. Vd. sabe, quizás, que estoy trabajando en mi Martí —el libro que todos los cubanos queremos hacer y que casi nunca nos sale, por la misma abundancia de amor.

La respuesta de Reyes a esta carta no aparece en el archivo del escritor mexicano, pero teniendo en cuenta la puntualidad de Don Alfonso en la administración de sus compromisos y deberes sociales, estamos seguros, queremos estar seguros, que Mañach tuvo una respuesta de Reyes a su ruego de informes sobre los trabajos del gran escritor mexicano sobre Martí.

En esta carta que comentamos, de fecha 15 de mayo de 1931, aparece un comentario de Mañach que parece habérsele escapado casi sin advertirlo, pero toca un tema que con el transcurso del tiempo seria el nudo de la tragedia personal de Mañach como intelectual y como escritor: el tema de la política. Dice así el escritor cubano:

> Por acá, **cuando la impolítica**[171] nos deja, nos juntamos y le recordamos mucho. Mariano Brull es suscitador de estos recuerdos —y Lizaso.

---

[171] No aparece subrayado en el original. El subrayado es nuestro.

Mañach escribe en 1931 y se refiere a la impolítica. Se trata de la época revolucionaria, de la lucha contra el gobierno del general Machado y ya Mañach era un militante revolucionario, quizás a su pesar. Nunca se acercó Mañach con entusiasmo a la política y nunca pudo alejarse de ella. Siempre consideró que la militancia cívica era un deber del ciudadano en nuestros países y así sacrificó una prometedora carrera como escritor, como ensayista, como pensador. Alrededor de este gran problema se mueve la tragedia personal de Mañach como intelectual.

La siguiente carta del epistolario la firma Mañach y es de fecha 24 de mayo de 1932, un año y nueve días después de la anterior. En ella agradece Mañach a Reyes el envió de *Discurso por Virgilio y Saeta*. Dice Mañach:

> Mucho disfruté, Reyes, leyendo su Discurso por Virgilio. Disfruté con el placer altruista de la fina expresión ajena y también con aquél —egoísta— que viene de encontrar autorizados pensamientos que uno ha tenido o querido tener. Llevado por la mano de Virgilio, se puede bajar a los infiernos. Por lo menos a ciertas zonas casi infernales de nuestra vida y pensamientos americanos ha bajado ud. con su imagen, y ha hecho el signo de redención. Urgía que alguien con su autoridad volviese, sin romanticismos, por los fueros idealistas y espirituales de la concepción de la cultura; que se nos dijese que no todo ha de ser —porque no lo es— fatalismo geográfico o étnico, enclaustramiento en lo peculiar, divorcio del mundo. Ud. ha dado una buena voz, latina y "católica", en este momento de sectarismos y seccionalismos desesperados que estamos viviendo. Muy bien ha hecho en enseñarnos su alma política.

Y de *Saeta* ¿que le diré? Primorosa por dentro y por fuera —con ese primor sustancioso que Vd. está logrando como nadie en nuestras letras.

Por todo, y por su recuerdo, y por su *Monterrey*, mil gracias otra vez. Y si los quehaceres lo secuestran a veces demasiado, no se lo tenga a mal a su amigo Jorge Mañach.

La siguiente carta es de Alfonso Reyes. De fecha 13 de junio de 1932 y escrita en Río de Janeiro. Es una carta muy interesante por el tono afectuosísimo en que está escrita y por su propio contenido. Dice así:

Río de Janeiro, 13 de junio de 1932. Mi querido Jorge Mañach, hombre feliz porque está en La Habana y porque está acompañado de Jorge Mañach:

Ya sé, ya sé bien que no todo es vida y dulzura, pero La Habana será siempre La Habana. A mí que no me cuenten.

Cuando llega a mis manos el opúsculo de Roig sobre Martí y los niños y Martí-niño, Ud. me anuncia su biografía. Sea mil veces en buenhora. Uds. serán la generación que dé su sitio al más dotado de los escritores de América. Ardo en ansias de leer ya su libro: una verdadera buena noticia.

Me halaga mucho su impresión sobre mi *Discurso por Virgilio*; cosas sólo de buen sentido, pero que ya es tiempo de decirlas, en este ambiente nuestro **aliteratado**, que sólo quiere vivir de las anchoas y pimientos del banquete europeo, olvidándose de la sopa que Dios hizo y de los guisos que saben hacer las madres de los hombres.

Otros aspectos de nuestras cuestiones he de tocar en un folleto polémico que pronto le enviaré, todo él dedicado a enseñar el silabario, escrito en román paladino en el que suele el pueblo fablar a su vecino, y donde por desgracia tuve que hablar mucho, muchísimo de mí mismo, en defensa propia, porque —Jorge amigo— ya se están permitiendo atacarme mucho en cosas que me duelen, allá desde mi tierra, con eso de que yo soy muy cortés y seguramente no contestaré nada. Ya me harté, ahora me van a oír, y de que comienzo, no acabaré. Pero quiero que mis amigos me digan sin rodeos su opinión: si creen que vale la pena aceptar estas discusiones desde tan lejos. No las emprendo por mí, sino por nuestros públicos tan desorientados. Hay mucho de sacrificio, para mí, en escribir esas cosas. Ya Ud. me dirá lo que le parezca, cuando la cosa llegue a sus manos. Lo abraza su amigo, A.R.

Esta es una carta muy importante. Alrededor del ensayo *Discurso por Virgilio*, los amigos demuestran que se mueven dentro de un mismo mundo de ideas, que la concepción de la cultura como fenómeno universal y humano; eterno y siempre en evolución, la comparten plenamente, lo que parece la cosa más natural del mundo si reconocemos en ambos la genuina condición de humanistas y pensadores, que se desprende de la obra de estas notables figuras de la cultura americana. Al estudiar las relaciones de Reyes con los intelectuales cubanos, percibimos que la amistad de ambos es única en relación con la de los otros amigos cubanos de Reyes. Reyes parece intuir que en Mañach él ha encontrado un alma gemela; parece reconocer que Mañach, como él mismo, es ciudadano de esa patria espiritual invisible y presente en el mundo de la cultura, que acoge a los más refinados espíritus, a las cabezas más lúcidas.

La siguiente carta que aparece en los archivos de Reyes es de fecha 16 de agosto de 1949, escrita por Mañach desde Middlebury, Vermont. En ella Mañach acusa recibo de *Pasado Inmediato*, lo que indica que los dos corresponsales no dejaron de escribirse durante los diez y siete años que transcurren de 1932 a 1949. Obviamente alguna correspondencia de Mañach recibida por Reyes se perdió o por alguna razón no se colocó en los archivos, de la misma manera que don Alfonso no guardó alguna correspondencia dirigida por él a Mañach. Sin embargo, esta carta de agosto de 1949 es interesante porque prueba documentalmente una serie de relaciones culturales y personales de verdadero interés histórico.

En agosto de 1949 Jorge Mañach enseñaba en Middlebury College, en Vermont, y en la carta que comentamos le dice a su amigo mexicano lo siguiente:

> He hecho aqui un curso sobre ensayistas contemporáneos de H.A. —Rodó, Torres, García Calderón, Sanín Cano, Henríquez Ureña, Mariátegui, Rojas, Vasconcelos, Reyes y... forzando un poco el concepto al amparo de "acento poético", Gabriela Mistral.

Y más adelante en la misma carta:

> Los alumnos deben presentar aquí un informe acerca de sus lecturas. Le interesará a Vd. leer esa hoja de uno de ellos que se refiere a Vd.

El joven estudiante a quien se refiere Mañach es el profesor James W. Robb que años después sería autor de fundamentales estudios sobre la obra del escritor mexicano.

La próxima carta la escribe Reyes. Es de fecha 25 de octubre de 1950 y la dirige a la Casa Hispánica de la Universidad de Columbia. Reyes dice que le escribe "para agradecerle esa lúcida y generosa nota en *The New York Times*, que me ha permitido entender yo mismo el sentido final de mi libro, la puntería de mi escopeta. Gracias de todo corazón y de toda cabeza."

La nota a que se refiere don Alfonso fue publicada en el *The New York Times Book Review* con fecha 22 de octubre de 1950 y posteriormente en *Páginas sobre Alfonso Reyes (1946-1957)* y en ella Mañach comenta, bajo el título de "In Praise of the Other America", la publicación en inglés de una colección de ensayos de Alfonso Reyes: *The Position of America and Other Essays*.[172] El comentario de Mañach se publicó en el *New York Times,* el día 22 de octubre, don Alfonso le escribe a Mañach el 25 del mismo mes, dándole las gracias y el 5 de noviembre de 1950, desde La Habana, Mañach contesta la carta de Reyes; y, trata de explicar el error de Reyes al enviar su carta a la Universidad de Columbia, en los siguientes términos:

No: hace ya años —desde el 39— que yo cerré mi paréntesis de Columbia para regresar a Cuba. Tal vez le hizo a Vd. suponer que aún continuara allá el hecho de que el año antepasado, por el verano, le escribí desde Middlebury, la Escuela Española adonde suelo ir todos los años a dar unos cursos de verano —pretexto para sustraerme a los calores tropicales.

Inmediatamente, refiriéndose a su nota critica, escribe lo siguiente:

---

[172] Alfonso Reyes. *The Position of America and other essays.* Translated by Harriet de Onís. (New York: Alfred Knopf, 1950).

Muy bondadosamente juzga Vd. mi modesta nota en el Times. En realidad, lo que escribí fue algo más extenso y hasta un poco más sustancioso, pero rebasaba el límite de 500 palabras que me impusieron, y que yo no creí inexorable. ...Me suprimieron alusiones debidas a la excelente introducción de Onís y a la esmeradísima traducción de su mujer. Tuve que escribir a ésta enseguida explicándole lo que de otra manera hubiera podido parecerle una injustificable omisión.

En el párrafo siguiente, Mañach, siempre caballeroso, se disculpa:

"Debí haber sido yo quien le mandara la nota".

"...soy un pésimo administrador de mis atenciones literarias".

Y le anuncia el envió inmediato de *"La terna del idioma"*. Además le anuncia el envío de *"Historia y Estilo"* y *"Examen del Quijotismo"*, dos de los libros publicados por Mañach. Y cierra la carta con dos líneas muy expresivas de la actitud de siempre del escritor cubano en relación con el gran humanista mexicano:

"Dígame que le parecen. [los libros que le envía] Cualquiera que sea su sentido, un juicio suyo es siempre un blasón".

Con fecha 9 de noviembre de 1950, desde México, Reyes contesta la carta del 5 del mismo mes y año. Es una carta muy corta, pero transparente en cuanto a su sinceridad y muy intensa en la expresión del afecto que obviamente Reyes sentía por Mañach. Dice Reyes:

"Gracias por su carta del 5 y por ese generoso artículo sobre La terna del idioma, que en efecto desconocía y que he leído con emoción y gratitud. Es usted un hombre de diamante y un amigo de oro."

Este intercambio y el artículo *"La terna del idioma"*, tienen su historia. Y es una historia muy interesante porque en ella participan amigos de Reyes. Según lo escribe Mañach, Raúl Roa "tuvo la deferencia de invitarme hace unos días —como antes lo había hecho Sara Hernández Catá— a poner mi firma en la instancia que *Bohemia* publicó la semana pasada, pidiendo el Premio Nobel venidero para el insigne Rómulo Gallegos". Ante la solicitud de Roa y de Sara Hernández Catá, Mañach se enfrenta con un problema de conciencia. Piensa que, efectivamente, Gallegos merece el premio. Pero también, en el mundo hispánico, lo merecen Ortega y Alfonso Reyes. Y Mañach, espíritu sin doblez, amigo leal no toma partido. Es amigo de los tres y respaldar a uno seria abandonar a los otros. Su decisión está en el nobilísimo artículo que comentamos. En él dice Mañach:

> Pero esa postulación, para que se la tenga por sincera y vehemente, ¿ha de ser necesariamente **singular**? ¿No hay derecho —puesto que es la Academia sueca quien elige, y no nosotros—, a pluralizar los candidatos, amparando así mejor la posibilidad de que alguno de ellos cuadre con los gustos críticos o las simpatías particulares de aquellos jueces lejanos?
> La cuestión se plantea porque hay, como antes dije, otros dos candidatos de la lengua en presencia, y hasta propuestos con alguna anterioridad a Gallegos. Uno de ellos es Alfonso Reyes. En el Congreso de Literatura que se ce-

lebró aqui el año pasado, muchos fuimos a acoger y a votar con entusiasmo una recomendación del gran escritor mexicano para la candidatura del Premio Nobel. Hasta se mandó cable de México expresando ese respaldo cubano. ¿Qué ha hecho Alfonso Reyes desde entonces para que se lo retiremos?[173]

Y termina Mañach su artículo de la siguiente manera:

Yo incluiría, pues el nombre de Ortega en las "postulaciones" de América. Mandaría allá esa terna del idioma. Y dejaría que fuesen los académicos de Estocolmo —si es que no prefieren hacerse los suecos— quienes eligiesen, entre ellos el Premio Nóbel de 1950[174].

Estos son los antecedentes, la "intra-historia" de la carta del 9 de noviembre.

La carta siguiente es de Mañach, tiene fecha 5 de agosto de 1953 y contiene unas líneas de presentación de la recitadora Carmina Benguria. El 15 de agosto Reyes anuncia que "llegó la golondrina Carmina con su grata carta. ...Es muy bien venida y tendrá mucho éxito entre nosotros". Y sigue con una nota personal de afecto: "Como hace mucho que no sabía de usted, me le hago presente con un librito de la mano izquierda, *Árbol de Pólvora*.

De 1954 es la carta que sigue. La escribió don Alfonso el día 30 de agosto y es el punto de partida de un intercambio de extraordinaria importancia. La carta empieza así:

---

[173] Jorge Mañach. "La terna del idioma", *Bohemia*, Año 42, No. 16, abril 16 de 1950, p. 71
[174] Ibid., p. 91

México, D.F., 30 de agosto de 1954. Mí querido Jorge Mañach: Gracias de todo corazón. En su artículo del Diario de la Marina (25, VIII, 1954),[175] entre mil cosas tan generosas como gallardamente expresadas, me defiende usted contra el cargo de no haber tratado directamente de cosas sociales y todo eso que suele llamarse "la inquietud contemporánea".
Creí que esta campaña estaba ganada. Este cargo tenía tres aspectos: 1) Despego con respecto a México; 2) despego con respecto a nuestra América; 3) despego con respecto a la hora política que vivimos (y padecemos).

Seguidamente Reyes le explica a Mañach que "El primer punto se desvaneció por si solo. El segundo punto se ha ido también rectificando solo". En cuanto al tercer aspecto, Reyes explica que el Prof. Manuel Olguín, "está preparando un estudio sobre la idea social en la obra de A.R." y a continuación escribe lo siguiente:

La base está en dos libros que temo usted no conozca: *Ultima Tule* y *Tentativas y orientaciones*. En ambos ataco de frente la cuestión política, en el sentido griego y original de la palabra. Últimamente en mimeógrafo, repartí una "Carta a una sombra" (la de P.H.U.) sobre los sucesos argentinos, y una "Charla" que publicó *El Tiempo*, de Bogotá sobre la libertad del pensamiento. Para sólo hablar de lo más reciente...

Es interesante enlazar lo que dice Reyes al empezar el párrafo que acabamos de transcribir: "La base está en dos

---

[175] Este artículo de Mañach no aparece en la colección del Diario de la Marina en la Biblioteca del Congreso.

libros que temo usted no conozca..." y lo que dice en el ultimo párrafo de la carta que comentamos: "Mi obra es muy extensa. Supone su lectura la consagración de un tiempo excesivo. No puede pedirse a nadie este sacrificio. Tampoco es fácil que el crítico la tenga toda en la mente cuando escribe". Del enlace de estos dos párrafos y la lectura de lo dicho en ellos por Reyes, intuimos que Mañach no estaba completamente al tanto de la obra de don Alfonso cuando escribió su artículo del 25 de agosto de 1954. Mañach se da cuenta inmediatamente que está colocado sobre tierra movediza y se apresura a escribirle a Reyes la carta del día 14 de septiembre de 1954, que dice:

> Mi querido Alfonso Reyes: ¿Lo lastimé a Vd., sin quererlo, al referirme, en ese artículo mío que Lizaso le mandó, a los viejos rezongos de marras? ...
> Torpe mano la mía, entonces, porque el ánimo de mi artículo fue bien distinto. Usted debe ya saber, y mi comentario, por lo demás, bien lo decía, lo mucho que yo le admiro y quiero. Por eso acogí en seguida su carta y la publiqué en el "Diario", y espero que mi apostilla, aunque no desiste de la "defensa" le haya parecido bien.

Y como lo dice don Jorge, se apresuró él a publicar en el Diario de la Marina de fecha miércoles, 8 de septiembre de 1954, la carta de Reyes del 30 de agosto con una breve introducción y una apostilla. La introducción dice así:

> Hace unos días, hablando de Alfonso Reyes, y de su candidatura al Premio Nobel, promovida por innúmeros admiradores suyos de distintos países hispanoamericanos, aludí al reproche que alguna vez se le ha hecho al

autor insigne de la *Visión de Anáhuac* de no haber querido ser más que ciudadano de la república de las letras. "Pero ¿quién podrá calcular —preguntaba yo— la extensión exacta de lo político, de lo cívico, de lo histórico? Difundir el gusto de lo bello, la devoción a lo alto y claro, el fervor por lo más delicadamente humano, en fin, el celo del espíritu, ¿no es también un modo, y acaso el más puro, de servir al destino de nuestros pueblos?"

Félix Lizaso, que me dio pie para ese artículo, se lo mandó sin duda a Alfonso Reyes antes que mi diligencia cuidara de hacerlo. Y he aquí que ahora acabo de recibir del gran escritor la siguiente carta, que sin su venia transcribo, porque ya Alfonso Reyes apenas tiene derecho a la intimidad epistolar, y porque la carta contiene datos preciosos. Dice así: [176]

Y después de reproducir íntegramente la carta de Reyes de 30 de agosto de 1954, Mañach le agrega la siguiente apostilla:

Gracias querido Alfonso Reyes por esa *mise au point*. Veo que con la mejor de las intenciones, saqué a relucir un puntillo desmentido, pero que aún le produce cierto escozor a usted, como toda injusticia. A la merced de esas desfiguraciones simplistas andamos siempre. Yo mismo que tan poca cosa soy, me he tenido que justificar mas de una vez en Cuba frente al cargo contrario más merecido: el de haber sacrificado en exceso "la pureza" a lo político y a lo histórico. Nuestros países aún necesitan de trincheras en las letras. Pero también han menester de "auxilios espirituales" para bien vivir. Si, por unas razones o

---

[176] Jorge Mañach. "Relieves". "Correspondencia con Alfonso Reyes". *Diario de la Marina*, miércoles, 8 de septiembre de 1954, p. 4A.

por otras, usted nunca ha sido peleador, ha tenido, en cambio, algo que no importa menos: cura de almas, de sensibilidades, de conciencias, de inteligencias. Y a esa "universalidad" que todos le admiramos no se puede llegar sin alguna subordinación de lo local. Creo, además, que ya va siendo hora de que en nuestra América se distribuya el trabajo: que haya incluso en las letras, distintas vigilancias y vigilias —siempre que a ninguna le falte, como no ha faltado a las de usted, el desvelo por el común destino.

Ah, y conste que yo si he leído y con gran deleite su *Ultima Tule*. No olvide que he profesado letras hispanoamericanas en los Estados Unidos. Dos años seguidos ofrecí en Middlebury un curso sobre ensayistas contemporáneos de nuestra América. Y con tanto entusiasmo hablé de su obra, que justamente ahora un discípulo de entonces, el profesor Robb, de la Universidad Católica de Washington, me escribe pidiéndome bibliografía para una tesis que sobre Alfonso Reyes se propone hacer.

Vaya usted preparándose para sumarla a esa copiosa bibliografía alfonsina. Un abrazo. J.M.[177]

Esta última carta de Mañach es, como hemos visto, de fecha 14 de septiembre de 1954. En ella, el gran cubano desaparecido, pide disculpas: "Torpe mano la mía..." "Usted debe ya saber, y mi comentario, por lo demás, bien lo decía, lo mucho que yo le admiro y quiero". Es decir, Mañach se siente verdaderamente apenado, y para quedar bien con Reyes, publica en su columna del *Diario de la Marina* la carta de don Alfonso

---

[177] bid., p. 4A.

del día 30 de agosto, pero en la apostilla que le agrega, descuidadamente escribe: "Si, por unas razones o por otras; usted nunca ha sido peleador..." Esto hace que Reyes reaccione inmediatamente, Mañach, sin quererlo le ha tocado una fibra muy sensible y obliga al gran humanista mexicano a escribir una carta formidable. Quizás sea la carta más importante que Reyes escribió a un amigo cubano. Es como una catarsis, pero además es un testimonio muy vivo de la grandeza moral de Alfonso Reyes. Toda la carta es una obra maestra de caballerosidad y de hidalguía; de decencia y de emoción disciplinada; de sentimientos profundos y de amor filial. El primer párrafo dice así:

> Mí querido Jorge Mañach: No quiero abusar de usted ni del Diario de la Marina, donde tan noblemente y con tan fino y justo comentario recoge usted, con fecha 8 de septiembre, mi carta del 30 de agosto último. Por eso le dirijo estas líneas en términos confidenciales, como además lo aconseja su materia misma. Pero, ante todo, y con referencia a su afectuosa carta del 14 de septiembre, quede usted enteramente tranquilo: no ha habido agravio, rasguño, ni matadura, sino una excelente ocasión para poner los puntos sobre las íes, lo que mucho le agradezco. Hoy quiero continuar explicándome.

Más adelante, después de explicar todo lo que la muerte del general Reyes había significado para él, escribe don Alfonso uno de los párrafos más impresionantes de la carta que comentamos:

> ...mi abstención se explica por mis amarguísimas experiencias familiares, las cuales empezaron siendo yo muy

niño. Más de una vez tuve que aprender a oír "mueras" contra mi propio padre (el hombre más grande que he conocido). Más de una vez tuve que cerrar los oídos a quienes me querían contar su muerte y decirme los nombres de quienes hicieron fuego contra él. No quise arrastrar *vendetta* (léase la transposición de este caso en mi poema "Ifigenia cruel"); no quise arrastrar cadenas de rencores. Yo tenía otra misión que desempeñar en la vida, y he procurado cumplirla en la medida de mis fuerzas.

Y el último párrafo de la carta, verdaderamente conmovedor, dice así:

¿Que yo no he sido peleador? ¿Y no he combatido contra el Ángel del Mal, combate más duro que el de Jacob? ¿Y no he tenido que vencerme a mí mismo, que no es el menor de los encuentros? Me arranqué el aguijón para sólo consagrarme a criar miel, en la intención al menos. ¡Ojalá mi miel no haya resultado insípida o amarga!

En respuesta a la carta de Reyes de 20 de septiembre de 1954, Mañach le escribe el día 14 de octubre. El primer párrafo dice así:

Mi querido Alfonso Reyes: ¡Qué gran generosidad la suya al escribirme —Ud., tan lleno siempre de tareas— esta larga carta, ilustrándome sobre el trasfondo político de su vida! ¡y qué remordimiento sutil el mío, todavía, de haberle provocado, sin querer, esas explicaciones y confidencias, por lo demás tan preciosas!

El segundo párrafo de la carta es un sentido homenaje al hombre y al escritor. Al hombre por su transparencia, símbolo de su pureza y al escritor que comunica a lo que escribe matices insospechados. Dice así Jorge Mañach:

> Claro que mucho de eso, en bulto al menos, no me era desconocido. Hasta en eso, querido Alfonso, es Ud. transparentísimo: se le ve todo el paisaje por detrás. Pero Ud. me lo ha descrito con el matiz que no se ve, con dolorida melancolía. Gracias por la deferencia que toda su carta supone.

Los tres párrafos siguientes son importantes por lo que revela del pensamiento de Mañach sobre el periodismo y la diplomacia:

> No hay seres más distraídos que los periodistas, aunque blasonemos de ser prodigios de atención. Así, yo no me había enterado de la muerte de su hermano Rodolfo, a que en su carta se refiere. Por eso no le llegó oportunamente mi expresión de condolencia. Recíbala ahora.
> Esa del periodismo es, por cierto, una de las calamidades de que Ud. se ha sabido librar. Otra, la de la política, en relación con la cual más de una vez he citado yo esa frase suya de que es menos un mundo de acción que de transacción. Usted supo aprovecharse de la única vía por la cual los escritores americanos podemos sustraernos a esas dos tentaciones estragadoras: la diplomacia. Y yo bien sé, por muchos amigos (Chacón y Brull entre otros), y porque, además, todo lo bueno tiene siempre su trascendencia, que Ud. nunca fue diplomático de mera ceremonia.
> La diplomacia le ha permitido a Ud., Alfonso (con todo lo demás, por supuesto) llegar a ser esa voz no provinciana, sino americana, que desde hace tantos años es gozo y or-

gullo y magisterio de nuestros pueblos. Ojalá la noble víscera a cuyas fatigas Ud. se refiere con tanta gracia le consienta seguir deleitándonos por muchos años más.

Estos párrafos anteriores ilustran sutilmente el gran drama de Jorge Mañach como escritor y como intelectual. Nadie mejor que Gastón Baquero ha expresado este problema de muchos intelectuales hispanoamericanos. En Mañach fue especialmente un problema traumático en grado sumo. El considerar su deber servir a su patria y olvidarse de su vocación como escritor y como hombre de pensamiento es la dicotomía que constituye la gran frustración de toda su vida. Así lo expresa Gastón Baquero:

> Este hombre [Jorge Mañach] se convence desde sus inicios de que él tiene un deber que cumplir con ese país. El confía en que puede producirse un cambio por la acción de la cultura, de las élites organizadas en agrupaciones políticas modernas. Sin ser vanguardista hizo vanguardia en *Avance*. Lo que quería era servir, no arrinconarse, no encerrarse en una "torre de marfil".
>
> Porque la desgracia de la América Hispana — probablemente nace de que "no puede todavía pensar en grande"— ha consistido sobre todo en la facilidad con que los hombres inteligentes cayeron en la trampa marxista de "la torre de marfil". Creer que no se está sirviendo a la patria cuando se dedica la vida a escribir un buen tratado de metafísica o de geometría, o a componer una sinfonía digna de ese nombre, es creer una proposición bárbara. Todo lo bello y bien hecho es alto servicio al pueblo, sépanlo o no los iletrados y los proletarios. Incitar a que todo el mundo vaya a la política, a la política

que se le diga, porque de lo contrario "está viviendo de espaldas al pueblo", es proclamar que se tiene al pueblo por imbécil, y que no se comprende cuál es el valor absolutamente popular, nacional, político, de la alta cultura. Y como se ha dado en llamar "política" a la tarea electoral dirigida a masas analfabetas y administradas por gentes hábiles en comprar con ánimo comercial una posición pública, ir a la política en esos países es participar de la menos inteligente y menos elevada actividad que cabe imaginar. Más hace por el pueblo y para el pueblo el hombre que sirviendo una honda vocación se entrega al estudio de la literatura italiana del siglo XIV, pongamos por caso, que quien contradiciendo su vocación y sus facultades abandona o reduce los estudios y sale por las calles a pronunciar arengas y a organizar justas electorales.[178]

Nadie ha descrito más atinadamente que Baquero la gran tragedia de Mañach. Y de lo escrito por él se desprende la sabiduría que presidió la decisión de Reyes de dedicar su vida entera a las tareas de la cultura, con una dedicación, que no era vocación, y por tanto marginal, al servicio diplomático que no lo sustrajo completamente de sus tareas intelectuales, como a Mañach la política en la desdichada república de Cuba.

El 19 de octubre de 1954 Reyes le escribe a Mañach en respuesta a la carta de éste del día 14, donde al agradecerle

---

[178] Gastón Baquero, "Jorge Mañach: o la tragedia de la inteligencia en la América Hispana", *Cuba Nueva,* Vol. 1, No. 12, septiembre 1 de 1962. pp. 23-24.

las condolencias que le envió por la muerte de Rodolfo Reyes, le dice lo siguiente:

> Muy a tiempo recibí su *Examen del Quijotismo*, mucho lo disfruté y aplaudí y así se lo dije a usted en un recado que le mandé al instante. Siento que no le haya llegado por lo visto. Pero tenga usted por cierto que es una de las cosas suyas que más estimo, con lo cual es decir que la estimo muchísimo y la pongo sobre mi cabeza y junto a mi corazón.

Las dos cartas siguientes son un intercambio puramente social y amistoso. Reyes, el día 24 de octubre de 1955, le agradece a Mañach "Su hermoso y profundo ensayo publicado en *Cuadernos*, me tiene verdaderamente conmovido", y más adelante agrega Reyes: "Independientemente de lo que me afecta en lo personal, creo que es una de las páginas más brillantes que han salido de su siempre brillantísima pluma".

El 5 de noviembre de 1955, Mañach le contesta y le explica a Reyes las circunstancias adversas en que escribió el ensayo "La universalidad de Alfonso Reyes", publicado en *Cuadernos* y la alegría que le produce la aprobación de don Alfonso. La carta de Alfonso Reyes de 12 de noviembre de 1955 es un documento interesantísimo. En la carta de 5 de noviembre Mañach había indicado las erratas que se deslizaron en un ensayo sobre Reyes, es decir la "inevitable enfermedad del plomo" que tanto irritaba a don Alfonso. Éste toma nota de las erratas indicadas por su amigo cubano y seguidamente le dice:

Le señalo otra, [errata] minúscula: dice "su *Parentalia*" por "sus *Parentalia*". Aunque esto sólo un latinista como usted puede percibirlo".

Lo curioso no es, precisamente, que Reyes le indique a Mañach el error cometido por éste en un punto de gramática latina, sino que leyendo un artículo de Emir Rodríguez Monegal titulado "Alfonso Reyes en mi recuerdo", aparece el propio don Alfonso tratando de enmendar un error cometido por Rodríguez Monegal en un punto de gramática latina. Así escribe Rodríguez Monegal:

> A veces, en el entusiasmo de mis reseñas, se me escapaba un error que Reyes corregía en la forma más urbana posible. Todavía recuerdo una tarjeta enviada como respuesta a una nota mía sobre su libro *Marginalia*, en que rectificaba una distracción. El título en latín, era ya plural y no era posible escribir (como yo, para mi vergüenza eterna hice) de las Marginalias de Reyes.
>
> Acepté la corrección, como he aceptado tantas otras, y me conmovió la devoción de un maestro para el que no había asunto pequeño ni comentarista trivial.[179]

Las dos cartas que siguen, una de Mañach de 17 de noviembre de 1955 y la respuesta de Reyes del 28 del mismo mes y año, tratan de la inclusión del artículo de Mañach "La universalidad de Alfonso Reyes" en el *Libro Jubilar* y de las gestiones de Mañach para que Reyes colaborara en la revista *Bohemia* de La Habana.

---

[179] Emil Rodríguez Monegal, "Alfonso Reyes en mi recuerdo", *Alfonso Reyes. Homenaje de la Facultad de Filosofía y Letras.* Universidad Nacional Autónoma de México, 1981. p. 378.

Reyes, además, en su carta de 28 de noviembre de 1955 se refiere a la visita de un grupo de cubanos a la Capilla Alfonsina, en los siguientes términos:

> Antes de ayer, en la tarde, vinieron los hermanos cubanos a esta Capilla Alfonsina, trayéndome el título de Doctor Honoris Causa y el álbum que, en manos de la Sra. Castro de Morales, me envía el Instituto de Cultura. Me han agobiado de emoción y de gratitud.
>
> Lo único que me apena es que no veo bueno a Mariano Brull y temo que la cosa sea más seria de lo que él mismo sospecha.

Las dos cartas que siguen de 12 de enero de 1956 y de 2 de febrero de 1956, son realmente notas sociales. Pero la de julio 24 de 1956 es, verdaderamente, interesante porque revela aquella jerarquía que el propio Mañach había establecido en sus relaciones con Reyes. Los tres primeros párrafos dice así:

> Mi querido Reyes: Su carta, reprochándome implícitamente y con sobrada justicia el no haberle acusado recibo del primer tomo de sus *Obras Completas*, me ha abochornado tanto que... hasta me ha parecido un poco cruel.
>
> ¿Necesitaré decirle con cuánto alborozo y agradecimiento recibí ese regalo espléndido? ¿No sabe', Vd. cuánto le admiro? ¿No se imagina lo que representa para mí el tener su obra toda, siendo así que, en mis viajes, más de un libro suyo se me ha perdido, y en mis generosidades se lo han quedado manos ajenas? Lo que hay, don Alfonso, es que nunca me curo del prurito de querer leer por entero un libro —o por lo menos las partes de él que desconozco o que me son más caras— antes de acusar recibo

de él a quien me lo envía, y este empeño muchas veces me hace quedar infamemente mal.

Mañach le comunica su partida para España porque "inesperadamente se me presentó la posibilidad de disfrutar de uno de los años sabáticos universitarios a que tenía derecho,..."

Reyes contesta el día 30 de julio y dice:..."nunca ha habido en mí la menor intención de crueldad ni de reclamación sentimental, sino simplemente el deseo de obtener un esclarecimiento postal..."

El 8 de mayo de 1957, Mañach escribe desde Madrid. Allí ha recordado a Reyes, ha visitado a amigos comunes y el 13 de mayo don Alfonso le acusa recibo.

El 11 de mayo de 1959 el gran escritor cubano se dirige a Reyes desde La Habana:

> Mi querido Alfonso: Ya me tiene Vd. de nuevo en mi tierra y en mi casa, que es la suya. Pasé en España dos años y medio que, para ser perfectos, sólo les faltó más benignidad hacia mi pobre estómago, del cual me dejé dos tercios en una mesa de operaciones. Por lo demás, conservo de aquella noble tierra un recuerdo de ésos que dan nostalgia para toda la vida.
> Al llegar a Cuba —mi Cuba todavía agitada, pero ya feliz—, recibo el tercer tomo de sus Obras Completas.

Mañach regresó a Cuba al triunfar la revolución y ya herido de muerte. Sufría de la enfermedad que lo llevó a la tumba en 1961. Regresó lleno de entusiasmos, ¡a trabajar por Cuba! y encontraría infinitas razones para sufrir por la misma Cuba que él pensaba liberada. Frente a él tenía unos cuantos meses de agonía física y moral. Su enfermedad ya lo había minado irrevocablemente y su gran tragedia moral de siempre se hacía más visible, más dolorosamente presente.

Ha dicho Baquero:

A medida que Mañach iba ascendiendo la cima de los años, aumentaba su incertidumbre, su no saber hacia dónde dirigirse ni dónde anclar firmemente su nave. ... Una profunda desazón se le escapaba "por los puntos de la pluma" a medida que paladeaba más y más las amarguras de la vida cotidiana.[180]

El 30 de septiembre de 1959, Jorge Mañach le escribe a Reyes su última carta. En ella le acusa recibo de algunos tomos de las *Obras Completas* del humanista mexicano. Así escribe Mañach:

Mi muy querido y admirado Alfonso: He recibido los dos últimos tomos de sus Obras Completas y "de contra" —como decimos por acá para referirnos a la miel sobre hojuelas— el tomito de *Parentalia*... Al releer —¿quién no peca de estos narcisismos?— ese estudio mío, [se refiere a "La universalidad de Alfonso Reyes"] me sorprendí de ver cómo le sacaba punta a algo muy romo: la pluralización de "corte"... ¿De dónde saqué yo eso de "paseante en Cortes"? ... A pesar de su indulgencia, ¡cómo se habrá Vd. divertido con ese lapsus o borrón de mal escribiente! Habrá que enmendar eso, si alguna vez recojo ese testimonio de mi admiración y mi cariño.

Las últimas palabras que escribió Mañach, dirigidas a Reyes, en la carta que comentamos, fueron las siguientes:

---

[180]. Gastón Baquero, op. cit., p. 27.

Poco a poco, porque los quehaceres obligados no me permiten más, voy releyendo toda su obra. ¡Qué tesoro de inteligencia y de gracia toda ella!

Esta carta fue escrita, como hemos indicado, el día 30 de septiembre de 1959. Época terrible para Cuba. Ha escrito Gastón Baquero:

> Hay una primera etapa, que es posible extenderla a todo lo largo del 59 y principios del 60 —hasta la llegada de Mikoyan a Cuba para tomar posesión de la isla—, en la cual lo que preside la actuación de muchos cubanos es la incertidumbre, la renuncia a admitir que pudiera existir y triunfar bajo el cielo tanta maldad y tanta hipocresía
>
> Había que ver a Mañach, a quien la enfermedad que lo llevaría a la tumba no afectaba su lucidez, moverse en forma incoherente, trastrabillar, equivocarse un día y otro, arrastrado por los acontecimientos.[181]

Mañach fue víctima, la más ilustre de todas, de la revolución que, en sus orígenes, provocó en él puras esperanzas de patriota. Verlo agonizar aprisionado por el dolor y la amargura, es uno de los espectáculos más tristes que puede contemplar un cubano, porque Mañach fue el último grande de la cultura cubana.

---

[181] Gastón Baquero, Ibid., p. 28.

CAPÍTULO IV
Correspondencia entre Alfonso Reyes y Jorge Mañach

I

[Membrete][182] Editores:
1929 Francisco Ichaso
Revista de Avance Félix Lizaso
Apartado 2228 Jorge Mañach
La Habana Juan Marinello
9 de febrero de 1929[183]

---

[182] La revista de Avance fue fundada en 1927. (Primer número publicado: Revista de Avance. Año 1 No. 1, 15 de marzo de 1927). Los primeros editores fueron: Francisco Ichaso Macías (1900-1964). Ichaso fue miembro del movimiento revolucionario ABC, dirigente político, Representante a la Cámara, Periodista, y Escritor. Félix Lizaso (1881-1967), notable ensayista martiano, promotor de actividades culturales, Periodista, murió en el exilio en los Estados Unidos de América. Jorge Mañach y Robato (1898-1961), miembro, con Ichaso, del movimiento revolucionario clandestino ABC, dirigente político, Senador de la República y Ministro del Gobierno, Profesor de la Universidad de La Habana y de la Universidad de Columbia en Nueva York; biógrafo de Martí, ensayista y orador, prosista de extraordinaria elegancia. Juan Marinello Vidaurreta (1898-1977), miembro y Presidente del Partido Comunista de Cuba, ensayista, poeta y orador. Fue rector de la Universidad de La Habana y Embajador bajo el gobierno de Fidel Castro. Juan Marinello murió en La Habana. Ichaso, Lizaso y Mañach, en el exilio, en México, Estados Unidos y Puerto Rico respectivamente.

[183] Esta carta de Jorge Mañach fue escrita en el décimo sexto aniversario de la muerte del general Bernardo Reyes.

Sr. Alfonso Reyes
Buenos Aires

Mi admiradísimo Alfonso Reyes:
Sus acuses de recibo dan gozo, por ser de Vd. y por venir siempre tan explosivos de generosidad. Los he recibido esta vez con sensacional reiteración, como para compensarme del remordimiento de mis dos librejos seguidos.[184]

¡Cuánto nos contenta saber que, a esa distancia, Vd. nos sigue con cariño y aprobación! Si: estábamos un poco "maguados",[185] como decimos por acá, de ver que Lizaso no lograba ningún envío suyo. No se nos oculta que Vd. tiene más demanda de la que puede servir —sobre todo del tipo "platónico" de la nuestra. Pero ¿en qué estudio de buen pintor no hay algún apunte que mercedar? ¡Mire que vamos a izar gallardete de "huésped distinguido a bordo" cuando recibamos algo suyo! ¿Llegó a ver el número en que reprodujimos su "Canto a Cuba", tomado de *Litoral*?[186]

---

[184] Las cartas a que se refiere Mañach en el primer párrafo no aparecen en la Capilla Alfonsina. En cuanto a los "dos librejos seguidos", deben ser *Indagación del Choteo* y *El otro Goya*. Ambos ensayos fueron publicados originalmente en 1928.

[185] MAGUADOS. Este vocablo no aparece en la edición de 1970 del *Diccionario de la Lengua Española* publicado por la Real Academia Española. Sin embargo, aparece en el *Diccionario de Cubanismos más usuales* de José Sánchez Boudy. *Maguado*: No quedar contento... Es posible que se derive del portugués MAGOAR: contristar.

[186] El número de la revista de Avance en que se publicó el poema de Alfonso Reyes titulado "Canto a Cuba" es de 1928.

Ya dije que extrema Vd. su bondad al juzgar mi *Choteo*.[187] Me tiene, sin embargo, muy orondo el fondo de aprobación que hay en sus cariñosas frases. ¡Y saber que Vd. y Henríquez Ureña[188] me leyeron juntos! Su idea de publicar algo en nuestras ediciones nos halagó extraordinariamente. Por lo pronto, lo que Vd. tiene que hacer es mandarnos el MS. Si la Embajada le da con que pagar los $75 que cuesta hacer 500 ejemplares, tanto mejor para nosotros. Si no, mande el MS. Ya veremos de arreglárnoslas. Por todos conceptos queremos poner esa pica en Flandes.

Con muchos y muy cariñosos recuerdos de los muchachos, le estrecha la mano su,

Jorge Mañach

A mano escribe Mañach lo siguiente:

P.S. ¿No le interesaría contestar la encuesta que venimos haciendo en la revista?[189]

---

[187] Se refiere Mañach a su libro *Indagación del Choteo* publicado en La Habana en 1928. *Choteo*, (de Chotear) m. vulgo, burla, pitorreo.
[188] Henríquez Ureña. Pedro Henríquez Ureña (1884-1946).
[189] La "encuesta" a que se refiere Mañach es una publicada en la revista de Avance (1928, Año II, Tomo III, La Habana, 15 de septiembre 1928) y que los editores circularon entre un gran número de intelectuales y escritores.
A continuación se reproducen las preguntas que formaba dicha "encuesta": 1) ¿Cree usted que la obra del artista americano debe revelar una preocupación americana? 2) ¿Cree usted que la americanidad es cuestión de óptica, de contenido o de vehículo? 3) ¿Cree usted en la posibilidad de caracteres comunes al arte de todos los países de nuestra América? 4) ¿Cuál debe ser la actitud del artista americano ante lo europeo?

II

[Aparece un membrete que dice:]
JORGE MAÑACH
Gral. Arenguen 70, 2°
LA HABANA
15 de mayo, 1931
Sr. D. Alfonso Reyes,
Río de Janeiro.

Mi querido Alfonso Reyes:

¿Qué pecado he cometido yo para que no me llegue — para que nunca me haya llegado— "Monterrey"?[190]

Acabo de hacerme del canje últimamente para "1930"[191] (que gana por lo menos esa batalla después de muerta) y hallo en él un sobre largo de Vd. para Paco Ichaso.[192] Sospecho el contenido, y como nuestra amistad todo lo perdona, violo el sobre, sin escrúpulos, y gozo la fruta del correo ajeno. ¡Qué bien, qué claro, qué oportuno y de qué delicada contundencia todo eso q. usted escribe sobre los viajeros morrocotudistas, y particularmente sobre Paul Morand![193] Hay un afon-

---

[190] "Monterrey" (Correo Literario de Alfonso Reyes). Publicación periódica fundada por Alfonso Reyes en Rio de Janeiro, Brasil. El primer número es de fecha junio de 1930.
[191] "1930". Se refiere a la Revista de Avance. "1930" fue el último año de su publicación.
[192] Francisco Ichaso Macías, (1900-1964), intelectual cubano. Véase nota (1) a la carta de Jorge Mañach de 9 de febrero de 1929.
[193] Paul Morand, (n. París, 1888). Escritor y diplomático francés que ocupó el cargo de Embajador en Berna en 1944. En 1945 abandonó la carrera por su colaboración con el gobierno de Vichy.

do, en paréntesis, magnífico: "por éste y otros amores fáciles, Morand envejecerá antes de tiempo." Además son, Vd. lo sabe, amores mercenarios. P.M.[194] vino a esta Habana de nuestros pecados y ni siquiera supo ver eso —nuestros deliciosos pecados. ¡Lo único que le gustó de La Habana y la redimió un poco ante sus ojos fue... el patio del Hotel Sevilla yanqui[195] (Sevilla-Biltmore) lleno de turistas quemadas de playa!

También le celebro el aplauso al libro de Henri Michaux.[196] Estaba esperando ver que una buena voz le hiciera justicia en nuestras tierras.

Por acá cuando la impolítica[197] nos deja, nos juntamos y le recordamos mucho. Mariano Brull[198] es el suscitador de estos recuerdos —y Lizaso—.[199]

---

[194] P.M. Iniciales de Paul Morand.
[195] La expresión "yanqui" en el contexto de la vida cubana de la época, tiene una connotación despectiva. No siempre, pero usualmente. La carta es del año 1931, una época de intenso anti-americanismo entre gran número de intelectuales cubanos. Mañach nunca fue considerado abiertamente anti-americano.
[196] Henri Michaux, (n. Namur, 1899). Poeta y pintor francés de origen belga. Aunque Mañach no dice a qué libro de Michaux se refiere, vale la pena indicar que Henri Michaux publicó entre 1929 y 1931 los siguientes: *Mes Proprietes*, (1929); *Ecuador*, (1929); y, *Un Certain Plume*, (1930).
[197] Mañach nunca se sintió cómodo en medio de la actividad política. Sus actividades políticas fueron siempre una fuente de frustración para él. Véase la carta de Mañach a Reyes de fecha 14 de octubre de 1954.
[198] Mariano Brull y Caballero (1891-1956), eminente poeta y diplomático cubano. Uno de los poetas más representativos de la Re-

Si su "Monterrey"[200] no obsta para conceder algún q. otro privilegio epistolar, póngame dos líneas, se lo ruego, diciéndome en qué libro o libros suyos ha escrito usted de Martí.[201] No recuerdo; y Vd. lo declara en un envío reciente a la revista generosa de Carrancá Trujillo.[202] Vd. sabe quizás, q. estoy trabajando en mi Martí[203] el libro que todos los cubanos queremos hacer y que casi nunca nos sale, por la misma abundancia de amor.[204]

Pero, sobre todo, mándeme *Monterrey*. Me lo merezco por lo mucho que lo quiero. Y por la admiración y afecto callados que —desde hace mucho tiempo (desde sus "Cuestiones Estéti-

---

pública. Gran amigo de Alfonso Reyes. Autor de los siguientes libros: *La casa del silencio*, (1916) con prólogo de Pedro Henr1quez Ureña; *Poema en Menguante*, (1928); *Canto Redondo*, (1934); *Solo de rosa*, (1941); *Tiempo en pena*, (1950); *Nada más que...*, (1954). Tradujo *Cementerio marino* y *La joven parca* de Paul Valéry.
[199] Félix Lizaso y González (1891-1967). Véase la nota (1) de la carta de Jorge Mañach de 9 de febrero de 1929.
[200] Ibid., #1.
[201] José Martí y Pérez (1853-1895). Apóstol de la Independencia de Cuba. Poeta y escritor. Precursor del movimiento Modernista en América.
[202] Raul Carrancá y Trujillo, (n. 1897). Escritor y jurista mexicano.
[203] Se refiere a su biografía de José Martí.
[204] Jorge Mañach y Robato publicó la biografía de Martí a que se refiere en estas líneas. Es la mejor biografía de Martí. Dicha biografía titulada *Martí, el apóstol* (1933) se considera la mejor biografía escrita en Hispanoamérica.

cas"[205] que leí siendo estudiante en Harvard) — le tiene su, Mañach.

---

[205] Alfonso Reyes publicó sus *Cuestiones Estéticas* en 1911, a la edad de 21 años. La publicación de este ensayo le otorgó a Reyes un prestigio extraordinario que mantuvo y aumentó a todo lo largo de su carrera como escritor. La lectura de este ensayo mayor hizo que Jorge Mañach, a la sazón estudiante en Harvard, entrara en contacto con la obra de Reyes.

III

[Hay un membrete que dice:]
JORGE MAÑACH
Gral. Aranguren 70, 2°
LA HABANA
24 de mayo, 1932.

Mi querido Alfonso Reyes:

¿Cuánto tiempo hace ya que escribí su *Discurso por Virgilio*[206] y su *Saeta*[207] [208]sin que todavía le haya dicho mi gratitud, por su recuerdo de mí y por el claro goce de esas lecturas?

---

[206] Este ensayo aparece publicado en el Tomo XI de las Obras Completas de Alfonso Reyes.
[207] Alfonso Reyes publicó este ensayo bajo el título de "La Saeta". Jorge Mañach se refiere a la edición de 1931: Alfonso Reyes, *La Saeta*. Con trazos de José Moreno Villa, 1931. Colofón: Río de Janeiro.
[208] En el texto de "La Saeta" publicado en el tomo de las Obras Completas de Alfonso Reyes, aparece lo siguiente:
(p. 129)
"Los nazarenos, de blanco, de amarillo, de azul, de negro, con el alto capirote inquisitorial y el tétrico lienzo tendido por la cara, el ropón recogido sobre el brazo y el cirio color de fresa galleando por el costado a guisa de espada bajo la capa, han ido llegando poco a poco, con la cruz de la cofradía y el estandarte gremial, donde aún se ostentan las iniciales de Roma: S.P. Q.R. De lejos, los cucuruchos telegráficos embrujan la noche, van y vienen, se cruzan, se organizan en procesión de lanzas.
"(Último vestigio, las cofradías sevillanas, de la gran sabiduría medieval —a la que tenemos que volver— que organizaba la vida en torno a los gremios y a los oficios. Creo estar ante los cuadros del viejo pintor de Bruselas: cofradía de los panaderos, cofradía de los tenderos y -; oh milagro!- cofradía de los silenciosos."

Me conforta pensar que Vd. es de los de caridad literaria pura: la mano derecha que es la de escribir y saludar, no le lleva demasiado en cuenta sus regalos a la otra, que es la del corazón. Y así a pesar de mi silencio, Vd. se me toma esa molestia (son las más de agradecer) de recortar en la glosa reproducida en el diario benévolo de su Monterrey (por cierto, que me la publicaron añadiéndole unas cuantas erratas a las de *El País* como para castigarme un poco el engreimiento de la reproducción.

Gracias, querido Alfonso Reyes; y perdón. No serviría yo para ninguna cofradía de silenciosos, como esa de Bruselas que Vd. recuerda en *Saeta*.[209] Mucho me gustaría escribirle a menudo a amigo como Vd. aunque sólo fuera para ganarme más el privilegio de las respuestas. Pero mi vida está siempre, siempre, colmada de quehaceres imperiosos, y las letras obligadas —las de ganar y cumplir me consumen los pocos ocios.

Ahora, por ejemplo, la biografía de Martí,[210] que preparo para Espasa-Calpe y en la que trabajo con moroso apuro desde hace meses, me tiene embargadísimo. He tenido que improvisarme una erudición viva para mis fondos históricos hasta sobre el México de Lerdo de Tejada.[211] A ver qué le pa-

---

[209] Ibid. #2.
[210] De la biografía de Martí, titulada *Martí, el apóstol*, se han publicado ya varias ediciones. Véase la nota # 15 de la carta de Jorge Mañach a Alfonso Reyes de 15 de mayo, 1931.
[211] Sebastián Lerdo de Tejada, (1825-1889). Cuando el presidente Benito Juárez murió en 1872, Lerdo de Tejada ocupó la presidencia de la República. Fue electo Presidente en julio 24 de 1876, pero fue depuesto en enero de 1877 por el general Porfirio Díaz. Murió en Nueva York en 1889.

rece eso cuando esté listo. He puesto tanto amor en la evocación, que le tengo un poco de miedo al resultado. Hace siempre falta un poco de indiferencia para que las cosas salgan bien —sobre todo una biografía.

Mucho disfruté, Reyes, leyendo su *Discurso por Virgilio*.[212] Disfruté con el placer altruista de la fina expresión ajena y también con aquél —egoísta— que viene de encontrar autorizados pensamientos que uno ha tenido, o querido tener. "Llevado por la mano de Virgilio, se puede bajar a los infiernos". Por lo menos, a ciertas zonas casi infernales de nuestra vida y pensamiento americanos ha bajado Vd. con su imagen y ha hecho el signo de redención. Urgía ya que alguien con su autoridad volviese, sin romanticismos, por los fueros idealistas y espirituales en la concepción de la cultura; que se nos dijese que no todo ha de ser —porque no lo es— fatalismo geográfico o étnico, enclaustramiento en lo peculiar, divorcio del mundo.

Vd. ha dado una buena voz, latina y "católica"[213] en este momento de sectarismos y seccionalismos desesperados que estamos viviendo. Muy bien ha hecho en enseñarnos su alma política.

---

[212] 7Ibid. #1.
[213] Ortográficamente, las comillas pueden usarse, algunas veces, para distinguir alguna palabra o frase, cuando quien escribe quiere llamar sobre ella la atención. En este caso, al colocar Mañach la palabra **católica**, entre comillas, lo estaba haciendo, precisamente, para llamar la atención sobre el carácter <u>universal</u> *de la* voz de Alfonso Reyes, sin referencia de clase alguna al aspecto religioso.

Y de *Saeta*[214] ¿qué le diré? Primorosa por dentro y por fuera —con ese primor sustancioso q. Vd. está logrando como nadie en nuestras letras.

Por todo, y por su recuerdo, y por su *Monterrey*, mil gracias otra vez. Y si los quehaceres lo secuestran a veces demasiado, no se lo tenga a mal a su amigo,

Jorge Mañach

---

[214] Ibid. #2.

IV

Rio de Janeiro, 13 de junio de 1932.

Mi querido Jorge Mañach, hombre feliz porque está en La Habana y porque está acompañado de Jorge Mañach:

Ya sé, ya sé bien que no todo es vida y dulzura, pero La Habana será siempre La Habana. A mí que no me cuenten.[215]

Cuando llega a mis manos el opúsculo de Roig[216] sobre Martí[217] y los niños y Martí-niño, Ud. me anuncia su biografía.[218] Sea mil veces en buenhora. Uds. serán la generación que dé sitio al más dotado de los escritores de América.[219] Ardo en ansias de leer ya su libro: una verdadera buena noticia.

Me halaga mucho su impresión sobre mi *Discurso por Virgilio*;[220] cosas sólo de buen sentido, pero que ya es tiempo de decirlas, en este ambiente nuestro **aliteratado,**[221] que sólo

---

[215] Es evidente el estado de ánimo expansivo, alegre y cordial de Alfonso Reyes al comenzar esta carta.

[216] Emilio Roig de Leuchsenring, (n. 1889). Escritor cubano. (Historiador de la ciudad de La Habana).

[217] *Marti y los niños y Martí-niño*, opúsculo de Emilio Roig de Leuchsenring, publicado en La Habana.

[218] La biografía de Martí (*Martí, el apóstol*) de Jorge Mañach. Véase la nota #15 a la carta de 15 de mayo de 1931 escrita por Jorge Mañach a Alfonso Reyes.

[219] Se refiere a José Martí y Pérez, (1853-1895), escritor y patriota cubano. Véanse las notas #12 y #15, de la carta de Jorge Mañach a Alfonso Reyes de 15 de mayo de 1931.

[220] Véase carta de Jorge Mañach a Alfonso Reyes de 24 de mayo de 1932.

[221] **Aliteratado.** Reyes subraya esta palabra en el original porque quiere llamar la atención sobre la misma. No aparece en el Diccionario de la Real Academia Española, Decimonovena Edición, 1970.

quiere vivir de las anchoas y pimientos del banquete europeo,[222] olvidándose de la sopa que Dios hizo y de los guisos que saben hacer las madres de los hombres.

Otros aspectos de nuestras cuestiones he de tocar en un folleto polémico que pronto le enviaré, todo él dedicado a enseñar el silabario, escrito en román paladino[223] en el que suele el pueblo fablar a su vecino, y donde por desgracia tuve que hablar mucho, muchísimo de mi mismo, en defensa propia, porque —Jorge amigo— ya se están permitiendo atacarme mucho en cosas que me duelen, allá desde mi tierra, con eso de que yo soy muy cortés y seguramente no contestaré nada. Ya me harté; ahora me van a oír, y de que comience, no acabaré. Pero quiero que mis amigos me digan sin rodeos su opinión: si creen que vale la pena aceptar estas discusiones desde tan lejos. No las emprendo por mí, sino por nuestros públicos tan desorientados. Hay mucho de sacrificio, para mí, en escribir esas cosas. Ya Ud. me dirá lo que le parezca, cuando la cosa llegue a sus manos.

Lo abraza su amigo,

A. R.

---

[222] Se refiere Alfonso Reyes a la dependencia y subordinación intelectual de muchos escritores hispanoamericanos.
[223] …Escrito en román paladino… escrito en idioma español, en los términos más claros y precisos.

V

Middlebury, Vt.[224]
16 de agosto de 1949
Sr. D. Alfonso Reyes, México, D.F.

Mi querido Alfonso Reyes:

Unas líneas, en apuros de exámenes para darle las gracias por su generoso envío de un ejemplar de *Pasado Inmediato*[225] —aunque debo advertirle que no me cuadra lo de "segundas partes"... porque ¡nunca escribí la primera!

He hecho aquí un curso sobre ensayistas contemporáneos de H.A. —Rodó, Torres, García Calderón, Sanín Cano, Henríquez Ureña, Mariátegui, Rojas, Vasconcelos, "acento poético", Gabriela Mistral.

¡Cómo he gozado releyéndole a Ud.! ¡Con qué gusto les recordé a los muchachos mi emoción de vocado de las letras

---

[224] Vt. Vermont: Estado de la región de Nueva Inglaterra en los Estados Unidos de América, donde se encuentra el famoso Middlebury College, institución donde enseñaba Jorge Mañach durante los veranos.

[225] *Pasado Inmediato*, ensayo de interés histórico- cultural. En él Alfonso Reyes recuerda el proceso histórico y cultural mexicano de los primeros años del siglo XX. Importante para conocer las actividades de la llamada Generación del Centenario, del Ateneo de la Juventud y de otras instituciones culturales.

al leer *Cuestiones Estéticas*[226] siendo estudiante en Harvard allá por el año 19... treinta años, hélas![227]

Los alumnos deben presentar aquí un informe acerca de sus lecturas. Le interesará a Vd. leer esa hoja de uno de ellos que se refiere a Vd.[228]

En La Habana nos quedamos defraudados de q. no pudiera venir para el Congreso de Literatura.

Nada más. Consérvese bien. Y sepa que, a través de los años y los silencios le sigue queriendo y admirando su devoto,

Jorge Mañach

Después de la firma de Jorge Mañach, sigue lo siguiente:

"Le mando aparte una separata de algo mío no tan pretensioso como su título: *Filosofía del Quijotismo*. Léamelo con indulgencia por haberme metido en esa camisa de once varas".

[A continuación se copia el ensayo de James W. Robb a que se refiere Mañach en el texto de su carta.]

Alfonso Reyes

Cuando, el verano pasado, tuve ocasión de asistir a algunas de las conferencias de Alfonso Reyes en México (en el Colegio

---

[226] *Cuestiones Estéticas*. Ver nota #17 a la carta de 15 de mayo de 1931.
[227] **Hélas**, interjección. Del francés hélas, forma tardía... Exclamación de tristeza, dolor, etc.
[228] Jorge Mañach se refiere a su entonces alumno James Willis Robb, hoy Catedrático de Literatura Hispanoamericana en la George Washington University, Washington, D.C.

de México) me impresionó como una de las personalidades más finas de la cultura moderna en cualquier país. Me parece que sería un deleite escuchar una conferencia suya aun para una persona que no entendiera nada de la materia que él trataba. Lo que me sorprendió sobre todo fue el entusiasmo contagioso con que se acercaba a todos los temas, un entusiasmo que se combinaba con su fina sensibilidad artística para despertar el interés del oyente menos interesado, en cualquier asunto. Tenía una facultad extraordinaria para hacer apetecibles los aspectos más técnicos, por ejemplo, de la literatura medieval francesa —la erudición se convertía en poesía que estaba al alcance del menos erudito, aunque siempre a base de un buen gusto impecable y una información profunda. Era como si él estuviera saboreando una manzana deliciosa —y que siguiera invitando a su público para que éste la compartiese. Todas estas cosas de la Edad Media en su boca, a través de sus palabras, adquirían un encanto y un sabor que el oyente quería probar. Uno sentía ganas de acompañarle en sus exploraciones, en sus íntimas experiencias [sic] con la literatura de la Edad Media. Este amor cariñoso por todas estas cosas es pura poesía.

Veo mucho el temperamento esencialmente poético de Alfonso Reyes en el hombre que vi, que en los ensayos de él que hemos leído para este curso. Quizá será porque éstos no sean los más típicos de su expresión más puramente poética, ya que en sus escritos ha oscilado un poco entre el polo didáctico y el polo poético. Sin embargo, encuentro la misma finura, el mismo buen gusto, el mismo corazón, junto con la amplia cultura que se interesa por todas las cosas. Y que va siempre ensanchando sus horizontes.

En *El Día Americano,* estimo su equilibrio en respetar a los que cuidan de los intereses materiales, al mismo tiempo que se esfuerza por estrechar los lazos espirituales entre los países y los hombres y quiere que en tiempos de crisis los intelectuales concurran con todas sus facultades.

Me hubiera gustado asistir a la conferencia en Buenos Aires a que concurrió un grupo tan interesante como Duhamel, Henríquez Ureña, Romains, Zweig, Reyes, etc. De todos modos la "Notas sobre la inteligencia americana" me parecen contener algunas observaciones y algunos conceptos muy justos. Me parece que presenta bastante bien el caso de la individualidad americana, sin exagerado nacionalismo, en un espíritu de cooperación con el resto del mundo: "Reconocednos el derecho a la ciudadanía universal que ya hemos conquistado... Muy pronto os habituaréis a contar con nosotros." Parece coincidir en algunos puntos con Vasconcelos, al sugerir que América parece bien dotada para efectuar una síntesis de cultura —también en su artículo "Ciencia Social y deber social", al subrayar la necesidad de la orientación espiritual.

En "El valor de la literatura hispanoamericana", me parece que Reyes da una de las mejores definiciones de la literatura como "la expresión más completa del hombre." Como Henríquez Ureña, le parece que la mejor idea para hacer bien conocer la literatura hispanoamericana es concentrarse en algunas figuras centrales.

En su ensayo sobre la Poesía Hispanoamericana, Reyes revela su sensibilidad artística frente a los principales poetas modernos. Me parece que es muy justo en cuanto a los aportes del modernismo, sin perder de vista que tiene sus limitaciones. Tiene buena percepción de los matices que distinguen poetas como Othón, Urbina y Díaz Mirón de los modernistas de escuela. También aquí parece coincidir o casi coincidir con Henríquez Ureña al hablar de americanismo quizá inconsciente en Alarcón, "quien lleva a la Comedia Española del Siglo XVII un matiz que entonces se calificó de 'extrañeza".

VI

México, D.F. 25 de octubre de 1950
Sr. Dr. Jorge Mañach
c/o Casa Hispánica
Columbia University
435 West 117th St.
New York 27, N.Y.
U.S.A.

Mi querido Jorge:

Le escribo a través de la Casa Hispánica porque ignoro si anda usted todavía en los Estados Unidos, para agradecerle esa lúcida y generosa nota en *The New York Times*,[229] que me ha permitido entender yo mismo el sentido final de mi libro, la puntería de mi escopeta. Gracias de todo corazón y de toda cabeza. Me conmueve el verme pregonado a los cuatro vientos por su voz clara y juvenil. Soy siempre suyo,

A.R.
Alfonso Reyes
Ave. Industria 122
México 11, D.F.

---

[229] Se publicó en el periódico *New York Times* (Book Review) el día 22 de octubre de 1950.

VII

[Membrete que dice:]
JORGE MAÑACH
Quinta Avenida
Reparto Miramar
Marianao, CUBA

5 de noviembre de 1950
Sr. D. Alfonso Reyes
Avenida Industria, 122
México, 11. D.F.

Mi querido Alfonso Reyes:

Acabo de recibir sus líneas de 25 de octubre, que me mandó a la Casa Hispánica.[230] No: hace ya años —desde el 39— que yo cerré mi paréntesis de Columbia[231] para regresar a Cuba. Tal vez le hizo a Vd. suponer que aún continuara allá el hecho de que el año antepasado, por el verano, le escribí desde Middlebury,[232] la Escuela Española adonde suelo ir todos los años a dar unos cursos de verano —pretexto para sustraerme a los calores tropicales.

Muy bondadosamente juzga Vd. mi modesta nota en el *Times*.[233] En realidad, lo que escribí fue algo más extenso y hasta un poco más sustancioso, pero rebasaba el límite de 500 palabras que me impusieron, y que yo no creí inexorable. Por

---

[230] Se refiere al en un tiempo famoso Hispanic Institute in the United States. (Casa Hispánica) de la Universidad
de Columbia, en Nueva York.
[231] Universidad de Columbia, Nueva York.
[232] Middlebury College, Vermont, Estados Unidos de América.
[233] *New York Times* (Book Review). 22 de octubre de 1950.

consiguiente, me la podaron. Me suprimieron alusiones debidas a la excelente introducción de Onis[234] y a la esmeradísima traducción de su mujer. Tuve que escribir a ésta enseguida explicándole lo que de otra manera hubiera podido parecerle una injustificada omisión. Además, me dejaron fuera ciertas puntualizaciones en el encomio. Ya Vd. conoce ese criterio o gusto americano para sus "reviews" factualista, "populista" y desganado del matiz critico. La cosa, pues, quedó reducida al más elemental *compte-rendu*.

¡Y así y todo no le ha disgustado a Vd., generoso lector y amigo que es!

Debí haber sido yo quien le mandara la nota. Pero me fue difícil conseguir aquí el *Times*[235] en que apareció. Además, soy un pésimo administrador de mis atenciones literarias. Por ejemplo, en Abril publiqué en *Bohemia* ese artículo que ahora le envío: "La terna del idioma". Mucho antes debí habérselo remitido. Lo mismo me pasa con mis libros. Ahora le mando mis dos últimos: *Historia y Estilo*,[236] que ya "data", y *Examen del Quijotismo*,[237] recién publicado en Buenos Aires. Dígame qué le parecen. Cualquiera que sea su sentido, un juicio suyo es siempre un blasón.

Sabe cuán de viejo le admira y quiere su amigo,

Jorge Mañach

---

[234] Don Federico de Onis (1885-1967). Profesor y crítico español.

[235] *New York Times* (Book Review). 22 *de* octubre de 1950.

[236] *Historia y Estilo*, ensayo de Jorge Mañach publicado en 1944, que contiene profundas meditaciones sobre lo cubano.

[237] *Examen del Quijotismo*, ensayo publicado en 1950 que es obra de madurez intelectual y estilística.

VIII

México, D.F., 9 de noviembre de 1950
Sr. don Jorge Mañach
Av. de las Américas 128,
Reparto Miramar,
Marianao,
Cuba.

Mi querido Jorge:

Gracias por su carta del 5 y por ese generoso artículo sobre "La terna del idioma",[238] que en efecto desconocía y que he leído con emoción y gratitud. Es usted un hombre de diamante y un amigo de oro.

Espero los dos últimos libros suyos de que me habla.

Sí, sabía que estaba usted en La Habana, pero me distraje al dejar instrucciones sobre la dirección de mi carta.

Pronto le enviaré alguna cosa. Entretanto, un cordial abrazo.

Firmado: A.R.
Alfonso Reyes
Av. Industria 122,
México 11, D.F.

---

[238] Artículo de Jorge Mañach, publicado en la Revista *Bohemia*, de La Habana, de fecha abril 16 de 1950. (Año 42, No. 16).

IX

[Membrete:]
JORGE MAÑACH
Quinta Avenida 128
Reparto Miramar
Marianao, Cuba.
5 de agosto de 1953
Sr. D. Alfonso Reyes. México, D.F.

Mi querido don Alfonso:

¡Con qué deliciosa embajadora le mando estas líneas, de saludo y de presentación!

Carmina Benguría[239] es eso que los periódicos suelen llamar "una gran recitadora" —sólo que en el caso de ella ¡es cierto!... Ya la oirá usted: nada de singermanismo,[240] ni de gargarizaciones espectaculares. Alma, pero con sobriedad; e interpretación penetrante de los versos.

Además, como Vd. ve, linda estampa, y una voz de rescoldo lento. Va a México a buscar un rayito más de gloria, de ahí de donde el aire tiene su región más pura[241], como dijo

---

[239] Carmina Benguría fue una notable recitadora cubana.
[240] Se refiere Mañach a Berta Singerman, argentina, y a su estilo como recitadora.
[241] Mañach dice: "... donde el aire tiene su región más pura"... Seguramente olvidó la frase exacta, que es: "... la región más transparente del aire." El autor de dicha frase es Alfonso Reyes. Sobre esto debe consultarse: James Willis Robb, "En busca de la región más transparente del aire de Alfonso Reyes". (Historia y reexamen del epígrafe con una comedia de equivocaciones), *Por los caminos de Alfonso Reyes* (Estudios, segunda serie), (México, 1981), pp. 31-46.

cierto gran poeta. Ayúdela Vd. con su consejo, con su amistad.

En la distancia, le sigue queriendo y admirando siempre mucho su buen amigo,

J. Mañach

JM/ed.

X

México, D.F., 15 de agosto de 1953.
Sr. don Jorge Mañach,
Quinta Avenida 128,
Reparto Miramar,
Marianao, Cuba.

Mi querido Jorge:

Llegó la golondrina Carmina[242] con su grata carta. Estuvo aquí hace algunos años y entonces tuve el gusto de conocerla y acompañarla. Es muy bien venida y tendrá mucho éxito entre nosotros. Como hace mucho que no sabía de usted, me le hago presente con un librito de la mano izquierda, *Árbol de Pólvora*.[243] Séale leve. Un cordial abrazo.

Firmado: A.R.
Alfonso Reyes
Av. Industria 122,
México 11, D.F.

---

[242] Carmina Benguría, recitadora cubana. Véase carta de Jorge Mañach de 5 de agosto de 1953.
[243] Alfonso Reyes publicó *Árbol de Pólvora* en México, en 1953.

XI

México, D.F., 30 de agosto de 1954

Mi querido Jorge Mañach:

Gracias de todo corazón. En su artículo del *Diario de la Marina* (25-VIII-1954),[244] entre mil cosas tan generosas como gallardamente expresadas, me defiende usted contra el cargo de no haber tratado directamente de cosas sociales y todo eso que suele llamarse "la inquietud contemporánea". Creí que esta campaña estaba ganada. Este cargo tenía tres aspectos:

1) Despego con respecto a México;

2) Despego con respecto a nuestra América;

3) Despego con respecto a la hora política que vivimos (y padecemos).

1) El primer punto se desvaneció por sí solo. Era efecto de mi ausencia de México. Cuando volví, los jóvenes me empezaron a leer de veras. Rectificaron, me declararon su precursor en ciertas investigaciones sobre el espíritu nacional, dispersas en mi obra (para no hablar de libros enteros como *Visión de Anáhuac, El testimonio de Juan Peña, Letras de la Nueva España*, etc.), e inauguraron su colección "México y lo mexicano" con una antología de mis páginas mexicanas llamada

---

[244] Jorge Mañach publicó en el *Diario de la Marina* del día Miércoles, 25 de agosto de 1954, un artículo titulado "Homenaje a Alfonso Reyes", adhiriéndose al homenaje continental propuesto por Félix Lizaso.

La X en la frente (México, Porrúa y Obregón, 1952). Ya aquí nadie repite este disparatado cargo.[245]

2) El segundo punto se ha ido también rectificando solo, al extremo de que una graduada de nuestra Universidad —ahora becada en Alemania— prepara un volumen sobre "América en Alfonso Reyes", y el escritor colombiano Rafael Gutiérrez Girardot ha publicado recientemente, en *Alcalá* (Madrid) y en *Bolívar* (Bogotá) un ensayito sobre la imagen de América en mi obra, que se propone seguir desarrollando aún.[246]

3) El Prof. chileno Manuel Olguín, del Departamento. de Español y Portugués de la Universidad de California (Los Angeles), hace años está preparando un estudio sobre la idea social en la obra de Alfonso Reyes, de que trajo ya una primicia en conferencia leída en México el año pasado, cuando el aniversario de nuestra Universidad Nacional, y que consta en uno de los respectivos volúmenes del Congreso aquí realizado en tal ocasión. Continúa reuniendo todos los rasgos dispersos en mi obra sobre mi preocupación social. La base está en dos libros que temo usted no conozca: *Última Tule* y *Tenta-*

---

[245] *Visión de Anáhuac*. San José de Costa Rica: El Convivio, 1917. De *Visión de Anáhuac* se han publicado innumerables ediciones. La citada es la primera. *El testimonio de Juan Peña*. Río de Janeiro: Villas Boas, 1930. *Letras de la Nueva España*. México: Fondo de Cultura Económica, 1948.

[246] Sobre este ensayo de Rafael Gutiérrez Girardot, véase: James Willis Robb, *Repertorio Bibliográfico de Alfonso Reyes* (México, 1974), p. 89.

tivas y orientaciones.[247] En ambos ataco de frente la cuestión política, en el sentido griego y original de la palabra. Últimamente, en mimeógrafo, repartí una "Carta a una sombra" (la de Pedro Henríquez Ureña) sobre los sucesos argentinos, y una "Charla" que publicó el *Tiempo* de Bogotá sobre la libertad del pensamiento. Para sólo hablar de lo más reciente...

Mi obra es muy extensa. Supone su lectura la consagración de un tiempo excesivo. No puede pedirse a nadie este sacrificio. Tampoco es fácil que el crítico la tenga toda en la mente cuando escribe. (En prueba, le envío una bibliografía de Alfonso Reyes y un "Alfonso Reyes traducido": perdone en aquéllas los datos de condecoraciones etc. por haber sido redactada originalmente para el Escalafón Diplomático). Como es tan abundante, no se la ve. Pues, decía Aristóteles, lo desproporcionado a la visión humana —como un animal enorme— no es feo ni bello: sólo se aprecia por partes.

Lo abraza muy cordialmente su fraternal y viejo amigo,
Alfonso Reyes
Av. Industria 122
México 11, D.F.

---

[247] *Última Tule*. México: Imprenta Universitaria, 1942. *Tentativas y orientaciones*. México: Nuevo Mundo, 1944.

XII

[Membrete :]
JORGE MAÑACH
Quinta Avenida 128
Marianao, CUBA.
Reparto Miramar
14 de septiembre de 1954

Mi querido Alfonso Reyes:

¿Lo lastimé a Vd., sin quererlo, al referirme, en ese artículo mío que Lizaso le mandó, a los viejos rezongos de marras?... Torpe mano la mía, entonces, porque el ánimo de mi artículo fue bien distinto. Usted debe ya saber, y mi comentario, por lo demás, bien lo decía, lo mucho que yo le admiro y quiero. Por eso acogí enseguida su carta y la publiqué en el "Diario", y espero que mi apostilla, aunque no desiste de la "defensa", le haya parecido bien. No le mando este segundo artículo, porque sé que Lizaso —tan diligente siempre— ya lo hizo, y porque yo no lo tengo a mano: ya sabe Vd. lo que es tener una mujer que le recoge a uno enseguida los frutos y hace de ellos su conserva. Ahora bien, al ir a buscar esos "Relieves"[248] para mandárselos, los encuentro ya "pegados" en el panteón de mis recortes.

Árbol de pólvora[249] es una delicia. Creo que ni llegué a darle las gracias por él. Otra vez el oficio: de tanto escribir para el

---

[248] "Relieves". Columna periodística de Jorge Mañach en el periódico *Diario de la Marina* de La Habana.
[249] Véase la nota (2) de la carta de Alfonso Reyes de fecha 15 de agosto de 1953.

público día a día, ya los periodistas perdemos el hábito de la letra privada. ¡Qué bien hizo Vd. en sustraerse a esa tentación del diarismo! En esas salvas cotidianas se me ha ido a mí mi pólvora.[250]

Le abraza con fiel amistad su,

Firmado: J. Mañach

Mi nueva casa y dirección: Avenida Real Oeste esq. a Quijano

Reparto Country Club, Marianao.

---

[250] Mañach se queja del periodismo que lo alejó de las grandes tareas intelectuales para las que estaba dotado. Estos mismos sentimientos se perciben en Mañach en relación con la política. Sobre este tema, léase: Gastón Baquero, "Jorge Mañach: o la tragedia de la inteligencia en la América Hispana", *Cuba Nueva* (Vol. I No. 12, Septiembre 1, 1962).

XIII

México, D.F., 20 de septiembre de 1954

Mi querido Jorge Mañach:

No quiero abusar de usted ni del Diario de la Marina, donde tan noblemente y con tan fino y justo comentario recoge usted, con fecha 8 de septiembre, mi carta del 30 de agosto último. Por eso le dirijo estas líneas en términos confidenciales, como además lo aconseja su materia misma. Pero, ante todo, y con referencia a su afectuosa carta del 14 de septiembre, quede usted enteramente tranquilo: no ha habido agravio, rasguño, ni matadura, sino una excelente ocasión para poner los puntos sobre las íes, lo que mucho le agradezco. Hoy quiero continuar explicándome.

Ha dicho usted, refiriéndose a mi postura pública: "Si, por unas razones o por otras, usted nunca ha sido peleador..."[251] Es decir, que nunca me he mezclado en la actualidad política. Su tino psicológico y su simpatía han comprendido, en efecto,

---

[251] En el *Diario de la Marina* de 8 de septiembre de 1954, Mañach hace publicar, como parte de su columna "Relieves", y bajo el título de "Correspondencia con Alfonso Reyes", la carta de Reyes de fecha 30 de agosto de 1954. Al final, Mañach escribe: ...Si, por unas razones o por otras, usted nunca ha sido peleador, ha tenido en cambio algo que no importa menos: cura de almas -de sensibilidades, de conciencias, de inteligencias. Y a esa "universalidad" que todos le admiramos no se puede llegar sin alguna subordinación de lo local. Creo, además, que ya va siendo hora de que en nuestra América se distribuya el trabajo: que haya, incluso en las letras, distintas vigilancias y vigilias- siempre que a ninguna le falte, como no ha faltado a las de usted, el desvelo por el común destino.

que yo tenía mis razones. Mejor diremos: las razones que he tenido para abstenerme de ciertas cosas han determinado mi conducta definitiva, creando en mí un hábito moral.

Soy hijo del General Bernardo Reyes, guerrero desde los días de la lucha liberal contra la Intervención Francesa, y luego —durante la era porfiriana—, Gobernador del Estado de Nuevo León, en cuya capital, Monterrey, vine yo a nacer. Poco a poco, mi padre se convirtió en ídolo del país; era positivamente idolatrado; se lo veía como la centinela avanzada para las futuras evoluciones políticas del país, y como el sucesor deseado de Porfirio Díaz que inaugurara una era de mayor atención para todas las clases e intereses sociales.

El General Díaz, que comenzó dándole su confianza, le permitió desarrollar después una gran labor en la Secretaría de Guerra y aun hizo como que lo ofrecía a la opinión por candidato probable (por supuesto, sin soltar prenda), después se alejó de él y le retiró prácticamente su apoyo. Achaque de autócratas, que temen como Cronos a las que creen sus criaturas. La opinión pidió una revolución a mi padre, y él se negó por lealtad militar para su antiguo jefe. El "reyismo", como se llamó al movimiento que se produjo en torno a él, vino a ser precursor de la Revolución Mexicana. Como todos los precursores, mi padre se quedó atrás. Cuando Madero empuñó la Revolución que él no quiso hacer, mi padre había perdido ya toda su popularidad de la noche a la mañana. Y como no todos confiaban en las aptitudes gubernamentales de Madero, mi padre creyó que él podía ser aún el verdadero encauzador del país. En funesto día se dejó arrastrar por algunos candorosos partidarios, por algunos calculadores aviesos y algunos despechados del "porfirismo" que buscaron su arrimo; renunció a su grado militar, y quiso hacer un levantamiento en que nadie lo siguió. Se entregó él mismo, deseoso de morir. En vez de eso, lo encarcelaron en la prisión militar (con toda clase de miramientos) y le abrieron un largo proceso. Al fin, como consecuencia de la asonada militar del 9 de febrero de 1913, ese mismo día cayó frente al Palacio Nacional, atravesado por la metralla.

Se impuso la dictadura militar de Victoriano Huerta, y yo tuve que "dejarme nombrar" Segundo Secretario de la entonces Legación de México en París; porque mi actitud de protesta ante el asesinato de Madero y Pino Suárez incomodaba mucho al régimen, en que mi pobre hermano mayor, Rodolfo, muerto hace poco en Madrid y desterrado voluntario para toda su vida, se había dejado nombrar Secretario de Justicia.[252] Así empecé mi carrera diplomática.

A la caída de Huerta (que yo ya descontaba), sobrevino la guerra No. I y tuve que ir a España para ganarme la vida con la pluma durante cinco años, donde me hermané con la gente de letras destinada a crear más tarde la República de los Profesores, la de la primera etapa. Al cabo de estos cinco años,

---

[252] Rodolfo Reyes, hermano de Alfonso, fue Secretario de Justicia en el primer gabinete del general Victoriano Huerta. Con motivo de la muerte de Rodolfo Reyes, José María Chacón y Calvo envía a Reyes una carta de condolencia, fechada en junio de 1954, Reyes contesta: Mi muy querido José María: Gracias por tus palabras de condolencia. El caso de mi pobre Rodolfo es una injusticia de la naturaleza. Las hadas le ofrecieron todo en la cuna, y después todo se lo quitaron de golpe. Ni siquiera le dejaron hacer lo mucho que pudo haber hecho por México...

los gobernantes revolucionarios de México se acordaron de mí y me reintegraron al Servicio Exterior. Todo el mundo conocía en México mis ideas políticas, y todos sabían que yo callaba y había quedado en difícil situación por no poder combatir contra mis más sagrados recuerdos ni contra mis propios familiares. Cinco años más tarde fui a España como Encargado de Negocios interino(!). Nadie, en el fondo, quería que lo nombraran Ministro en Madrid. Me tocaron las luchas diplomáticas más arduas, por los días en que los campesinos mexicanos daban muerte a los "encomenderos" (los tiranos inmediatos, muchos de ellos españoles establecidos en haciendas, reales mineros, etc., dueños de la "tienda" a quien todos debían dinero). La tarea era dura; no salí mal de mis afanes. De ahí ascendí a Ministro, y después a Embajador en otros países.

En suma, que yo consagré al servicio diplomático mis mejores años, y allí sí que he sido peleador, y cuando no había que pelear, guarda cuidadosa, pues el diplomático cuida los intereses del país en conjunto y la línea de flotación del barco en las aguas internacionales. Tuve que reñir muchas batallas: eran tiempos en que el crédito de México padecía en el extranjero a causa de nuestras turbulencias sociales.

Mi abstención de la política interna queda explicada en mucho, creo yo, por mi largo deber diplomático, que aún me sujeta a veces, porque los gobiernos mexicanos me recuerdan que he representado la amistad de México en éste o en otro país, y aunque yo no dependa ya de cargos oficiales, la casaca diplomática y la militar no se abandonan nunca del todo. Asimismo mi abstención se explica por mis amarguísimas experiencias familiares, las cuales empezaron siendo yo muy niño. Más de una vez tuve que aprender a oír "mueras" contra mi propio padre (el hombre más grande que he conocido). Más de una vez tuve que cerrar los oídos a quienes me querían contar su muerte y decirme los nombres de quienes hicieron fuego contra él. No quise arrastrar *vendettas* (léase la transposición de este caso en mi poema "Ifigenia cruel"); no quise arrastrar cadenas de rencores.

Yo tenía otra misión que desempeñar en la vida, y he procurado cumplirla en la medida de mis fuerzas.

Lo anterior explica también suficientemente el *handicap* que ha pesado sobre mí y que ha hecho que los gobiernos, aunque hayan contado conmigo para el Servicio Exterior, nunca se hayan atrevido a llamarme a los Gabinetes presidenciales, como algunas veces se intentó. ¡Feliz obstáculo! El me ha salvado de entrar en este orden de acciones que son más que transacciones, y a veces muy indeseables.

Y finalmente, como dice el novelista Harrison, tras de sufrir ataques de la trombosis coronaria —como la que a mí me ha visitado varias veces, con más o menos furia, desde 1944 hasta 1951—, ya no se es ateo ni creyente, demócrata ni republicano, sino que se ingresa en una nueva clase aparte: se es sencillamente cardíaco.

¿Que yo no he sido peleador? ¿Y no he combatido contra el Ángel del Mal, combate más duro que el de Jacob? ¿Y no he tenido que vencerme a mi mismo, que no es el menor de los encuentros? Me arranqué el aguijón para sólo consagrarme a criar miel, en la intención al menos. ¡Ojalá mi miel no haya resultado insípida o amarga![253]

Lo abraza con vivo afecto,
Alfonso Reyes
Av. Industria 122,
México 11, D.F.

---

[253] El tema de esta carta es, esencialmente, el tema del 9 de febrero, y de todas sus consecuencias personales y familiares. Reyes siempre se mostró muy interesado en dejar esclarecidas estas cuestiones. En carta de 27 de septiembre de 1954, dirigida a José Maria Chacón y Calvo, dice Reyes: Mi querido José Maria: ... te envío copia de otra segunda carta, confidencial, seguramente la de 20 de septiembre de 1954 que acabo de dirigirle a Mañach. Léela y guárdala. Sobre correspondencia con Chacón y Calvo, véase: Zenaida Gutiérrez-Vega. *Epistolario Alfonso Reyes-José M. Chacón*, (Madrid, 1976). También debe leerse la carta que dirige Reyes a Martín Luis Guzmán, publicada en la revista *Vuelta*, Número 12, volumen 1, Noviembre de 1977.

XIV

[Membrete:]
JORGE MAÑACH
Avenida Real Oeste
esquina a Quijano
Country Club Park
Marianao, Cuba.
Octubre 14, 1954
Sr. Alfonso Reyes
Ave. Industria 122
México 11, D.F.

Mi querido Alfonso Reyes:

¡Qué gran generosidad la suya al escribirme —Ud., tan lleno siempre de tareas— esta larga carta, ilustrándome sobre el trasfondo político de su vida! ¡y qué remordimiento sutil el mío, todavía, de haberle provocado, sin querer, esas explicaciones y confidencias, por lo demás tan preciosas!

Claro que mucho de eso, en bulto al menos, no me era desconocido. Hasta en eso, querido Alfonso, es Ud. transparentísimo: se le ve todo el paisaje por detrás. Pero Ud. me lo ha descrito con el matiz que no se ve, con dolorida melancolía. Gracias por la deferencia que toda su carta supone.

No hay seres más distraídos que los periodistas, aunque blasonemos de ser prodigios de atención. Así, yo no me había enterado de la muerte de su hermano Rodolfo,[254] a que en su

---

[254] Rodolfo Reyes y Ochoa, hermano de Alfonso Reyes. Secretario de Justicia en el primer gabinete del general Victoriano Huerta. Véase

carta se refiere. Por eso no le llegó oportunamente mi expresión de condolencia. Recíbala ahora.

Esa del periodismo es, por cierto, una de las calamidades de que Ud. se ha sabido librar. Otra, la de la política, en relación con la cual más de una vez he citado yo esa frase suya de que es menos un mundo de acción que de transacción. Usted supo aprovecharse de la única vía por la cual los escritores americanos podemos sustraernos a esas dos tentaciones estragadoras: la diplomacia. Y yo bien sé, por muchos amigos (Chacón y Brull entre otros),[255] y porque además todo lo bueno tiene siempre su trascendencia, que Ud. nunca fue diplomático de mera ceremonia.

La diplomacia le ha permitido a Ud., Alfonso (con todo lo demás, por supuesto) llegar a ser esa voz no provinciana, sino americana, que desde hace tantos años es gozo y orgullo y magisterio de nuestros pueblos. Ojalá la noble víscera a cuyas fatigas Ud. se refiere con tanta gracia le consienta seguir deleitándonos por muchos años más.

Le habrán estado a Ud. sonando los oídos. En estos días, mucho he hablado de Ud. con Andrés Iduarte, ese caballero de las tristes aventuras.[256]

Y, a propósito, ¿llegué a mandarle mi *Examen del Quijotismo*?: Es un ensayito dentro del género de temas que a Ud. le interesan. Lo escribí con ahínco y su miaja de pretensión, y

---

nota #2, carta de Alfonso Reyes a Jorge Mañach de 20 de septiembre de 1954.
[255] José Maria Chacón y Calvo (1892-1969), escritor cubano. Mariano Brull y Caballero (1891-1956), poeta cubano.
[256] Andrés Iduarte (n. 1907) profesor y ensayista mexicano.

no se imagina cuánto me gustaría que me dijera sin disimulos lo que de él piensa. Cuando pueda, póngame unas líneas diciéndome si llegué a mandárselo.

Soy una calamidad para esto de distribuir —hábito también contraído del periodismo, que por si solo se distribuye.[257]

Gracias otra vez por su carta. Reciba un fuerte abrazo de su amigo,
Firmado: J. Mañach
Dr. Jorge Mañach
JM: OM.

---

[257] La actitud en relación con la política y el periodismo se manifiesta repetidamente. Esa actitud negativa se manifiesta de nuevo en esta carta.

XV

México, D.F., 19 de octubre de 1954.
Sr. don Jorge Mañach,
Av. Real Oeste, esquina a Quijano,
Reparto Country Club, Miramar
CUBA

Mi muy querido amigo:

Gracias por su carta del 14, que contesto a las volandas por absoluta falta de tiempo.

Si, se lo que es tirar de ese carro del periodismo: lo ejercí durante cinco años en Madrid (de donde salieron mis *Simpatías y Diferencias*[258] y hasta cosas que aún no he recogido en volumen), y nunca lo he dejado de la mano. Escribo actualmente en dos semanarios, cuando menos. Pero lo cierto es que todo esto lo hago con la mano izquierda.

Mil gracias por sus palabras de condolencia por el fallecimiento de mi hermano Rodolfo.

Salude usted con mucho cariño a nuestro Andrés Iduarte, víctima de los tiempos.

Muy a tiempo recibí su *Examen del Quijotismo*,[259] mucho lo disfruté y aplaudí y así se lo dije a usted en un recado que le mandé al instante. Siento que no le haya llegado, por lo visto. Pero tenga usted por cierto que es una de las cosas suyas que

---

[258] *Simpatías y Diferencias*. 5 vols. Vol. 4: *Los dos caminos*. Vol. 5: *Reloj de sol*. Madrid: E. Teodoro, 1921-1926. 2a. ed., 2 vols., México: Porrúa, 1945.

[259] *Examen del Quijotismo*, ensayo publicado en 1950. Véase Nota #9, carta de Jorge Mañach a Alfonso Reyes de 5 de noviembre de 1950.

más estimo, con lo cual es decir que la estimo muchísimo y la pongo sobre mi cabeza y junto a mi corazón.

Considéreme siempre como su muy cercano y fraternal amigo,

[Firmado:] A.R.

Alfonso Reyes

XVI

México, D.F., 24 de octubre de 1955
Sr. D. Jorge Mañach
Av. Real Oeste esquina a Quijano,
Reparto Country Club
Marianao, La Habana
CUBA

Mi muy querido Jorge:

Su hermoso y profundo ensayo publicado en *Cuadernos*,[260] en París, me tiene verdaderamente conmovido. Independientemente de lo que me afecta en lo personal, creo que es una de las páginas más brillantes que han salido de su siempre brillantísima pluma. De mí ¿qué voy a decirle? Que me siento más que compensado de mis esfuerzos cuando recibo una manifestación como la suya. Reciba usted a su vez un afectuosísimo abrazo de su conmovido y agradecido y viejo amigo.

[Firmado:] Alfonso Reyes
AR/ja

---

[260] Jorge Mañach, "Universidad de Alfonso Reyes", *Cuadernos*, París, núm. 15 (nov.-dic. 1955), pp. 17-25.

XVII

[Membrete:]
JORGE MAÑACH
Quinta Avenida 128
Reparto Miramar
Marianao, Cuba
Noviembre 5, 1955
Sr. D. Alfonso Reyes,
México.

Mi querido Alfonso:

¡Qué peso me quitó de encima su carta del 24 de octubre!... Escribí ese ensayito sobre usted y su obra en las circunstancias menos propicias que pueda imaginarse: parte de él entre los estertores de un partido político que fundé[261] y que para ventura mía, ha pasado a mejor vida, o por lo menos, a mejores manos (mejores para el tipo de política q. nos gastamos y nos gasta);[262] y terminé el trabajo, del que *Cuadernos*[263] no quiso eximirme, en Milán, bajo el agobio de tener que asistir a la vez al Congreso por la libertad de la Cultura, y sin libros ni papeles, y ya con la salud algo quebrantada.

Aunque yo sé cuanto tengo qué descontar de su juicio por la generosidad de usted, me complace que, a pesar de esas circunstancias en que lo escribí, el trabajo le haya parecido bien. Será que en Ud. y en mí el cariño obra milagros.

---

[261] Movimiento de la Nación Cubana.
[262] Repite Mañach su actitud pesimista en relación con la política.
[263] Revista *Cuadernos*, París. Véase Nota #1, carta de fecha 24 de octubre de 1955.

Aparte eso, ya sabe Ud. lo que ocurre con este género de trabajos de "estimativa" (como nos enseñó a decir el gran Ortega y Gasset,[264] en cuyo duelo estamos): la loa si gana confianza en parte por acompañarse de cierta objetividad y reserva crítica. Nadie nos ha enseñado eso tan magistralmente como Ud. mismo; pero hace falta llamarse Alfonso Reyes para estar seguro de q. no se le va la mano en las reservas. Al menos, lo q. yo quisiera es q. todo lector halle largueza en la loa. Su carta —toda ella en clave de emoción me tranquiliza.

Usted, tan fino detective de erratas, acaso haya advertido por qué se deslizaron en ese texto, cuyas pruebas no me dejaron ver, pues otra de las impropicias circunstancias de marras fue la presión de tener que terminarlo en horas de veinticuatro ¡ya que *Cuadernos* no esperaba por él para ir a la imprenta! Y lo tuve que escribir todo a mano en el hotel, ¡porque no se **pudo** hallar una máquina con teclado español!... Así se deslizaron —¡Por qué será q. las erratas siempre "se deslizan"! éstas principalmente:

p. 21. col. 2: "Lo grande de Reyes es lo que cala (no lo que "cata").

col. 2: "Vocada a una síntesis" (no vacada...)

col. 1: "Como Anteo" (no "como antes").

En cuanto a esta última, la de Anteo es ya tan socorrido, que casi me será mejor ¡legitimar la errata!

Feliz cincuentenario, querido Alfonso, q. ojalá podamos vernos pronto. Le abraza su buen amigo.

---

[264] José Ortega y Gasset (1883-1955), filósofo y ensayista español; una de las grandes figuras de la literatura contemporánea.

J. Mañach

Pesqué una pulmonía en los Madriles que me postró nueve días en cama, y aún convalezco de ella. No me dejan escribir mucho, ni a máquina. Ojalá entienda mi letra.

XVIII

México, D.F., 12 de noviembre de 1955
Sr. D. Jorge Mañach,
Ave. Real Oeste esquina a Quijano,
Reparto Country Club,
Miramar,
CUBA

Mi querido Jorge:

Gracias por su carta del 5. Lo que importa ahora es que su salud se restablezca. Deseo sus noticias al respecto. Ya tomamos notas de las erratas, inevitable enfermedad del plomo, como hemos dicho por ahí. Le señalo otra, minúscula: dice "su Parentalia" por "sus Parentalia". Aunque esto sólo un latinista como usted puede percibirlo.[265]

Tuvimos la pena de que falleciera anoche en un viaje de ferrocarril y por síncope cardíaco el Ministro Concheso, que estuvo aquí de visita.[266]

Lo abraza muy cordialmente,
Alfonso Reyes

---

[265] Testimonio de la "manera de ser" de don Alfonso Reyes. De los dos, el verdadero latinista fue Reyes.
[266] Aurelio Fernández Concheso. Profesor de Derecho Penal, Diplomático y varias veces Ministro del Gobierno en Cuba. El Dr. Fernández Concheso falleció inesperadamente en el trayecto de Pátzcuaro a Ciudad México. Al morir ejercía el cargo de Ministro de Educación.

XIX

[Membrete:]
JORGE MAÑACH
Av. Real del Oeste
esq. a Quijano
Country Club Park Marianao, Cuba.
17 de noviembre, 1955

Mi querido Alfonso:

Unas líneas para decirle que recibí las suyas del día 12 y q. le agradezco mucho su interés por mi salud.

Ya muy repuesto: he recobrado quince libras de peso, algún color en las mejillas y una imagen radiográfica de mis pulmones totalmente despejada. Parece que aún podré dar un poco más de quehacer —y aceptarlo— en este pícaro mundo.

Su carta me llegó justamente cuando yo pasaba balance epistolar, aprovechando la convalecencia ¡y entre las deudas numerosas hallé la de respuesta a una carta del Sr. Jaime García Terrés, de marzo de este año, invitándome a esa "grata compañía" del Libro Jubilar![267]

Hoy se la he contestado con referencia a la de usted. Por supuesto me encantaría verme presente en el Libro con ese trabajo de *Cuadernos*, previa introducción en él de las "aclaraciones" que la Universidad (o usted, querido Alfonso) crean pertinentes.

Lo abraza con el viejo afecto,
J. Mañach

---

[267] *Libro Jubilar de Alfonso Reyes* (México: 1956).

P.S. Me he estado interesando mucho con Miguel Ángel Quevedo, el Director de *Bohemia*, por su colaboración frecuente en esa revista, de lo cual me habló Gorkin.[268] Ayer supe q. ya tiene Quevedo un primer envío suyo. ¡Qué bien!

J.

---

[268] Julián Gorkin, escritor, asociado a la revista *Cuadernos*.

XX

México, D.F., 28 de noviembre de 1955
Sr. D. Jorge Mañach,
Av. Real Oeste esquina a Quijano,
 Country Club Park,
Marianao
CUBA

Mi muy querido Jorge:

Mil gracias por sus letras del 17 de noviembre. Supongo que ya está en contacto directo con usted García Terrés. Gracias también por su interés para obtener mi colaboración en la revista *Bohemia*. Mandaré unas notas sueltas, no sistemáticas, pero acaso divertidas para los lectores generales.

Antes de ayer, en la tarde, vinieron los hermanos cubanos a esta Capilla Alfonsina, trayéndome el título de Doctor Honoris Causa[269] y el álbum que, en manos de la Sra. Castro de Morales,[270] me envía el Instituto de Cultura. Me han agobiado de emoción y de gratitud. Lo único que me apena es que no veo bueno a Mariano Brull[271] y temo que la cosa sea más seria de lo que él mismo sospecha. Aprovechará su estancia en México para algunas consultas, pues en estos casos hay que hacerlo así.

Le abraza fraternalmente su agradecido y viejo amigo,

---

[269] Título que le otorgó la Universidad de La Habana.
[270] Sra. Lilia Castro de Morales que desempeñaba el cargo de Directora de la Biblioteca Nacional de Cuba.
[271] Mariano Brull y Caballero (1891-1956), moriría unos meses después de su visita a México.

Alfonso Reyes

P.D. Le mando un número del Suplemento de *El Nacional*[272] donde tuve la sorpresa de encontrar su ensayo reproducido.

---

[272] Periódico mexicano.

XXI

JORGE MAÑACH
Ave. Real del Oeste
esq. a Quijano
Country Club Park
Marianao, Cuba
12 de enero de 1956

Sr. D. Alfonso Reyes,
Av. Gral. Benjamín Hill, No. 122,
México, D.F.

Mi querido y admirado Alfonso:

Por fin recibí del Sr. Benjamín Orozco, hace algunas semanas, una nota con las observaciones relativas a mi trabajo sobre usted.

Hoy le escribo diciéndole que he incorporado las rectificaciones pertinentes a la nueva versión que he hecho del ensayo, aprovechando esta versión para retocarlo en otros lugares, pues al publicarse en entregas sucesivas en el Diario de la Marina — ¡mañas del panganar!—, advertí no pocos descuidos de concepto y de forma ocasionados por las circunstancias en que tuve que escribirle.

También le digo al señor Orozco que me ha parecido conveniente enviarle a usted el nuevo texto, para que vea las correcciones hechas y añada las que todavía considere oportunas. Si es caso, no vacile en hacerlo, querido Alfonso. El trabajo realmente no merece tan reiteradas atenciones, pero ya que se lo quiere publicar como un tributo más, ¡que vaya bien a gusto del homenajeado! De manera que Vd. queda en libertad de añadirle cualquier retoque —que eso saldrá ganado.

Le deseo muchas venturas en el nuevo año. Y que se les acabe de mover el alma a esos señores de Estocolmo, tan inertes para hacernos justicia a los hispanoamericanos.

Mariano sigue mal. Me temo que lo suyo ya no tenga remedio. Todos sus amigos estamos consternados. El y Baralt me contaron del gran rato que pasaron con usted. Bien hubiera yo querido compartirle, pero andaba aún con mis quebrantos de salud.

Le abraza con mucho afecto su

J. Mañach

JM/ed

XXII

México, D.F., 2 de febrero de 1956.
Sr. D. Jorge Mañach,
Av. Real del Oeste esquina a Quijano,
Country Club Park,
Marianao,
CUBA

Mi querido Jorge:

Gracias por su carta del 12 y por el artículo corregido que, para ir más de prisa hoy entregaré en persona a don Enrique González Casanova, directamente encargado del *Libro Jubilar* de la Universidad.[273] Mil y mil gracias.

Supongo que está usted ya repuesto de sus males, y así lo deseo. De Mariano,[274] en efecto, sólo recibo malas noticias. La verdad es que yo sufrí mucho de ver el estado en que venía.

Lo abraza con mucho afecto su viejo amigo,
Alfonso Reyes
AR/ja

---

[273] *Libro Jubilar de Alfonso Reyes* (México, 1956). En el *Libro Jubilar de Alfonso Reyes*, se publicaron los siguientes artículos de escritores cubanos: José María Chacón y Calvo, "La iniciación periodística de don Enrique José Varona"; Félix Lizaso, "Salutación a Alfonso Reyes"; Jorge Mañach, "Universalidad de Alfonso Reyes"; y, Cintio Vitier, "Una tesis sobre el lenguaje poético".
[274] Mariano Brull Caballero (1891-1956).

XXIII

[Membrete:]
JORGE MAÑACH
Ave. Real del Oeste
esquina a Quijano
Country Club Park Marianao, Cuba
Julio 24, 1956

Sr. D. Alfonso Reyes,
Ave. Benjamín Hill, n° 122,
México, D.F.

Mi querido Reyes:

Su carta, reprochándome implícitamente y con sobrada justicia el no haberle acusado recibo del primer tomo de sus *Obras Completas*, me ha abochornado tanto que... hasta me ha parecido un poco cruel.

¿Necesitaré decirle con cuánto alborozo y agradecimiento recibí ese regalo espléndido? ¿No sabe Vd. cuánto le admiro? ¿No se imagina lo que representa para mí el tener su obra toda, siendo así que, en mis viajes, más de un libro suyo se me ha perdido, y en mis generosidades se lo han quedado manos ajenas?

Lo que hay, don Alfonso, es que nunca me curo del prurito de querer leer por entero un libro —o por lo menos las partes de él que desconozco o que me son más caras— antes de acusar recibo de él a quien me lo envía, y este empeño muchas veces me hace quedar infamemente mal.

En las últimas semanas, apenas he tenido tiempo para leer por placer. Inesperadamente, se me presentó la posibilidad de disfrutar de uno de los años sabáticos universitarios a que tenía derecho, alquilando a la vez mi casa. Esto me ha obligado a una desmovilización laboriosa en término brevísimo. Y todo eso, teniendo al mismo tiempo que atender a todos mis deberes periodísticos y los universitarios de fin de curso. Le contesto ya con el pie en el estribo, pues me marcho a los Estados Unidos, camino de Europa, a principios de la entrante semana. ¿No ve Vd. todo lo indulgente que ha de ser para excusarme?

Como le digo, no he recibido más que el primer tomo, y Vd. dice haberme enviado dos. No me lo explico; pero todo puede pasar en estos correos tropicales. No me atrevo a pedirle que me duplique el envío del segundo: ya me buscaré la manera de hacerme de él. En cuanto al tercero, mándemelo a esta su casa si es que me he ganado su perdón.

Estaré por Europa unos catorce meses, con sede lo más del tiempo en Madrid, en el Hotel Emperador.

Consérvese bien y reciba un fuerte abrazo de su devoto,

Firmado: J. Mañach

P.D. Julio 25. Escrita ya esta carta, me acaba de llegar el tomo II, recibido en Correos, según el sello de la cubierta, el día 23. Muchas gracias, querido Alfonso.

XXIV

México, D.F., 30 de julio de 1956
Sr. don Jorge Mañach,
Av. Real del Oeste Esq. a Quijano,
Country Club Park,
Marianao,
CUBA.

Mi muy querido Jorge:

Su carta del 24 de julio me devuelve la tranquilidad, al saber que le han llegado ya los dos volúmenes anteriores de mis *Obras Completas*. Pronto irá el tercero. Como usted está de viaje, ignoro cuándo le llegará esta carta, que envío a su dirección permanente, pero quiero apresurarme a decirle que nunca ha habido en mí la menor intención de crueldad ni de reclamación sentimental, sino simplemente el deseo de obtener un esclarecimiento postal; pues ha de saber usted que lo mismo me sucedió con todos los amigos cubanos, es decir, que no acababa yo de saber si les llegaban mis libros, lo que me hizo temer una pérdida, y eso fue todo.

Sea muy feliz durante sus vacaciones y paseos. Lo abraza fraternalmente su devoto y viejo amigo.

Alfonso Reyes
AR/ja

XXV
GRAN HOTEL PRINCESA
Hotel Bristol
Madrid
Gran Hotel Salamanca
Madrid, 8 de mayo, 1957

Mi querido y admirado Alfonso:

¡Qué grata sorpresa la que me trajo su carta de marzo último! He tardado un poco en agradecérsela por algunos ligeros quebrantos —sin "duelos"— y tal cual merodeo por esta severa Castilla que usted tan bien se conoce. (En Salamanca, ha poco, le recordamos Manuel García Blanco y yo, y en el Museo Unamuno vi alguna de sus cartas al maestro inolvidable). Este Madrid, con ser tan distinto ya del de sus *Cartones*[275] a cada paso me le trae a la memoria cariñosa.

Estoy por aquí desde septiembre, y quisiera poder quedarme hasta cumplir mi año sabático, tanto más cuanto que mi Cuba, como Ud. sabe, anda en furores pero es posible que tenga que volver antes de lo deseado.

Ahora que ya España se volvió —tras larga espera en que Unamuno y Ortega y Baroja quedaron preteridos— a laurear del Nobel, parece que debieran acordarse también de nuestra América, y no hay candidatura mejor que la suya, querido Alfonso. Ese Libro Jubilar debiera servirles de documento probatorio a los señores de Estocolmo. Ojalá se cumplan los

---

[275] Alfonso Reyes, *Cartones de Madrid* (México: Cultura, 1917).

deseos de tantos y tantos como somos a querer para usted esa corona.

Consérvese bien. Le abraza de corazón,

Firmado: Jorge Mañach

XXVI

México, D.F., 13 de mayo de 1957
Sr. don Jorge Mañach
Hotel Bristol o Gran Hotel Princesa, Madrid
ESPAÑA

Mi querido Jorge:

Mando esta carta en dos ejemplares, pues no sé en cuál de los dos hoteles que figuran en su papel se encuentra usted asilado. Recibí con mucho gusto su carta del 8 de mayo. Le agradezco cuanto en ella me cuenta y dice. Por mi parte, le anuncio que en su casa de La Habana le están esperando los tres primeros tomos de mis *Obras Completas*. Del tomo VI en adelante sólo se enviarán cuando usted haya regresado a su casa, para evitar pérdidas.

Le desea todo bien y lo abraza muy cordialmente su firme y viejo amigo,

Alfonso Reyes

AR/ja

XXVII

[Membrete:]
JORGE MAÑACH
Ave. Real del Oeste
esquina a Quijano
Country Club Park
Marianao, Cuba.
11 de mayo de 1959

Sr. don Alfonso Reyes,
Ave. Gral. Benjamín Hill,
No. 122, México, D.F.

Mi querido Alfonso:

Ya me tiene Vd. de nuevo en mi tierra y en mi casa, que es la suya. Pasé en España dos años y medio que, para ser perfectos, sólo les faltó más benignidad hacia mi pobre estómago, del cual me dejé dos tercios en una mesa de operaciones. Por lo demás, conservo de aquella noble tierra un recuerdo de ésos que dan nostalgia para toda la vida.

Al llegar a Cuba —mi Cuba todavía agitada, pero ya feliz—,[276] recibo el tercer tomo de sus *Obras Completas*. Como Vd. en una carta de 1957 me decía que del tomo IV en adelante sólo se me enviarían cuando hubiera regresado a Cuba, se lo participo para que no me quede trunco el precioso regalo. ¡Qué bella edición! ¡qué digna de usted!

---

[276] Al triunfar la revolución el primero de enero de 1959, Mañach regresó a Cuba y la encontró "agitada, pero ya feliz". Poco después Jorge Mañach moriría en el exilio, en Puerto Rico.

Mucho le recordé con amigos comunes en Madrid — sobro todo, últimamente, con Alexandre y con Dámaso Alonso, que tanto se le parece por fuera y por dentro. A muchos de los escritores les hice entrevistas para el "Diario de la Marina" en que el nombre de Vd. salió a relucir. Es posible que me decida a recoger en mi libro —como muchos me instan a hacer— esas entrevistas-semblanzas.[277] En tal caso se lo mandaré.

Le desea muchas venturas y le abraza de corazón su viejo amigo, que tanto le admira

Firmado: Jorge Mañach

Mi casa es la misma; pero ahora la dirección de ella reza así:

calle 190, No. 2103

Country Club Park, Marianao, Cuba.

---

[277] Mañach publicó el libro bajo el título de *Visitas españolas* (Madrid, 1960).

XXVIII

[Membrete:]
JORGE MAÑACH
Ave. Real del Oeste
esq. a Quijano
Country Club Park
Marianao, Cuba
30 de septiembre de 1959

Sr. D. Alfonso Reyes,
Ave. Industrial, 122
México, D.F.

Mi muy querido y admirado Alfonso:

He recibido los dos últimos tomos de sus *Obras Completas* y "de contra" —como decimos por acá para referirnos a la miel sobre hojuelas—, el tomito de *Parentalia*, con las cariñosas líneas que Vd. le puso de dedicatoria y envío, y los ejemplares de la revista de los estudiantes en homenaje a Vd., al que tan generosamente sumaron mi trabajo de *Cuadernos*. Mil gracias por todo.

Al releer —¿quién no peca de estos narcisismos?— ese estudio mío, me sorprendí de ver cómo le sacaba punta a algo muy romo: la pluralización de "corte"... ¿De dónde saqué yo eso de "paseante en Cortes"?[278]... A pesar de su indulgencia,

---

[278] Véase *Diccionario de la Lengua Española* (Real Academia Española) Décima Novena Edición, 1970. Corte. Ver **paseante en corte**. Paseante en corte: Decíase del que no tiene destino ni se emplea en alguna ocupación útil u honesta.

¡cómo se habrá Vd. divertido con ese lapsus o borrón de mal escribiente!... Habrá que enmendar eso, si alguna vez recojo ese testimonio de mi admiración y mi cariño.

Milagro es que no se deslizasen más errores en aquellas cuartillas. Las escribí en el mal estado de salud. Ya sabe Vd. por cuánto pasé —y no sólo de dolencias del cuerpo. Al fin me operaron en Madrid, dejándome un residuo minúsculo de estómago. Quedé muy disminuido de peso y de energías: pero bien de funciones digestivas y de bríos para el trabajo, que está siendo mucho desde que regresé a Cuba.

Y usted, ¿cómo ha seguido?... ¿Se porta bien ese corazón?

Poco a poco, porque los quehaceres obligados no me permiten más, voy releyendo toda su obra. ¡Qué tesoro de inteligencia y de gracia toda ella!

Muchas gracias otra vez. Le abraza apretado su,

Firmado: J. Mañach

APÉNDICE I
Oración del 9 de febrero

Por Alfonso Reyes

Hace 17 años murió mi pobre padre. Su presencia real no es lo que más echo de menos: a fuerza de vivir lejos de Monterrey, estudiando en México, yo me había ya acostumbrado a verlo muy poco y a imaginármelo fácilmente, a lo cual me ayudaba también su modo de ser tan definido, y hasta su aspecto físico tan preciso y bien dibujado —su manera de belleza. Por otra parte, como era hombre tan ocupado, pocas veces esperaba yo de él otra cosa que no fuera una carta de saludo casi convencional, concebida en el estilo de su secretaría. Y a propósito de esto me acuerdo que la señora de Lancaster Jones —doña Lola Mora—, su amiga de la infancia, quejándose de aquellas respuestas impersonales que redactaba el secretario Zúñiga, un día le escribió a mi padre una carta que comenzaba con este tratamiento: "Mi querido Zúñiga: Recibí tu grata de tal fecha, etc."...

Hacía varios años que sólo veía yo a mi padre de vacaciones o en cortas temporadas. Bien es cierto que esos pocos días me compensaban de largas ausencias porque era la suya una de esas naturalezas cuya vecindad lo penetra y lo invade y lo sacia todo. Junto a él no se deseaba más que estar a su lado. Lejos de él, casi bastaba recordar para sentir el calor de su presencia. Y como su espíritu estaba en actividad constante, todo el día agitaba las cuestiones más amenas y más apasionadoras; y todas sus ideas salían candentes, nuevas y recién forjadas, al rojo vivo de una sensibilidad como no la he vuelto a encontrar en mi ya accidentada experiencia de los hombres. Por cierto que hasta mi curiosidad literaria encontraba pasto en la compañía de mi padre. El vivía en Monterrey, ciudad de provincia. Yo vivía en México, la capital. El me llevaba más de cuarenta años, y se había formado en el romanticismo tardío de nuestra América. El era soldado y gobernante. Yo iba para literato. Nada de eso obstaba. Mientras en México mis hermanos mayores, universitarios criados en una atmósfera intelectual, sentían venir con recelo las novedades de la poesía, yo, de vacaciones, en Monterrey, me encontraba a mi padre leyendo con entusiasmo los Cantos de vida y esperanza, de Rubén Darío, que acababan de aparecer.

Con todo, yo me había hecho ya a la ausencia de mi padre, y hasta había aprendido a recorrerlo de lejos como se hojea con la mente un libro que se conoce de memoria. Me bastaba saber que en alguna parte de la tierra latía aquel corazón en que mi pobreza moral —mejor dicho, mi melancolía— se respaldaba y se confortaba. Siempre el evocarlo había sido para mí un alivio. A la hora de las mayores desesperaciones, en lo más combatido y arduo de las primeras pasiones que me han tocado, mi instinto acudía de tiempo en tiempo al recuerdo de mi padre, y aquel recuerdo tenía la virtud de vivificarme y consolarme. Después —desde que mi padre murió—, me he dado cuenta cabal de esta economía inconsciente de mi alma. En vida de mi padre no sé si llegué a percatarme nunca...

Pero ahora se me ocurre que sí, en cierto modo al menos. Una vez fui, como de costumbre, a pasar mis vacaciones a Monterrey. Llegué de noche, Me acosté y dormí. Al despertar a la mañana siguiente —muchas veces me sucedía esto en la adolescencia— ya tenía en el alma un vago resabio de tristeza, como si me costara un esfuerzo volver a empezar la vida en el nuevo día. Entonces el mecanismo ya montado funcionó solo, en busca de mi equilibrio. Antes de que mi razón la sujetara, mi imaginación ya estaba hablando: "Consuélate —me dijo—. Acuérdate que, después de todo, allá en Monterrey, te queda algo sólido y definitivo: "tu casa, tu familia, tu padre." Casi al mismo tiempo me di cuenta de que en aquel preciso instante yo me encontraba ya pisando mi suelo definitivo, que estaba yo en mi casa, entre los míos, y bajo el techo de mis padres. Y la idea de que ya había yo dispuesto de todos mis recursos, de que ya había agotado la última apelación ante el último y más alto tribunal, me produjo tal desconcierto, tan paradójica emoción de desamparo que tuve que contenerme para no llorar. Este accidente de mi corazón me hizo comprender la ventaja de no abusar de mi tesoro, y la conveniencia —dados los hábitos ya adquiridos por mí— de tener a mi padre lejos, como un supremo recurso, como esa arma vigilante que el hombre de campo cuelga a su cabecera aunque prefiera no usarla nunca. No sé si me pierdo un poco en estos análisis. Es difícil bajar a la zona más temblorosa de nuestros pudores y respetos.

De repente sobrevino la tremenda sacudida nerviosa, tanto mayor cuanto que la muerte de mi padre fue un accidente, un choque contra un obstáculo físico, una violenta intromisión de la metralla en la vida y no el término previsible y paulatinamente aceptado de un acabamiento biológico. Esto dio a su muerte no sé qué aire de grosería cosmogónica, de afrenta material contra las intenciones de la creación. Mi natural dolor se hizo todavía más horrible por haber sobrevenido aquella muerte en medio de circunstancias singularmente patéticas y sangrientas, que no sólo interesaban a una familia, sino a todo un pueblo. Su muerte era la culminación del cuadro de horror que ofrecía entonces toda la ciudad. Con la desaparición de mi padre, muchos, entre amigos y adversarios, sintieron que desaparecía una de las pocas voluntades capaces, en aquel instante, de conjurar los destinos. Por las heridas de su cuerpo, parece que empezó a desangrarse para muchos años, toda la patria. Después me fui rehaciendo como pude, como se rehacen para andar y correr esos pobres perros de la calle a los que un vehículo destroza una pata; como aprenden a trinchar con una sola mano los mancos; como aprenden los monjes a vivir sin el mundo, a comer sin sal los enfermos. Y entonces, de mi mutilación saqué fuerzas. Mis hábitos de imaginación vinieron en mi auxilio. Discurrí que estaba ausente mi padre —situación ya tan familiar para mí— y de lejos, me puse a hojearlo como solía. Más aún: con más claridad y con más éxito que nunca. Logré traerlo junto á mí a modo de atmósfera, de aura. Aprendí a preguntarle y a recibir sus respuestas. A consultarle todo. Poco a poco, tímidamente, lo enseñé a aceptar mis objeciones —aquellas que nunca han salido de mis labios pero que algunos de mis amigos han descubierto por el conocimiento que tienen de mí mismo. Entre mi padre y yo, ciertas diferencias nunca formuladas, pero adivinadas por ambos como una temerosa y tierna inquietud, fueron derivando hacia el acuerdo más liso y llano. El proceso duró varios años, y me acompañó por viajes y climas extranjeros. Al fin llegamos los dos a una compenetración suficiente. Yo no me arriesgo a creer que esta compenetración sea ya perfecta porque sé que tanto gozo me mataría, y presiento que de esta comunión absoluta sólo he de alcanzar el sabor a la hora de mi muerte. Pero el proceso ha llegado ya a tal estación de madurez, que estando en París hace poco más de dos años, me atreví a escribir a un amigo estas palabras más o menos: "Los salvajes creían ganar las virtudes de los enemigos que mataban. Con más razón imagino que ganamos las virtudes de los muertos que sabemos amar." Yo siento que, desde el día de su partida, mi padre ha empezado a entrar en mi alma y a hospedarse en ella a sus anchas. Ahora creo haber logrado ya la absorción completa y —si la palabra no fuera tan odiosa— la digestión completa. Y véase aquí por dónde, sin tener en cuenta el camino hecho de las religiones, mi experiencia personal me conduce a la noción de la supervivencia del alma y aun a la noción del sufragio de las almas —puente único por donde se puede ir y venir entre los vivos y los muertos, sin más aduana ni peaje que el adoptar esa actitud del ánimo que, para abreviar, llamamos plegaria.

Como él siempre vivió en peligros, y como yo poseo el arte de persuadirme (o acaso también por plástica, por adaptación inconsciente) yo, desde muy niño, sabía enfrentarme con la idea de perderlo. Pero el golpe contra la realidad brutal de haberlo perdido fue algo tan intenso que puedo asegurar que persiste; no sólo porque persistan en mí los efectos de esa inmensa herida, sino porque el golpe está aquí —íntegro, vivo— en algún repliegue de mi alma y sé que lo puedo resucitar y repetir cada vez que quiera. El suceso viaja por el tiempo, parece alejarse y ser pasado, pero hay algún sitio del ánimo donde sigue siendo presente. No de otro modo el que, desde cierta estrella, contemplara nuestro mundo con anteojo poderoso, vería 'a estas horas —porque el hecho anda todavía vivo, revoloteando como fantasma de la luz entre las distancias siderales— a Hernán Cortés y a sus soldados asomándose por primera vez al valle de Anáhuac.

El desgarramiento me ha destrozado tanto, que yo, que ya era padre para entonces, saqué de mi sufrimiento una enseñanza: me he esforzado haciendo violencia a los desbordes naturales de mi ternura, por no educar a mi hijo entre demasiadas caricias para no hacerle, físicamente, mucha falta el día que yo tenga que faltarle. Autoritario y duro, yo no podría serlo nunca: nada me repugna más que eso. Pero he procurado ser neutro y algo sordo —sólo yo sé con cuánto esfuerzo— y así creo haber formado un varón mejor apercibido que yo, mejor dotado que yo para soportar al arrancamiento. Cuando me enfrenté con las atroces angustias de aquella muerte, escogí con toda certeza, y me confesé a mí mismo que preferiría no serle demasiado indispensable a mi hijo, y hasta no ser muy amado por él puesto que tiene que perderme. Que él me haga falta es condición irremediable: mi conciencia se ha apoyado en él mil veces, a la hora de vacilar. Pero es mejor que a él mismo yo no le haga falta —me dije— aunque esto me prive de algunos mimos y dulzuras. También supe y quise cerrar los ojos ante la forma yacente de padre, para sólo conservar de él la mejor imagen. También supe y quise elegir el camino de mi libertad, descuajando de mi corazón cualquier impulso de rencor o venganza, por legítimo que pareciera, antes de consentir en esclavizarme a la baja vendetta. Lo ignoré todo, huí de los que se decían testigos presenciales, e impuse silencio a los que querían pronunciar delante de mí el nombre del que hizo fuego. De paso, sé que me he cercenado voluntariamente una parte de mí mismo; sé que he perdido para siempre los resortes de la agresión y de la ambición. Pero hice como el que, picado de víbora', se corta el dedo de un machetazo. Los que sepan de estos dolores me entenderán muy bien.

No: no es su presencia real lo que más me falta, con ser tan cálida, tan magnética, tan dulce y tan tierna para mí, tan rica en estímulos para mi admiración y mi fantasía, tan satisfactoria para mi sentido de los estilos humanos, tan halagadora para mi orgullo de hijo, tan provechosa para mi sincero afán de aprendiz de hombre y de aprendiz de mexicano (¡porque he conocido tan pocos hombres y entre éstos, tan pocos mexicanos!). No lloro por la falta de su compañía terrestre, porque yo me la he sustituido con un sortilegio o si preferís, con un milagro. Lloro por la injusticia con que se anuló a sí propia aquella noble vida; sufro porque presiento al considerar la historia de mi padre, una oscura equivocación en la relojería moral de nuestro mundo; me desespera, ante el hecho consumado que es toda tumba, el pensar que el saldo generoso de una existencia rica y plena no basta a compensar y a llenar el vacío de un solo segundo. Mis lágrimas son para la torre de hombre que se vino abajo; para la preciosa arquitectura —lograda con la acumulación y el labrado de materiales exquisitos, a lo largo de muchos siglos de herencia severa y escrupulosa— que una sola sacudida del azar pudo deshacer; para el vino de siete cónsules que tanto tiempo concentró sus azúcares y sus espíritus, y que una mano aventurera llegó de repente a volcar.

Y ya que el vino había de volcarse, sea un sacrificio, acepto: sea una libación eficaz para la tierra que lo ha recibido.

De todas sus heridas, la única aparente era la de su mano derecha, que quedó siempre algo torpe, y solía doler en el invierno. La izquierda tuvo que aprender de ella a escribir y trinchar y también a tirar el arma, con todos los secretos del viejo maestro Ignacio Guardado. Lentamente la derecha pudo recobrar el don de escribir. Hombre que cumplidos los cincuenta años, era capaz de comenzar el aprendizaje metódico de otra lengua extranjera no iba a detenerse por tan poco.

Hojeando en su biblioteca, he encontrado las cuatro sucesivas etapas de su firma: La primera, la preciosa firma llena de turgencia y redondeles, aparece en un tomo de Obras poéticas de Espronceda, París, Baudry, 1867, y en una Cartilla moral militar del Conde de la Cortina, edición de Durango, Francisco Vera, año de 1869. La segunda, la encuentro en un ejemplar de las poesías de Heredia, y lleva la fecha de Mazatlán, 1876. Aquí el nombre de pila se ha reducido a una inicial y el rasgo es más nervioso y ligero aunque todavía se conserva la misma rúbrica del adolescente, enredada en curvas y corazones. La tercera fase la encuentro en cartas privadas dirigidas al poeta Manuel José Othón por el año de 1889. Aunque después de la herida, todavía resulta muy ambiciosa. La cuarta fase es la que conoce la fama, la que consta en todos los documentos oficiales de su gobierno, y es ya la firma del funcionario, escueta, despojada y mecánica.

Pero hemos entrado en su biblioteca y esto significa que el caballo ha sido desensillado. En aquella biblioteca donde había de todo, abundaban los volúmenes de poesía y los clásicos literarios. Entre los poetas privaban los románticos: era la época mental en que el espíritu del héroe se había formado. El hallazgo de aquella firma juvenil en un ejemplar de Espronceda tiene un sentido singular.

Después de pacificar el Norte y poner coto a los contrabandos de la frontera —groseros jefes improvisados por las guerras civiles alternaban allí con los aprovechadores que nunca faltan, y se las arreglaban para engordar la hacienda con ilícitos medros— vinieron los años de gobernar en paz. Y como al principio el General se quedara unos meses sin más trabajo que la monótona vida de cuartel, aprovechó aquellos ocios nada menos que para reunir de un rasgo los incontables volúmenes de la Historia de la Humanidad de César Cantú. Toda empresa había de ser titánica para contentarlo y entretenerlo. Aunque fuera titánicamente metódica como lo fue su gobierno mismo. Otros hablarán de esa obra y de lo que hizo de aquella ciudad y de aquel Estado. Aquí el romántico descansa o, mejor dicho, frena sus energías y administra el rayo, conforme a la general consigna de la paz porfiriana. Aquella cascada se repartirá en graciosos riachuelos y éstos, poco a poco fueron haciendo del erial un rico jardín. La popularidad del héroe cundía. Desde la capital llegaban mensajeros celosos. Al fin el dueño de la política vino en persona a presenciar el milagro: "Así se gobierna", fue su dictamen. Y poco después, el Gobernador se encargaba del Ministerio de la Guerra, donde todavía tuvo ocasión de llevar a cabo otros milagros: el instaurar un servicio militar voluntario, el arrancar al pueblo a los vicios domingueros para volcarlo, por espontáneo entusiasmo, en los campos de maniobras; el preparar una disciplina colectiva que hubiera sido el camino natural de la democracia; el conciliar al ejército con las más altas aspiraciones sociales de aquel tiempo; el sembrar confianza en el país cuando era la moda el escepticismo; el abrir las puertas a la esperanza de una era mejor. Al calor de este amor se fue templando el nuevo espíritu. Todos lo saben, y los que lo niegan saben que engañan. Aquel amor llenaba un pueblo como si todo un campo se cubriera con una lujuriosa cosecha de claveles rojos.

Otro hubiera aprovechado la ocasión tan propicia. ¡Oh, qué mal astuto, oh qué gran romántico! Le daban la revolución ya hecha, casi sin sangre, ¡y no la quiso! Abajo, pueblos y ejércitos a la espera, y todo el país anhelante, aguardando para obedecerlo, el más leve flaqueo del héroe. Arriba, en Galeana, en el aire estoico de las cumbres, un hombre solo. Y fue necesario, para arrebatarlo a aquel éxtasis, que el río se saliera de madre y arrastrara media ciudad. Entonces requirió otra vez el caballo y burlando sierras bajó a socorrer a los vecinos. Y poco después salió al destierro. No cabían dos centros en un círculo. O tenía que acontecer lo que acontece en la célula viva cuando empiezan a formarse los núcleos, ¿poner al país en el trance de recomenzar su historia? Era mejor cortar amarras.

Ya no se columbra la raya indecisa de la tierra. Ya todo se fue.

Porfirio Díaz entregó la situación a la gente nueva y dijo una de aquellas cosas tan suyas: —Ya soltaron la yeguada. ¡A ver ahora quién la encierra!

De buenas intenciones está empedrado el infierno. Y cuando, a pesar de la mejor intención que en México se ha visto, el país quiso venirse abajo, ¿cómo evitar que el gran romántico se juzgara el hombre de los destinos? Durante unas maniobras que presenció en Francia, como sentía un picor en el ojo izquierdo, se plantó un parche y siguió estudiando las evoluciones de la tropa. Al volver del campo —y hasta su muerte lo disimuló a todo el mundo— había perdido la mitad de la vista. Así regresó al país, cuando el declive natural había comenzado. Mal repuesto todavía de aquella borrachera de popularidad y del sobrehumano esfuerzo con que se la había sacudido, perturbada ya su visión de la realidad por un cambio tan brusco de nuestra atmósfera que para los hombres de su época, equivalía a la amputación del criterio, vino, sin quererlo ni desearlo, a convertirse en la última esperanza de los que ya no marchaban a compás con la vida. ¡Ay, nunca segundas partes fueron buenas! Ya no lo querían: lo dejaron solo. Iba camino de la desesperación, de agravio en agravio. Algo se le había roto adentro. No quiso colgar el escudo en la atarazana. ¡Cuánto mejor no hubiera sido! ¿Dónde se vio al emérito volver a mezclarse entre las legiones? Los años y los dolores habían hecho ya su labor.

Y se encontró envuelto en una maraña de fatalidades, cada vez más prieta y más densa. Mil obstáculos y los amigotes de ambos bandos impidieron que él y el futuro presidente pudieran arreglarse. Y todo fue de mal en peor. Y volvió a salir del país. Y al fin lo hallamos cruzando simbólicamente el Río Bravo, acompañado de media docena de amigos e internándose por las haciendas del Norte donde le habían ofrecido hombres y ayuda y sólo encontraba traición y delaciones.

Los días pasaban sin que se cumplieran las promesas. Al acercarse al río Conchos unos cuantos guardias rurales empezaron a tirotear al escaso cortejo. Unos a diestra y otros a siniestra, todos se fueron dispersando. Lo' dejaron sólo acompañado del guía.

Era víspera de Navidad. El campo estaba frío y desolado. Ante todo, picar espuelas y ponerse en seguro para poder meditar un poco. Y por entre abrojos y espinares, desgarrada toda la ropa y lleno de rasguños el cuerpo, el guía lo condujo a un sitio solitario, propicio a las meditaciones. Allí toda melancolía tiene su asiento. No se mira más vegetación que aquellos inhospitalarios breñales. El jinete echó pie a tierra, juntó ánimos, y otra vez en su corazón, se encendió la luz del sacrificio.

— ¿Dónde está el cuartel más cercano?

—En Linares.

—Vamos a Linares.

—Nos matarán.

—Cuando estemos a vista de la ciudad, podrás escapar y dejarme solo.

Es ya de noche, es Nochebuena. El embozado se acerca al cabo de guardia.

—Quiero hablar con el jefe.

Pasa un instante, sale el jefe a la puerta. El embozado se descubre, y he aquí que el jefe casi cae de rodillas.

—¡Huya, huya, mi General! ¿No ve que mi deber es prenderlo?

— ¿Eres tú, mi buen amigo, mi antiguo picador de caballos? Pues no te queda más recurso que darme tus fuerzas o aceptarme como prisionero.

¡Señor, somos muy pocos!

Entonces voy a levantar la voz para que todos lo oigan: Aquí vengo a entregarme preso, y que me fusilen en el cuartel.

Entre los vecinos lo han vestido, ¡tan desgarrado viene! Nadie disimula su piedad, su respeto. Todos han adivinado que con ese hombre se rinde toda una época del sentir humano. Ofrece su vida otra vez más. ¿Qué mejor cosa puede hacer el romántico con su vida? ¡Tirarla por la borda, echarla por la ventana! "¡Pelillos a la mar!", dice el romántico. Y arroja a las olas su corazón.

Más tarde, trasladado a México, se consumirá en la lenta prisión, donde una patética incertidumbre lo mantiene largos meses recluso. La mesa de pino, el melancólico quinqué, la frente en la mano, y en torno la confusa rumia de meditaciones y recuerdos, y todo el fragor del Diablo Mundo: es, línea por línea, el cuadro de Espronceda, ¡aquel Espronceda que fue tan suyo y que él mismo me enseñó a recitar!

En el patio cantan los presos, se estiran al sol y echan baraja. Aquello es como una llaga por donde se pudre el organismo militar. Un día de la semana, las soldaderas tienen acceso al patio, donde montan tiendas de lona para esconder su simulacro de amor. Después que el dueño se sacia, se pone a la puerta de la tienda y cobra la entrada a los demás a tantos centavos. Tortura propiamente diabólica presenciar estas vergüenzas el mismo que fue, como ninguno, organizador de ejércitos lucidos y dignificador de la clase guerrera a los ojos de la nación.

La melancolía, los quebrantos, resucitaron en él cierto paludismo contraído en campaña. Todas las tardes, a la misma hora, llamaba a la puerta el fantasma de la fiebre. Los nervios se iban desgastando. Vivía como en una pesadilla intermitente. ¿Cuál era el delirio?, ¿cuál el juicio? El preso tenía consideraciones especiales, y aquel hombre bueno que se vio en el trance de aprisionarlo ¡qué más hubiera deseado qué devolverle su libertad! Dos grandes almas se enfrentaban, y acaso se atraían a través de no sé qué estelares distancias. Una todo fuego y bravura y otra toda sencillez y candor. Cada cual cumplía su triste gravitación, y quién sabe con qué dolor secreto sentían que se iban alejando. Algún día tendremos revelaciones. Algún día sabremos de ofertas que tal vez llegaron a destiempo.

Bajo ciertas condiciones, pues, el preso podía ser visitado. Entre los amigos y amigas que, en la desgracia, se acercaron a él, abundaban naturalmente los afectos viejos, los que llegan hasta nosotros como ráfagas de la vida pasada, envueltos en memorias de la infancia y de los tiempos felices. Tales visitas, por confortantes que parezcan, escarban muy adentro en la sensibilidad de un hombre exaltado y, en los entreactos de la fiebre, cuando la clara visión de aquel ambiente abyecto de cárcel volvía como un mal sabor a la conciencia, aparecían aquellos hombres y aquellas mujeres cargados de recuerdos, llenos de palabras sobresaturadas de sentido, demasiado expresivos para convenir al régimen de un hombre en crisis. Todo debió haber sido neutro, gris. Y todo era clamoroso y rojo.

Y todavía para enloquecerlo más, y por si no bastara la trágica viudez de una hija cuyo marido fue asesinado unos meses antes, llegaron a la prisión las nuevas de las trastadas que andaba haciendo el caudillo Urbina, aquel que murió tragado por el fango. Urbina había secuestrado al marido de su hija menor, y ésta había tenido que rescatarlo a precio de oro, empeñando para toda la vida la tranquilidad económica de su hogar. Imaginad la cólera del Campeador ante las afrentas sufridas por sus hijas.

No era todavía un anciano, todavía no se dejaba rendir, pero ya comenzaba a abrirse paso difícilmente entre las telarañas de la fiebre, la exasperación, la melancolía y el recuerdo.

También Pancho Villa estaba, por aquellos meses, preso en la cárcel militar de Santiago. Pancho Villa escaparía pronto con anuencia de sus guardianes, y por diligencia de aquel abogado Bonales Sandoval a quien más tarde hizo apuñalar, partir en pedazos, meterlo en un saco, y enviarlo a lomo de mula a Félix Díaz, para castigarlo así de haber pretendido crear una inteligencia entre ambos. El caballero y el cabecilla alguna vez pudieron cruzarse por los corredores de la prisión. Don Quijote y Roque Guinart se contemplaban. El cabecilla lo consideraría de lejos, con aquella su peculiar sonrisa y aquel su párpado caído. El caballero se alisaría la "piocha", al modo de su juventud, y recordaría sus campañas contra el Tigre de Alica, el otro estratega natural que ha producido nuestro suelo, mezcla también de hazañero y facineroso.

La visión se borra y viene otra: ahora son las multitudes que aclaman, encendidas por palabras candentes que caen, rodando como globos de fuego, desde las alturas de un balcón, se estremece aquel ser multánime y ofrece millares de manos y millares de pechos. Pero esta visión es embriagadora y engañosa, y pronto desaparece, desairada —tentación que se recoge en el manto—, para dar lugar a otros recuerdos.

Aquel roer diario fue desarrollando su sensibilidad, fue dejándole los nervios desnudos. Un día me pidió que le recitara unos versos de Navidad. Aquella fue su última Navidad y el aniversario de la noche triste de Linares. Al llegar a la frase: Que a golpes de dolor te has hecho malo, me tapó la boca con las manos y me gritó:

—¡Calla blasfemo! ¡Eso, nunca! ¡Los que no han vivido las palabras no saben lo que las palabras traen adentro!

Entonces entendí que él había vivido las palabras, que había ejercido su poesía con la vida, que era todo él como un poema en movimiento, un poema romántico de que hubiera sido a la vez autor y actor. Nunca vi otro caso de mayor frecuentación, de mayor penetración entre la poesía y la vida. Naturalmente, él se tenía por hombre de acción, porque aquello de sólo dedicarse a soñar se le figuraba una forma abominable del egoísmo. Hubiera maldecido a Julien Benda y su teoría de los clérigos. Pero no veía diferencia entre la imaginación y el acto: tan plástico era para el sueño. De otro modo no se entiende que él tan respetuoso de los clásicos, arrojara un día su Quevedo, exclamando con aquella su preciosa vehemencia: "¡Miente! ¡Miente!", porque tropezó con el siguiente pasaje en La hora de todos y la fortuna con seso:

"Quien llamó hermanas las letras y las armas poco sabía de sus abalorios, pues no hay más diferentes linajes que hacer y decir." ¡Miente, miente! Y el poeta a caballo entraba por la humanidad repartiendo actos que no eran más que otros tantos sueños. Y aún tienen del sueño y del acto puro, el haber sido desinteresados: actos ofrecidos a los demás, actos propiciatorios, actos para el bien de todos, en que se quemaba el combustible de aquella vitalidad desbordada.

¿Dónde hemos hallado el airón de esa barba rubia, los ojos zarcos y el ceño poderoso? Las cejas pobladas de hidalgo viejo, la mirada de certero aguilucho que cobra sus piezas en el aire, la risa de conciencia sin tacha y la carcajada sin miedo. La bota fuerte con el cascabel del acicate, y el repiqueteo del sable en la cadena. Aire entre apolíneo y jupiterino, según que la expresión se derrame por la serenidad de la paz o se anude toda en el temido entrecejo. Allí, entre los dos ojos; allí, donde botó la lanza enemiga; allí se encuentran la poesía y la acción en dosis explosivas. Desde allí dispara sus flechas una voluntad que tiene sustancia de canción. Todo eso lo hemos hallado seguramente en la idea: en la Idea del héroe, del Guerrero, del Romántico, del Caballero Andante, del Poeta de Caballería. Porque todo en su aspecto y en sus maneras, parecía la encarnación de un dechado.

Tronaron otra vez los cañones. Y resucitado el instinto de la soldadesca, la guardia misma rompió la prisión. ¿Qué haría el Romántico? ¿Qué haría, oh, cielos, pase lo que pase y caiga quien caiga (¡y qué mexicano verdadero dejaría de entenderlo!) sino saltar sobre el caballo otra vez y ponerse al frente de la aventura, único sitio del Poeta? Aquí morí yo y volví a nacer, y el que quiera saber quién soy que lo pregunte a los hados de Febrero. Todo lo que salga de mí, en bien o en mal, será imputable a ese amargo día.

Cuando la ametralladora acabó de vaciar su entraña, entre el montón de hombres y de caballos, a media plaza y frente a la puerta de Palacio, en una mañana de domingo, el mayor romántico mexicano había muerto.

Una ancha, generosa sonrisa se le había quedado viva en el rostro: la última yerba que no pisó el caballo de Atila; la espiga solitaria, oh Heine que se le olvidó al segador.

Buenos Aires, 9 de febrero de 1930.

20 de agosto de 1930, el día en que había de cumplir sus 80 años.

Apéndice II
Carta a Martín Luis Guzmán

Por Alfonso Reyes

Mi querido Martín,

En mi ejemplar de "La Sombra del Caudillo" ¡que al fin me llega! , encuentro esta dedicatoria de que no quiero hacerme desentendido: "Para mi querido Alfonso Reyes, cuyo nombre (de claros destellos) no merece figurar en el escalafón del bandidaje político que encabeza el traidor y asesino Plutarco Elías CALLES.

Ante todo, déjeme decirle que el envío del libro me quitó la pena que comenzaba a causarme su olvido. Ni siquiera me ha dicho ud. si llegó a sus manos mi *Fuga de Navidad*. Esto me tenia triste porque me hacía temer que persistiera en ud. cierta impresión que, sin quererlo, le causé en París y que le llevó a ud. a decir a un buen amigo común: "A Alfonso, ya lo hemos perdido". Yo quería explicarme esa impresión de ud., como resultado de ciertos cuidados que por aquel tiempo me tenían embargado, cuidados que efectivamente, hacen que uno se pierda para sus amigos, pero quisiera también darle a ud. la seguridad de que no me pierde así como así el que una vez me ha ganado. No somos tanto sobre la tierra para andar con estas cosas ¿no le parece?

Y ahora vamos a lo nuestro. A mí, no es fácil hacerme hablar de política, es algo que no entiendo muy bien, muy tierno tuve en ese sentido sacudidas y vueltas de alma que me han dejado motivado, datan… ¿Qué se yo?

Creo que de mis primeros recuerdos de Monterrey; después me siguen acompañando a lo largo de mi adolescencia hasta llegar a la prueba definitiva, de allí mi silencio. Pero esta vez, es ud., Martín, quien me provoca, y a ud. no puedo desatenderlo, voy a explicarme con ud... entre amigos viejos que se entienden mucho más allá de sus actos, con la más completa sinceridad.

Ud. conoce toda mi historia, pública y privada; ud. sabe bien que en la primera juventud, cuando la política comenzó a ser para nosotros una realidad, nuestros amigos comunes, los que más influían en la formación de ambos, aprovechando sin duda ciertas condiciones o predisposiciones naturales de mi temperamento, (que me hacían permeable a la verdad) me acostumbraron a escuchar criticas y censuras contra lo que para mí era, es y será más respetable entre todos mis sentimientos. Así, con un dolor que no confesaba a nadie, y de que ninguno de uds. parece haberse percatado, fui aprendiendo a admitir la idea de que lo más sagrado para nosotros pueda tener imperfecciones y hasta suscitar el disgusto de los demás. Y a propósito de esa insensibilidad que algunos han tenido para mis sufrimientos de hijo, debo decirle que esa objetividad tan cruel y despiadada que a veces muestran mis amigos a este respecto me llena de asombro. Aquel pequeño pasaje por ejemplo, que yo en otra carta le reclamé a ud., conste que reconozco que es de lo que menos puede dañarme, aparece precisamente en el mismo libro en que he encontrado las páginas de más sobria y hermosa piedad que un hijo puede consagrar a la memoria de su padre: En *El águila y la serpiente*, ¿cómo puede darse esta desigualdad de tratamiento?

Yo siempre que escribo tengo presentes a mis ojos como una alucinación las caras de mis amigos; me cuesta trabajo entender que ellos puedan olvidarse de mi, de mi corazón al escribir o decir ciertas cosas. Pero volvamos a nuestro asunto, y lleguemos a los días de Santiago Tlatelolco y la prisión militar de mi padre. Yo era muy niño, era el poeta, el soñador de la casa, de quien se hacía poco caso para las "cosas de hombres". Y ud. sabe bien (ud. mismo fue el intermediario de cierto mensaje que venido de más alto y a través de Alberto Pani me ofrecía libertad de mi padre a cambio de mi palabra sobre que él se alejaría y se abstendría de la vida pública) que mis tímidas insinuaciones no servían de nada y que así tuve la inmensa desgracia de perder lo que con unos pocos más años, un poco de más experiencia y más grosería de espíritu hubiera podido salvar. En mi alma se produjo una verdadera deformación. Aquello fue mucho dolor, todavía siento espanto al recordarlo. Quedé mutilado, ya le digo un amargo escepticismo, se apodero de mi ánimo para todo lo que viene de la política, y esto, unido a mi tendencia contemplativa, acabó por hacer de mi el hombre menos indicado para impresionar a los públicos y a las multitudes mediante el recurso político por excelencia, que consiste en insistir en un solo aspecto de las cuestiones, fingiendo ignorar los demás. Y sin embargo, ud. sabe que soy orador nato y Dios y yo sabemos que llevo en la masa de la sangre unos hondos y rugidores atavismos de raza de combatientes y cazadores de hombres, atavismos que (siempre e implacablemente refrenados) son sin duda la única y verdadera causa de mis jaquecas crónicas y no los intestinos ni el hígado ni los riñones ni el páncreas ni las glándulas endocrinas ni demás tonterías de los médicos materialistas, analíticos tan olvidados de las concepciones sintéticas de Hipócrates, Arnaldo de Villanova y Paracelso. De propósito me doy el gusto de lucir estas erudiciones para que vea que tengo bien mascullado y estudiado esto de mis jaquecas: No se burle de mí.

Estábamos pues, en que se apoderó de mí un desgano político: más que eso, un pavor. Cuando delante de mí se decía "política" yo veía en el teatro de mi conciencia caer a aquel hombre del caballo acribillado Por una ametralladora irresponsable.

Salí del país como pude, dejando horrores a la espalda, mi situación se había hecho insostenible, la gente en México había comenzado a hacer de mi actitud un argumento contra mi hermano y hasta contra la memoria de mi padre. Me mandaron a la legación de París a donde fui a dar como jerehijo de pocos meses. Seguro yo de que aquello se vendría abajo (y era justo que se viniera abajo) me arreglé con las casas de París que publicaban libros en español: Garnier, Ollendorf, editor desde 1910 de mis *Cuestiones estéticas*. Me aseguré así la salida y me senté a esperar que el absurdo reventara solo. Yo no tenía prisa, por lo mismo que no tenía conciencia política, por decirlo así. Un gran eclipse de dolor y desconcierto por dentro: eso era todo: mi opinión, mi actitud ante el cuartelazo y los demás horrores habían quedado claramente definidos por mi renuncia de la Secretaria de Altos Estudios y por mis múltiples y vanas instancias ante mi hermano para lograr que saliera del gabinete y del país, librándolo a tiempo de todas las penas que luego ha tenido que sufrir. Pero estas expresiones mías fueron reacciones sentimentales inmediatas: no cálculos políticos. Aunque hayan tenido realmente, andando el tiempo, toda la exactitud y el acierto de un cálculo. También entonces influyó en mí la voz sincera de mis amigos. En todo caso tales hechos fueron conocidos a pesar mio, o sin que yo lo procurara ni me diera cuenta.

En París, me encontré de repente en el aire: A la vez que cesaron desde México todo el cuerpo diplomático sin dar viaje de regreso, sobrevino en Europa la guerra, y se cerraron los negocios de las editoriales hispánicas. Yo no tenía la suficiente malicia para comprender que aquella era la ocasión más propicia (no me refiero a faldas) para un joven en París, amigo de Francia. Precisamente a la hora en que todos los jóvenes franceses iban a marchar al frente de combate. Y acaso aunque se me hubiera ocurrido, la situación me hubiera parecido deshonesta. Yo simplemente me sentí intruso en el dolor de Francia y me fui a España a ser pobre y a volverme hombre.

No sé para que le repito esto, que ud. ya conoce. Conservemos solo el hecho de mi mutilación política. Desde España, pues, yo los veía a uds. mis amigos mezclados con gente que siempre consideré incalificable y entre cosas que a mí me parecían pesadillas sangrientas. Ud. encontrará justificado que a mí me parezca que todos los hombres que han venido después son muy poca cosa al lado del que yo perdí. Como ustedes eran mis amigos, yo pensaba que alguna razón debían tener para aceptar lo que aceptaban, y achacaba a mi incomprensión, a mi enfermedad política, el no entenderlos. Además siempre ha pesado mucho en mi este modo de razonar: "Siendo así que ahora sucede lo que sucede en México y que yo no puedo impedirlo, es preferible que colabore con mi tiempo tratando de poner orden en el pequeño sector que quede a mi alcance". Además todavía, en épocas de naufragio nadie se anda con muchos remilgos sobre la tabla a que se agarra: y es mucho más importante que se salven como quiera los hombres de valores positivos, mis amigos.

Usted vino a Madrid de agente nada menos que de Pancho Villa, y hasta publicó ud. un número único de cierto boletín de noticias, claro es que con el ánimo de "taparle el ojo al macho", puesto que poco a poco se fue ud. desligando de aquello. Y ud. recordará, Martín, que nunca oyó de mis labios un reproche y que encontró en mi la más respetuosa aceptación para el camino que ud. se había trazado.

Como quisiera, en esta ocasión y en muchas otras posteriores yo los he visto a uds. mis amigos, andar con gentes y andar en asuntos que no siempre me parecen necesariamente mejores que los actuales, al contrario; y sin embargo, no quise juzgarlos. Siempre pensé que mi miopía era causa de mis impresiones poco favorables, y admiré, eso sí (como sigo admirando) esta rara facultad de entusiasmo político, aunque sea entusiasmo negativo, como en el caso de la dedicatoria que me arroja a estas divagaciones, y aunque en ud. me parezca en la actualidad un entusiasmo algo a la fuerza, algo solicitado con un propósito político definido más que un impulso verdadero.

Cuando volví a la Carrera por gestiones de José Vasconcelos, y también de ese triste Miguel Alesio (que ha ganado no sé cómo los elogios de ud. y que no sé por qué se ha dedicado a atacarme) lo primero que hice fue consultar a mis amigos: "

¿Qué pasa en México? ¿Puedo honradamente aceptar el nombramiento de secretario de Legación? "Porque yo no estaba enterado de nada. José me telegrafió diciéndome que aceptara sin duda y así volví al servicio; lo que ha venido después ha determinado mi continuidad por una simple regla de disciplina y de cumplimiento a mis compromisos. Las cosas de que ud. puede quejarse, no me parecen en modo alguno peores a muchas por ud. aceptadas en otras ocasiones. Mi servicio (ud. está convencido de ello) no tiene carácter de pacto político, que nadie me ha pedido hasta ahora: los gobernantes de México (y lo digo en su honor) parecen haber entendido y respetado mi situación de ánimo y hasta mi visión intelectual de la vida. Yo que de repente he tenido la candorosa impresión de que uds. me habían embarcado y ahora se quedaban en tierra (no se ría de mi: así lo he llegado a sentir ¡ya ve ud. si soy políticamente entúpido!) he descubierto que, en el Servicio Diplomático, mis trabajos pueden prestar cierta utilidad a mi país. Hablo de trabajos de mexicano, y no de trabajos de "partidario" que nunca he hecho. Los "desterrados" siempre encontraron abiertas las puertas de mi "legación" o embajadas y más de una vez he procurado borrar las huellas de ciertas acusaciones que, me constaba, eran meros ataques políticos del momento. Y siendo así que los últimos sucesos de mi familia y también mi callo especial o llaga, o lo que sea, me iban dejando como desterrado de mi patria, y esto en los precisos momentos en que allá la resurrección o mejor el nacimiento del espíritu nacional ha comenzado a dejarse sentir, me agarré como de un clavo ardiente de este último recurso que se me ofrecía (la diplomacia) para no pasar por la vida haciendo figura de descastado o de mal mexicano. Puede ud. creer que soy absolutamente ingenuo y sincero asegurarle: 1. Que me hubiera agradado mucho más ser capaz de intervenir íntimamente en la Cosa Pública, modelarla un poco a mi modo yo también, y yo también dejar mi nombre en la historia, correspondiendo así a los compromisos de mi apellido. 2. Que no lo hago, quiero decir: no lo intento por sentirme completamente incapaz de ello en virtud de los motivos sentimentales que le vengo explicando, a los cuales todavía me falta añadir la auto-amputación de haberme arrancado voluntariamente toda idea de rescate o de venganza (cosa que hice por odio al odio y por asco de esclavizar mi vida al rencor); y 3. Que al ver que servía yo de algo en la diplomacia, he llegado a concebir mi situación como una relación abstracta y pura entre mis buenas intenciones y mis esfuerzos por una parte, y por otra parte la Idea Mexicana, platónicamente emancipada de todo accidente presidencial o político. Esto durará lo que Dios quiera, yo se que con esta doctrina (que además no llevo al rojo vivo del envanecimiento, sino que la dejo en la modesta temperatura de mis capacidades pero consciente de ellas) sé que con esta doctrina podrían defenderse muchas picardías políticas, pero, Martín, por Dios, en mi caso, ¿no admite ud. que debe aplicarse y puede aplicarse sin peligro? Yo no voy a vivir mil vidas ni voy a tener otra ocasión de servir a mi país fuera de mi vida actual; tampoco voy a poder transformar al país en cosa mejor que lo que es; aun cuando desee este mejoramiento con más ahínco que muchos que hacen profesión de cantarlo. Yo sólo puedo hacer algo por mi país en la actividad que ejerzo, mis visitas últimas a la tierra me han convencido de que, para otras cosas, me he alejado ya demasiado, y me lo confieso con todo dolor y con toda claridad. No acaben uds. de expulsarme de México, que ya bastante me hacen sentir que vivo al margen todos los que (más bien en voz baja pero su sentir trasciende a sus actos) me culpan de haber pasado en el extranjero algunos años de sufrimiento y trabajo.

Sería ridículo que yo le dijera que sólo esta idea de obligación nacional me mantiene en el escalafón; hay algo más, y es la necesidad de contar con el sueldo. Aun antes de que yo se lo explique, ya ud. ha sospechado que no se trata de ninguna torpeza o vulgaridad. Sepa ud. en efecto que hace tiempo vengo soñando de emanciparme de las obligaciones oficiales y volver en Europa a mi vida libre y de escritor; después de todo, ya cumplí mi servicio obligatorio con el país. ¿Por qué pues, no renuncio y me voy a la calle? Porque necesito vivir en cierto ambiente para dejar bien encaminado a mi hijo (tiene 17 años y sus estudios van algo atrasados por los cambios de residencias) y luego porque necesito contar todavía algún tiempo con mi sueldo a fin de poder pagar mis deudas. Mis deudas datan de Buenos Aires donde no basta todo el oro del mundo y donde no pude resignarme a que persistiera el descrédito social notorio en que encontré la representación mexicana. La Secretaria me ayudó todo lo que los reglamentos consienten, pero estos fenómenos no están previstos por los reglamentos. Por otra parte yo no soy hombre de influencias políticas; uds. todos mis amigos, los que han "andado en la bola" han podido a veces contar con auxilios extraordinarios, yo he vivido muy alejado, no sé cómo se logra eso, no sé si eso tiene que pagarse después con servicios de acción política a los cuales no se siente llamado. Entonces, he echado mano de mi crédito personal, he abierto una sangría en mis venas; ahora después de haber tenido una inmensa deuda (cuyo origen en parte se debe a mis necesidades y en parte a un inexplicable agujero que un día encontré en mis cuentas y que no he podido entender nunca) debo todavía un buen pico a cierto banco argentino y por desgracia durante algún tiempo me siento forzosamente uncido al cargo oficial. Cuente ud. además que paso una pensión a mi madre y otra pensión (más bien renta de casa) a mi madre política en México. El sueldo queda harto mermado. Cuando acabe de pagar mi deuda (cosa que será algo lenta por lo mismo que la suma fue alta y las condiciones del empréstito ventajosas) recobraré mi libertad. Entonces tendré derecho a soñar en mis libros y acaso ocasión de trabajar para mí en México y hacer lo que mis amigos han hecho y yo no he logrado: un poco de dinero para mi independencia, una casita para mi cualquier punto de apoyo en fin.

Claro es que la Carrera me ha brindado honores, halagos y facilidades incontables, pero también me ha exacerbado la neurastenia y ha acabado por lastimarme los nervios con esto de hacer y deshacer afectos por todas las tierras. Ya no soy el que antes era; estoy melancólico y tengo canas en las sienes, hoy cumplo los 41 años

¿Por qué ud., al dirigirse a mí, conociéndome tanto, siente la necesidad de insistir en esa nota política? ¿Es completamente sincero en ello? ¿No es más bien la consecuencia esto del propósito de no desperdiciar ocasión para poner el dedo en la llaga? Si es así ¿Qué utilidad puede tener el hacerlo conmigo? ¿O será que efectivamente siente ud. la necesidad, el amistoso deber de llamarme la atención sobre la cosa política? ¿O el disgusto de figurarse, un poco a priori, que yo estoy del todo satisfecho y orgulloso con algo que a ud. no le contenta? ¿Qué será?

La actitud de ud., esa actitud digamos de "oposicionista" que mantiene ud. desde su última salida de México y que en muchos puntos lo ha llevado a ud. si no me engaño, a una especie de rectificación de su criterio anterior, se ha exacerbado al sobre pedir la última campaña presidencial. Esto ya me lo explico más, pues hay más de una razón para simpatizar con José Vasconcelos. Yo no apruebo la actitud que él ha tomado después de las elecciones. Lo daña a él mismo y le hace daño a México. Respecto a su candidatura misma nunca quise hacerme ilusiones. Deseo que México llegue a estar en condiciones de ser gobernado por los intelectuales, pero no me parecía llegado el momento. Ud. hubiera sido la primera víctima y la mayor víctima hubiera sido México. Los enconos que se apoderan a veces de esa grande alma son inconmensurables. Yo acaso, soy de todos el que más ha sentido sus ternuras: ha tenido para mi muchas veces una como caricia de hermano mayor, cosa rarísima en él que es tan tiránico: hasta lo he visto en la conversación, huir visiblemente de temas que pudieran dar lugar a una discusión entre nosotros. ¿Es esto un motivo para empujarlo todavía más al despeñadero? Cuando estando yo en Madrid me mando convidar con Manuel Toussaint para que fuera con él a la Secretaria de Educación Pública de reciente fundación, yo comprendí que con ir a su lado, nada mas conseguiría echar a perder una hermosa amistad por incompatibilidades digamos de orden literario. (ya ud. lo conoce) y no quise aceptar. Me di cuenta también de que su desesperación de gran ambicioso fue mucha energía personal y la blandura de los grupos de los intelectuales a quienes congregó, salvándolos así de la borrasca, habían contribuido a desarrollar en él ciertas ásperas y salientes que hubiera sido amortiguar. De allí esa lamentable separación de Antonio Caso y ese rompimiento tan triste con Pedro Henríquez Ureña. Yo recuerdo perfectamente que en el año de 24, los muchachos de la Secretaria (y los más importantes por cierto) me tiraron del saco para que no fuera yo a rectificarle (pues yo ya había abierto la boca) un día que estaba tronando contra Freud (no le faltaba razón) y llamándole YANKEE IDIOTA. Y bien, a la mejor por nimiedades de estas hubiera sobrevenido una disputa enojosa. Me molestaba la equivocación pero más me molestó por respeto a él mismo aquel pacto entre sus mismos protegidos de dejarlo equivocarse para no disgustarlo. Esta historia puede ud. aplicarla simbólicamente a muchas cosas.

Y ahora, para acabar dos buenas: Ante todo no vaya ud. a creer que en mis palabras hay ironía, sobreentendidos, picones y retintines: todo está escrito de buena fe, con todo el respeto para su manera de pensar y de obrar y sin más rodeos que aquellos a que obliga el pudor cuando se entra hondo en el terreno de la sinceridad. Mire que me le descubro sin tapujos, le entrego realmente todas mis pobres armas. Y después: esta carta es para ud. sólo. Antes de que yo me atreviera a dejarla ver a los extraños, tendría que llover mucho y quizás sea mejor que antes llueva tierra sobre nosotros dos.

Tenga la seguridad de que he querido romper ese leve tabique que el tiempo se empeña siempre en levantar entre las amistades viejas.

Estoy orgulloso de su éxito literario, yo ya sabía que en Francia gustaría más lo de ud. que lo de Azuela. En Francia son de mi misma opinión, libros como los suyos acabaran por hacer de México un verdadero país literario; cuanto siento no tenerlo cerca para hablarle de estas cosas.

¿Quiere saludar a los suyos en nombre de toda esta casa?

Estoy algo solo en el Brasil; un mes apenas largo y ¡con tal desgarramiento al arrancar de Buenos Aires! Me rodea un ambiente de campo y de montaña: cantos de gallo, ladridos de perro. Siempre me acompañan algunos libros, entre ellos aquí enfrente estoy mirando su retrato, Martín.

Suyo, Alfonso.

A rua das laranjeiras 397
Rió de Janeiro 17 de mayo de 1930
Para Martín Luís Guzmán en Madrid.

APÉNDICE III
Jorge Mañach: o la tragedia de la inteligencia en la América Hispana

Por Gastón Baquero[279]

Madrid, Agosto de 1962

Es criterio de CUBA NUEVA que las figuras de los "grandes" de la Patria deben ser recordadas y valoradas como parte esencial de la tradición que nos da nuestro perfil nacional y distinto. Frente a la negación por el comunismo castrista de todos los valores auténticamente cubanos, es menester el recuento de nuestros hombres eminentes. Entre ellos, en la época republicana, pocos tienen el relieve de Jorge Mañach, muerto en el destierro, en Puerto Rico, el 25 de Junio de 1961. Las circunstancias impidieron que en fecha próxima al aniversario de su muerte CUBA NUEVA pudiera rendirle el homenaje obligado. Hoy lo hacemos. Para ello, solicitamos de una de las primeras figuras de la "inteligencia" cubana contemporánea, Gastón Baquero, profundo conocedor de la obra de Mañach, un ensayo de valoración. El excelente artículo de Baquero — polémico, como suyo — es el cauce por el que va el tributo de CUBA NUEVA a un cubano con estatura de fundador.

---

[279] GASTON BAQUERO. Ingeniero Agrónomo. Poeta y ensayista notable. Periodista. Ganador de premios nacionales e internacionales. Colaborador de las principales revistas españolas y continentales. Con residencia en Madrid.

"El destino, si algo es, es aquel empleo que una existencia necesita darse para estar en conformidad con su ser interior". J. M. (1949).

Para evocar la significación de la obra de un hombre como Jorge Mañach, el último "grande" de la cultura cubana, es obligatorio el elemental decoro de rehuir el artículo necrológico de rutina, lleno de alabanzas, de hipocresías, y de lugares comunes.

Jorge Mañach fue, ante todo, una cabeza lúcida, nacida para el análisis, para la reflexión, para la difícil tarea de construir estéticamente una explicación racional del mundo en que se vive. Un razonador, un explicador de lo circundante, da una condición, un tipo, que actualmente no es apreciado en sí, y se pretende aplicarlo, ponerlo en función de cosas que habitualmente son lo contrario de la razón y del análisis.

Esas cabezas lúcidas aparecen muy de tarde en tarde en nuestra América, donde todos somos tan inteligentes, pero donde la suma de las inteligencias, su activo, no da un saldo apreciable de sindéresis, de sensatez, de creación.

Será fruto fatal del desarrollo histórico, será problema propio de una etapa dada de la cultura, o intervendrán motivos raciales, geográficos, ambientales, yo no lo sé. Pero el hecho bien visible es que lo latino, lo hispano-americano típico, se manifiesta mayoritariamente por la imaginación desbordada en lo verbal y en el adorno; por el *pathos* en tensión y presto a inmolar a su portador o a su antagonista (posible memoria racial de las civilizaciones precolombinas); por el fanatismo político ligado al hombre más que a las ideas, y por una apariencia de comprenderlo todo con más rapidez que nadie en el mundo, pero olvidándolo todo un segundo después de haberlo aprendido, y sin transformarlo en motor de una acción necesaria.

En un escenario así, representan una sorpresa, casi una intromisión, los nacidos con cerebros fríos, amigos de la diafanidad, de la penetración y del análisis. Esos que superponen el *ethos* al *pathos*, y el *logos* a la sangre, son los extraños en el reino de la pasión y del grito. Lo primero que decimos en cuanto tenemos a la vista un hombre de estos es: "no parece de aquí".

¡Terrible cosa no parecer de dónde se es! Quiere esto decir que esos hombres están fuera de ambiente, condenados a desajuste perpetuo. Inasimilados por el contorno, ni ellos entran de una vez en el mundo circundante, ni el mundo circundante entra de una vez en ellos. Su existencia se transforma en una lucha sin tregua entre su ser y su estar. Si estos hombres no se fugan, si no desertan de su tierra natal (caso de un Eliot, de un Santayana, de un Picasso) e interpretan que su deber es quedarse allí donde creen que serán más útiles, el drama inicial se convierte en amarga tragedia.

Lo más frecuente, lo inevitable casi, es que el mundo circundante devore al hombre, y a fuerza de dentelladas, de amputaciones de su personalidad y de achicamiento de sus facultades, frustre en él sus grandes simientes innatas, y entregue a la posteridad una figura que no pudo vivir en estado de plenitud, que no se dio completa en ninguna de sus aptitudes, y que en consecuencia deja como huella, como cenizas de su presencia en la tierra, una sinfonía interrumpida, un torso inacabado.

II

Este proceso de destrucción de la inteligencia, sacrificándola a una polis, a una multitud en convulsión y en fiebre de irracional obediencia a los instintos, se está escenificando, en grado de mayor o menor intensidad, en todos los países hispanoamericanos.

Salvo en aquellos donde ciertas condiciones muy especiales —la oligarquía militar mejicana que prácticamente ha anulado la actividad política y deja al intelectual en libertad (una vez que ha acatado y acata al régimen), o la democracia más o menos pura de Uruguay, o la europeización artificial de ciertos medios argentinos permiten que la inteligencia se desarrolle al margen de la política sin considerar esto un crimen, en los demás ocurre que el hombre de inteligencia superior se ve plantado ante una realidad tan terrible, sea económica, sea moral, sea cultural, sea meramente política, que no tiene más solución que escoger entre la fuga, para salvar su inteligencia y realizar su obra, o dejarse devorar por el Dragón, plegarse a las circunstancias, y entregarse al combate por el mejoramiento del escenario en que le tocó nacer.

Su vocación es pensar, pero no tiene a mano la posibilidad de dedicarse a esa civilizada y sosegada tarea; su vocación es la inteligencia, mas hay un llamamiento interior, .de orden moral, un imperativo ético, de piedad por los suyos, que lo lleva a renunciar a la grandeza del espíritu cultivándose y creando a plenitud, para aceptar los menesteres tristes, sórdidos, pequeños, de la vida política

III

El ejemplo cubano de esto que señalo es Jorge Mañach.

Podemos afirmar sin chauvinismo, sin jactancia provinciana, que en este hombre se dio, potencialmente, la más rica posibilidad de pensador, de hombre de razón, de estudioso profundo. Sus facultades, su despertar, sus primeras armas, permiten decir sin riesgo de patriotería que la cadena de cumbres —¡parva cadena!— esa que muestra a un Hostos, a un Rodó, a un Martí ideólogo, a un Montalvo, a un Varona, a un Vaz Ferreira, a un José Vasconcelos, inscribiría un nombre más. Pero, ¿era esto posible en la Cuba que debía contemplar ese de cabeza tan lúcida, nacido en el año "crucial" de 1898?

Yo no quiero introducirme en el laberinto de la especulación sobre fatalidad histórica o albedrío de los pueblos y de los hombres. Sabemos que .el espíritu sopla donde quiere, sí, pero parece ser que sólo quiere soplar donde existan ciertas condiciones previas, de maduración, de cultivo.

La Cuba de 1898 no es una fiesta, sino un drama, un estupor. Sus hombres principales están abrumados por la desilusión. Treinta años de sacrificios, de creación de una fisonomía propia para la patria, terminan en el Tratado de París, con Cuba ausente, con Cuba inexistente. Este trauma, este golpe en medio de la cabeza erguida en son de victoria, debió aturdir, debió perturbar intensamente a los cubanos. ¡Vaya fruto de una historia larga, difícil, esforzada!

Salir de una gran decepción para el "da lo mismo" y "me importa poco", es normal en los seres humanos. El cubano de la manigua creía, soñaba, acariciaba en la imagen de la República que iba a hacer, que estaba él construyendo con sus manos y con su sangre. Martí le había hecho creer intensamente a ese cubano que él podía libertarse por sí mismo, desde tierra adentro, sin invasión ni ayuda extranjera. A pesar de la muerte de Maceo, el cubano seguía creyendo en 1897 y 1898 que él podría derrotar a las fuerzas españolas. 46,000 hombres contra 230,000 no le asustaban. Posiblemente no podría vencerlos jamás, pero él creía lo contrario con toda su alma. Y de la noche a la mañana, la guerra entre España y Estados Unidos corta el hilo, pone el punto final, y varía radicalmente la historia de Cuba. Unos señores llamados Montero Ríos, Abarzuza, Garnica, de una parte, y otros llamados Day, Davis, Fryex, Gray, de otra, deciden la suerte de Cuba.

De protagonistas pasan los cubanos a mudos testigos; de hombres que creían haber alcanzado la mayoría de edad, pasan a tutelados. Posiblemente es esto lo que los lleva a una conducta de "niño malcriado", antojadizo, dispendioso, encogiéndose siempre de hombros y pensando que después de todo alguien decide por él, alguien "saca la cara" en su nombre. Nace y crece el complejo de dependencia de un poderoso.[280] El infantilismo y la irresponsabilidad que esto supone son obvios. No importó, a los fines de curar una herida profunda, que la conducta de los sustitutos de España en el

---

[280] Castro rompe violentamente con los norteamericanos evocando el 98 desde sus primeros discursos, pero inmediatamente se siente desorientado. Ha cortado las amarras y no sabe andar solo. Cuando tiene a mano un embajador poderoso a cuyos brazos arrojarse (ahora era el ruso ese embajador), se refugia en ellos, y desde ese seguro lanza sus zapatetas, perretas y malacrianzas de muchachón protegido por el padre vigoroso.

mando haya sido realmente excepcional. La herida estaba ahí y quedó ahí. La condición de niño protegido se arraigó, posiblemente como venganza. Se dio en romperlo todo, en destruir, en no tomar en serio la República. De la política se hizo un arma para participar en y rescatar cada uno por sí y para sí una parte del estado que alguien había secuestrado. Fallaron, por turno, los hombres más estimados. La República iba de mal en peor.

IV

La nueva generación —es decir, los nacidos hacia el terrible 98, se puso en pie, airada, hacia 1925. Dejemos que el propio Jorge Mañach, historiador, nos describa la significativa peripecia:

"Habilitado de poder comicial, pero no de educación política, el pueblo — dice— instalaba en el mando a gobernantes más o menos asistidos de proceridad separatista y de habilidad gubernativa, pero, en general, horros de visión histórica. Márquez Sterling denunciaba que a la "ingerencia extraña" no había sabido oponerse la "virtud doméstica". En fin, no obstante la difusión democrática de la enseñanza, la falta de densidad económica y de superior tutela determinó una crisis general de la cultura.

"Frente a esa situación —continúa— se produjo el pensamiento, desilusionado e intensamente crítico, de la primera generación republicana. Su órgano tal vez más autorizado, la revista "Cuba Contemporánea", propugnó un civismo voluntarista, más próximo de Varona que de Martí, cuya doctrina sólo entonces empieza a cobrar vigencia en las zonas intelectuales. Pronto se hace evidente, sin' embargo, la futilidad de querer galvanizar la voluntad popular a espaldas de la realidad económica. Se va percibiendo que los males de la República tienen su raíz más honda en la enajenación de la riqueza. Junto a ciertas actitudes aisladas de individualismo nietzscheano, se insinúan tendencias de solidarización nacionalista, insistentes en demandar de los gobernantes una acción enérgica de saneamiento político y de recuperación económica.

"Pero —agrega— diversas peripecias políticas y diplomáticas muestran la probabilidad de que tal rectificación pudiera llevarse a cabo "desde arriba". Con la crisis económica de la posguerra, que sucedió a una efímera y engañosa bonanza, quedó al descubierto la esencia caudillística de nuestra ficción democrática, servida por dos partidos sin doctrina real, puramente electorales y burocráticos. Una nueva generación, excluida virtualmente de ellos, acude sin embargo por otras vías á su deber histórico. Es la generación del 25, que combina la inquietud cultural con la preocupación política. Rehabilita el pensamiento de Martí y de .Varona, afirma una voluntad de nación, acusa intenciones societarias, denuncia la inanidad de la cultura oficial y sacude a la Universidad inerte. La lucha contra el régimen autoritario de Machado, en quien el endiosamiento irresponsable frustró a un gobernante de insospechadas propósitos "regeneradores", agudizó esas tendencias, dándoles una proyección revolucionaria que culminó con el derrocamiento del régimen en 1933".[281]

---

[281] "Evolución de las ideas y el pensamiento político en Cuba", en el número extraordinario del siglo y cuarto del "Diario de la Marina".

V

En 1925 publicó Jorge Mañach su conferencia "La crisis de la alta cultura en Cuba". Ya en un libro anterior —Glosario—, recogía un manojo de preocupaciones por el destino nacional. Analizaba en la prensa, en el ensayo, en la conferencia, la extraña contextura, el complejo de lo cubano. Su *Indagación del Choteo*, de 1928, explicó muchas de las cosas que parecían insensatas en el carácter del criollo. Vio en la burla el arma de defensa, la máscara que hay sobrepuesta a una realidad dolorosa; comprendió que en el fondo el cubano es un ser serio, inclinado a la tristeza, a lo trágico o a lo romántico al menos, y señaló que el resorte de la burla, del choteo, rebajando los humos al infatuado achicando al poderoso, representaba una denuncia del íntimo deseo de lucha. Quien tira hoy una trompetilla mañana corta una cabeza. En su afán de ver aparecer por algún sitio el mejoramiento de Cuba, Mañach interpretaba todo como señal de próximo cambio favorable[282].

Trabajaba por esos años con la vista lanzada hacia el porvenir, hacia el avance de la nación. En 1927 funda con Juan Marinello, Félix Lizaso, Francisco Ichaso, Alejo Carpentier, la *Revista de Avance*, que duró hasta 1930. (Dato de pasada: en 1927 la policía detuvo, por comunista, a Alejo Carpentier). La gente señalaba hacia Mañach y Marinello, los jefes del grupo, como hacia personas que incluso tomaban sus iniciales, J. M., como indicio de su martianismo o de su parentesco espiritual con José Martí.

---

[282] En nota de 1955 a *Indagación del Choteo* dice: "La historia. nos va modificando poco a poco el carácter".

La *Revista de Avance* dio la batalla generacional, negó los valores anteriores, difundió las nuevas tendencias en pintura, en poesía, en teatro. La fuerte corriente de izquierdismo intelectual que azotaba al mundo halló en aquellas páginas su vitrina ideal en Cuba. Mañach estaba allí, era uno de ellos, y todos parecían iguales desde lejos, pero ya eso se había infiltrado allí, y en el fondo daba el tono, quizás impuesto impersonalmente por el aire del tiempo que dominaba en los medios intelectuales. Produciéndole quizás al Mañach de la época una desazón de "patito feo", no lo miraron nunca como a uno de los suyos. Los comunistas definidos, un José Antonio Fernández de Castro, un Alejo Carpentier, un Juan Marinello, miraban siempre al correcto, al sociable, al "académico" Mañach, como a un burgués. Había algo innato en él de señorío opuesto por esencia al comunismo. En medio del torbellino de modas nuevas en lo literario y en lo pictórico, Mañach, pese a todos sus esfuerzos, seguía siendo un admirador de Sánchez Galarraga, de Agustín Acosta y de Leopoldo Romañach. Pintor él mismo, sus cuadros son los de un buen burócrata tranquilo, apacible, que el domingo quiere apresar esa serenidad un poco de rico sin imaginación que tienen los paisajes dulces. Sospecho que alguna vez escribió versos, y que éstos eran sólidamente malos. Porque había una disociación, una dicotomía, entre el impulsor de movimientos como la *Revista de Avance* y el ensayista enamorado del pasado urbano y de la literatura española histórica. Racionalmente se había impuesto la difusión de "lo nuevo", pero su formación espiritual, su ancestro, su concepto de la vida, le llevaban a apreciar y conservar "lo viejo". Ese imponerse actitudes que contrariaban su inclinación natural, fue el origen de sus constantes transigencias y debilidades en materia de política. Su naturaleza era la de un conservador inteligente, la de un reformista, nunca la de un revolucionario, pero sentía verdadero espanto a que alguien fuera a motejarle de reaccionario. De haber vivido en el siglo anterior, hubiera figurado en la primera línea de los autonomistas, dentro de su corazón; mas se habría convencido a sí mismo, cerebralmente, de que "lo nuevo", el "progreso", estaban del lado de Martí, del separatismo, afiliándose a éste para cumplir con un deber que en lo íntimo consideraba equivocado.

VI

Esta es su tragedia constante. Ha nacido para pensar, para escribir grandes y valiosos ensayos, para orientar desde arriba, con el índice de luz que' tiende delante de los demás el hombre señero, el que no mira nunca si va siguiéndole o no la multitud, sino que se contenta con saber que un día u otro será seguida su señal. Ha nacido para eso, pero ha venido al mundo en un país donde. una sucesión de frustraciones, culminadas en la del 98 y prorrogadas sin término, determinó un vuelco tal en las jerarquías, en el orden lógico de la tectónica social, que nadie está nunca en su puesto, y los que deben mandar, obedecen, y los que deben obedecer están al mando. Donde los que tendrían que hablar enmudecen, y hablan los que tendrían que enmudecer, el guirigay, el barullo, se hacen insoportables. Cuando resuena una voz clara y segura, esa voz es escuchada, aunque no obedecida.

Este hombre se convence desde sus inicios de que él tiene un deber que cumplir con ese país. El confía en que puede producirse un cambio por la acción de la cultura, de las élites organizadas en agrupaciones políticas modernas. Sin ser vanguardista hizo vanguardia en Avance. Lo que quería era servir, no arrinconarse, no encerrarse en una: "torre de marfil".

Porque la desgracia de la América Hispana — probablemente nace de que no puede todavía pensar en grande— ha consistido sobre todo en la facilidad con que los hombres inteligentes cayeron en la trampa marxista de "la torre de marfil". Creer que no se está sirviendo a la patria cuando se dedica la vida a escribir un buen tratado de metafísica o de geometría, o a componer una sinfonía digna de ese nombre, es creer una proposición bárbara. Todo lo bello y bien hecho es alto servicio al pueblo, sépanlo o no los iletrados y los proletarios. Incitar a que todo el mundo vaya a la política, a la política que se le diga, porque de lo contrario "está viviendo de espaldas al pueblo", es proclamar que se tiene al pueblo por imbécil, y que no se comprende cual es el valor absolutamente popular, nacional, político, de la alta cultura. Y como se ha dado en llamar "política" a la tarea electoral dirigida a masas analfabetas y administradas por gentes hábiles en comprar con ánimo comercial una posición pública, ir a la política en esos países es participar de la menos inteligente y menos elevada actividad que cabe imaginar. Más hace por el pueblo y para el pueblo el hombre que sirviendo una honda vocación se entrega al estudio de la literatura italiana del siglo XIV, pongamos por caso, que quien contradiciendo su vocación y sus facultades abandona o reduce los estudios y sale por las calles a pronunciar arengas y a organizar justas electorales.

Pero en la América Hispana ha prendido el concepto de la "torre de marfil" que es la anticultura en movimiento. Estar "al servicio del pueblo", como lo entiende la vigente consigna, quiere decir, irremisiblemente, estar al servicio de la vulgaridad y de la barbarie. Por eso cada día tiene peores literatos y peores políticos la América Hispana. Al mismo tiempo mata a los dos: lleva a la política a hombres que están allí sobrando, que no saben ni pueden dirigir a ése injerto tremendo de capitán y de empresario que es el político nuestro, y deja en la literatura a los mediocres, a las que por no destacarse no son invitados a ponerse "junto al pueblo" abandonando la biblioteca para lanzarse a la plazuela.

VII

Esa creencia de que su puesto estaba en lo público aprisionó a' Mañach desde muy joven. Un círculo vicioso, un callejón sin salida, lo fue llevando de paso en paso, hasta terminar en las tristes peripecias políticas de los últimos años. El tenía la ilusión de que precisamente por sus estudios, por su conducta probada, por sus facultades, podía contribuir a cambiar la fisonomía de la política, a hacerla menos plebeya, Menos rufianesca. No veía que los hombres como él son barridos por el peso material de los más, de los hábitos, de las rutinas.

Padeció en política todo lo que se puede padecer. Se le planteaba una alternativa terrible o descendía hasta el fondo de la abyección y pactaba de una vez con la real realidad la compra del voto, el botellerismo, el empleo de pandillas, el chanchullo y hasta el asesinato, o se veía obligado a ir a la zaga de este o de aquel grupo o caudillo, cerrando los ojos sobre ciertas realidades y transigencias. El no participaba en el aspecto desagradable, poco limpio, de la fisiología de lo electoral. Veía que el pueblo no reaccionaba ante una ideología sana, congruente, lúcida. En vez de leer los programas, la gente miraba la fotografía del candidato, y a éste le tenía más cuenta un fotógrafo adulador que veinte años de estudio en serio. Las organizaciones políticas sin poder repartir la nómina del Estado o sin "caballos blancos", sin esos señores adinerados que invierten tal cantidad en la caza de una senaduría para adquirir la inmunidad que permite trajinar por los suburbios del hampa comercial sin zozobra, estaban condenados a la anemia

VIII

Cuando el gran fracaso del ABC, por falta de masas desinteresadas e idealistas, pensábase que Jorge Mañach se quedaría en su biblioteca antes que aceptar la única solución práctica que se ofrecía. Pero el hombre de pensamiento injerto en político, el disociado, el demasiado intelectual para político al uso y demasiado político para intelectual a plenitud, perdió ante sí mismo la batalla y. cedió. Cedió a participar en la puesta en práctica del procedimiento que en tan diversos órdenes de la vida ha llevado al infierno a hombres potencialmente santos sintiéndose completamente seguros de que su intención, sus propósitos, son sanos, admiten en determinado momento, y siempre a título provisional, el pacto con la impureza y hasta con la maldad, a fin de disponer así de los medios que permitan más tarde aplicar las fórmulas sanas, los principios buenos. Es, en el plano político, lo que tanto ha ocurrido en el religioso: se quiere dinero para hacer el bien;

mas, para conseguir el dinero, hay que cerrar los ojos ante el mal. El ABC creyó que aceptando ministerios y repartiendo las nóminas de éstos entre ciertos sectores ciudadanos, se nutrirían sus filas al extremo de poder llegar un día a conquistar en las urnas el poder. ¡Una vez en el poder se vería la pureza de intenciones y de procedimientos nuevos del ABC!

Y lo que se vio, lógicamente, fue el desmoronamiento de otra ilusión cubana. Jorge Mañach seguía personalmente limpio de robos y de empleo de procedimientos corruptores de la ciudadanía, pero seguía unido a la maquinaria de la política. Iba al Ministerio, al Senado, a la Constituyente, a la Universidad. Su distinción personal, su lenguaje culto, sus limpias ideas, resplandecían como un diamante, pero no tenían influencia modificadora, mejoradora. Ni en la Universidad, que a partir de 1933 se iba transformando paulatinamente en un centro político, reacio a la .cultura, —cada día era más escalinata y menos aula— pudo hacer otra cosa que: en la escena política: personalmente cumplir con buena voluntad y paciencia (yo lo recuerdo explicando a un público prematuramente universitario en el cual había hasta señoritas que preguntaban: ¿doctor, cómo se escribe Ormuz?, pero sin que le fuera dado o cambiar los terribles métodos ni las ideas y preparación de muchos profesores vitalicios sin vitalidad, de ciertos .señores que frecuentemente amparaban su nulidad intelectual con las simpatías que la "rebelde muchachada" siente en los países incultos por aquellos "que le echan muy duro al gobierno".

Ni en la Universidad ni en la política pudo hacer otra cosa Jorge Mañach que exhibir sus dotes personales de caballerosidad, de buena educación, de gusto para expresarse con elegancia y sin agredir a la prosodia. En esos sitios, como en la televisión y en el periódico, perdió el tiempo de una vida que parecía llamada a producir las máximas obras culturales cubanas en el Siglo XX. El era el heredero directo de una gran tradición que misteriosamente se mantuvo mientras hubo lucha con la colonia, y comenzó a evaporarse, a fundirse, en cuanto apareció la República.

IX

Casi se diría si no fuese a ser tomado como herejía, que lo único que le faltó a Jorge Mañach para alcanzar la estatura y la significación de un Varela, de un José de la Luz o de un Varona, fue... nacer en la Colonia y no en la República. Esta no ha podido o no ha sabido dar una generación de hombres como aquellos que, oleada tras oleada, iban apareciendo en Cuba desde finales del Siglo XVIII. ¿Fue el desplome de las ilusiones, el 98, lo que cortó el ímpetu creador, o fue la ruptura con la tradición escolar y universitaria de la Colonia —que no debió ser tan mala cuando dio lugar a la aparición de aquellos hombres— la causa del desastre cultural? ¿Está el nudo de nuestro conflicto histórico en el hecho de que queriéndose y debiéndose romper con el mandó político. de España en Cuba se rompió además con 1a tradición formativa de la cultura cubana? Martí, Varona; Montoro, Aramburu, Bustamante, Lanuza, Cueto, Sanguily, culturalmente eran hijos de la Cuba colonial.[283] ¿O bien se produjo la decadencia,

---

[283] Como no quiero interpretaciones perversas, subrayo que no añoro la Colonia, Señalo un hecho que me parece debe ser estudiado con detenimiento.

la interrupción de .la grandeza, porque aquellos hombres culminantes vivían en el siglo XIX metafísicamente alimentados por la esperanza de un porvenir muy grande y propio, y en esa esperanza henchíanse el alma y alcanzaban la cumbre del pensar y del crear?

Vuelvo a lo mismo: es el trauma, es la frustración, es el 98. La República no pare las eminencias del linaje anterior, porque hay una caída general del ánimo, de las ilusiones, de las esperanzas. La materia prima sigue siendo muy buena: Jorge Mañach es un ejemplo irrebatible. Pero esa materia prima, el hombre ya ciudadano de la República, tiene poco en que creer y poco en que confiar. Cuando entra en crisis la fe, todo entra en crisis. Descuídase así la calidad de los empeños culturales, y comienza a predominar la vorágine de lo político, de lo público. Se vive en la superficie, no en lo profundo. Cuando nace a la creación, al expresarse, un Jorge Mañach, el mundo en torno sólo le ofrece, o el solitario rincón del pensador, aislado, oscuro, para exprimir entre sombras desdeñosas los frutos del saber que nadie pide, o la escena bullanguera, fea, pequeña, de la actividad política, de la actividad periodística, de la actividad pública en general. Como no se ve la relación entre la crisis de la cultura y la crisis general de los valores morales, se cree que el núcleo está en la redención de la política. Aunque no se haya nacido para ese menester, el deber manda abrazarlo.

Esta dualidad, la interna polémica entre el querer y el sentido del deber, explica aquella asombrosa falta de carácter que en el orden de lo público tenía Jorge Mañach. Quería a toda costa llenar el papel que se había impuesto. Aún a sabiendas de lo que significaba en Cuba el sufragio, quería conseguir sufragios, seguidores, afiliados porque no se resignaba a pensar que no había salida para la enfermedad capital de Cuba, que según el juicio universal era la corrupción política. Creía en una posible acción mejoradora de los mejores interviniendo en el torbellino. Sabía como nadie cuáles eran los defectos del país y del paisanaje, pero no concebía abandonarles a su suerte. Nacido para la meditación, se impuso voluntariamente la acción.

X

Pero el actuar que se le ofrecía era mísero. ¡Cuánto heroísmo hay en una actitud como la suya, mal interpretada con frecuencia, vista en ocasiones como producto de ambición personal y de hambre de liderazgo! Casi todos los cubanos estaban de acuerdo en dos cosas: en que Mañach "tiene mucho talento", y en que Mañach en el fondo ha aspirado siempre a la presidencia de la República". A muy pocos les ocurría pensar que aquel hombre estaba allí, en la palestra de las fieras, contraviniendo su natural, su espontáneo movimiento de entregarse a otro orden de actividades y de relaciones. Creyó, con el tiempo que le tocó vivir, con la moda del tiempo, que un intelectual tiene una obligación mayor que otros hombres de darse a su país, no como tal intelectual que ya es bastante y sería lo ideal, sino como partícipe en el empeño de mejorar prácticamente al país en aquello que se considera como fuente de sus males. Y eso en Cuba era la vida pública, la actividad política. ¡Cuántos horrores y cuántos errores se habían vivido desde los días de la primera elección para poner a Estrada Palma! Jorge Mañach aceptó el envite, e intentó desde su primera aparición en esta escena educar al soberano.

Universidad del Aire, discursos, folletos, conferencias, todo lo iba llevando hacia el camino de la educación pública. Era consciente de que si no se formaba al ciudadano, al dueño en última instancia de los destinos de una nación democrática, todo lo demás que se intentara sería inútil. Yo creo que incluso se hizo historiador, no por el mero historiar, técnico, de oficio, que es en sí mismo tan bello, sino para rastrear los orígenes y las razones de las desdichas cubanas. ¿De dónde venían esas imperfecciones; esas mezclas insólitas de grandeza y de miseria, de heroísmo y de envilecimiento, de amor a la patria y de menosprecio de ella? Estudió como nadie a nuestro primer hombre, al misterio central de nuestra historia, a José Martí. Estudió a Varona, el melancólico varón de dos épocas, el que venía de la Colonia irradiando autoridad y luz, y encalló en la República, sin horizontes, sin eco, devorado por la desilusión y el pesimismo. (Recordemos que el lema de Varona era "En la arena fundo y escribo en el viento")[284]

Hizo Mañach, en fin, la anatomía de la nación ausente, de los esbozos y larvas de nación que hierven en el substratum de la vida histórica cubana y no logran cobrar cuerpo: Vio muy de cerca el trágico callejón sin salida en que están hundidas las repúblicas hispanoamericanas, lanzadas hacia ideologías de préstamo, e hipotecándose con ello su estabilidad, su desarrollo autóctono y biológicamente sano, y quiso evitar

---

[284] Al final de la vida los jóvenes lo jaleaban porque firmaba manifiestos contra Machado. Pero no creo fueran muchos a pedirle orientación bibliográfica o consejo filosófico.

para Cuba la mendicidad de las ideas extrañas, inclinándola sobre su propio tesoro y sus raíces.

Recorrió el pensamiento cubano de extremo a extremo, lo inquirió todo, lo analizó todo. Llegó incluso a bucear en la expresión teatral criolla para darnos el alma de tierra adentro. Supo evocar en las impecables Estampas de San Cristóbal el regusto de una Habana con sabor propio, con riqueza de carácter y de colorido. No desdeñó problema cubano alguno y todos fueron por turno colocados bajo su microscopio para observarlos, diagnosticarlos, buscarles solución. Supo traer de los pensadores idos, de las columnas mentales de la nacionalidad y de la cultura los pensamientos más sólidos, las hormas más sanas: todo en vano. El cubano no oía, no quería oír. Se fragmentaban y disolvían las viejas asociaciones; el pleito y falta de comunicación y cohesión, no ya entre generaciones distintas, sino entre los miembros de una misma generación, decían de lo caótico, de lo intrínsecamente desorientado que andaba el espíritu. Lo que se había soñado como firme rumbo, se mostraba como un inseguro tanteo entre las sombras. A medida que Mañach iba ascendiendo la cima de los años, aumentaba su incertidumbre, su no saber hacia dónde dirigirse ni dónde anclar firmemente su nave.

XI

Paradójicamente, o quizás muy lógicamente, vigorizaba sus ideas literarias, sus trabajos de creación intelectual a medida que más endeble y triste era su actuación pública. El libro *Examen del Quijotismo* tiene, según creo, importancia insuperable en la obra de Mañach. Si nos detenemos a observar lo que dice de la dualidad en Cervantes, aprenderemos mucho sobre su conciencia y torcedor de una propia dualidad. Por otra parte —como ocurre con su estudio *El sentido trágico de la Numancia*— es en los grandes temas de la literatura clásica española donde Mañach da la máxima intensidad artística de su prosa y de sus conocimientos literarios. Su mejor tono civil, humano, está en los temas cubanos, pero su plenitud de forma artística y de meditación está en las glosas de la vieja literatura de donde viene todo lo nuestro. Una profunda desazón se le escapaba "por los puntos de la pluma" a medida que paladeaba más y más las amarguras de la vida cotidiana. Veía que el destino no le permitiría en definitiva hacerse un empleo en conformidad con su ser interior. Hombres como Albert Camus, el libre, el dispuesto siempre a romper con todos los compromisos, le atraían más y más; o bien le atraían, creo yo que produciéndole noble envidia, hombres como Alfonso Reyes, que pudieron dedicar su vida a las letras, a la alta cultura, sin preocuparse de si en su país las elecciones eran honestas o amañadas. Nada de eso le dio el destino a Jorge Mañach. Pudo haber escapado, pudo haberse salvado intelectualmente, con sólo volver las espaldas al escenario público, admitiendo que a la patria se la sirve dondequiera que brille el decoro de un arte, de una ciencia, de una devoción. Puesto a producir en el sentido de sus facultades y de su vocación, nadie sabe hasta dónde hubiera llegado. Prefirió servir lo inmediato, ser útil en la forma realista que se traduce en el quehacer de cada día. Y si es cierto que deja una obra importante en el panorama de las letras hispanoamericanas, también es cierto que esa obra es insuficiente para dar la medida de su talento. El hecho de que su adhesión al trajín vulgar lo condujese a un grado enorme de desorientación en los últimos tiempos, particularmente a partir de Enero de 1959, no quiere decir nada más que él había llegado a ser un símbolo encarnado, una expresión viva de la desorientación general, de la inseguridad, de la sorpresa con que Cuba recibió, no la noticia de una revolución, sino el sesgo inesperado, ruptor, antihistórico, que daban a la revolución sus secuestradores.

XII

Hay una primera etapa, que es posible extenderla a todo lo largo del 59 y principios del 60 —hasta la llegada de Mikoyan a Cuba para tomar posesión de la isla— en la cual lo que preside la actuación de muchos cubanos es la incertidumbre, la renuncia a admitir que pudiera existir y triunfar bajo el cielo tanta maldad y tanta hipocresía. No se sabía qué hacer ni qué pensar. El monstruo había hecho correr la voz, desde Enero del 59, de que estaba montando un *show* destinado a sacar mil millones a los americanos sin darles nada en cambio, pero que en su momento se vería que "de comunismo nada". ¡Y todo era de comunismo, y el verdadero show consistía en navegar sin obstáculos hacia su finalidad única y prescrita: la sovietización de Cuba! Había que ver a Mañach, a quien la enfermedad que lo llevaría a la tumba no afectaba su lucidez, moverse en forma incoherente, trastrabillar, equivocarse un día y otro, arrastrado por los acontecimientos. No actuaba en público de acuerdo con sus manifestaciones privadas[285] Y no era hipocresía. Era que Cuba no sabía qué hacer ante aquello. Era indecisión, inseguridad, perplejidad. El remolino de la revolución llevaba y traía a los hombres como a briznas, levantaba y abatía las voluntades, cerraba los entendimientos y enervaba la acción. Era humano, era emocionalmente justo, aunque fuese un absurdo lógico, esperar que aquello cambiase, que fuese mentira, que volviesen sobre sus pasos los traidores. Se esperaba apasionadamente lo imposible, que es la más humana de las esperanzas La espera, la indecisión, es cierto, daban tiempo y fuerzas al monstruo. Pero fue todo tan sorpresivo, tan teatralmente montado, tan artero, tan fríamente calculado, que por parte de los hombres que acaso por amor a su patria y a sus ideales se empeñaban en cegarse, en no ver lo que ocurría, y se aferraban a la espera de un milagro, no quedaba sino la vergonzante cooperación en declive, la humillada aceptación aparente, y la preparación secreta de la huida.

Esos hombres que por un motivo u otro, y cuando ya en su fuero interno sabían que aquello no era admisible, tuvieron que seguir viviendo bajo la mirada burlona, cínica y cruel del Minotauro, quien por conocerlos o por intuición sabía que no eran suyos, padecieron también un doloroso vía crucis. Parecían estar y no estaban. Creíase que creían, y acaso muchos de ellos llegaron a engañarse creyendo que podrían creer. Pero un día estallaban las raíces, salía clamorosa la voz

---

[285] A principios de Marzo del 59 me dijo: "Castro me ha negado personalmente la embajada en España, porque dice que Urrutia me ha tachado. Pero me alegro mucho de no representar a un hombre tan lleno de sangre como ese Castro".

de los orígenes, de la herencia, el indestructible lenguaje de la Patria, y ya de una vez se rompía con todo. Era arrojada por fin a las llamas la ilusoria esperanza, para mirar frente a frente la realidad.

XIII

Esa hora le llegó a Jorge Mañach, y murió en el exilio. Su capacidad de adaptación, su empeño en acoplarse a los movimientos de las multitudes, a las consignas de la juventud, había tocado en ese límite que elcomunismo presenta un día u otro al hombre honrado. Pudo transigir con muchas cosas, pero en cuanto se inició desnudamente el "descuaje" de la nacionalidad, de las raíces y simientes que él tanto amaba, se negó a seguir. Nunca había sabido aplicarse a sí mismo, en política, aquello que de la carta del Apóstol a Ruz citara al frente del capítulo XXI de su Martí: "El esperar, que es en política, cuando no se le debilita por la exageración, el mayor de los talentos"; personalmente no esperó nunca la maduración de las oportunidades, y fracasó por esto en política. Pero ahora, en esta ocasión singular de la República, esperó y volvió a esperar, y se concedió plazos a sí mismo, entercándose en creer que el Monstruo podía cambiar, despertar, apiadarse de Cuba. Cuando por fin salió al exilio, su salud ya no daba más. Cierto es que su enfermedad era terrible, pero mucho tuvo que influir en el desenlace la otra enfermedad, el mal de Cuba, que se siente en el alma cuando se la ve rodeada de cenizas y de sombras.

El creía saber muy bien lo que es una revolución y lo que es un revolucionario. Sabía muy bien lo que Cuba necesitaba en el orden de una revolución cubana. "El político, decía, es hombre de pasos contados, es el prosador de la empresa pública... La revolución es todo lo contrario: es la hipérbole y es el salto; es el sentido metafórico de la historia".[286] La metáfora, la gran realización acelerada que los tiempos históricos de Cuba esperaban, por lo menos desde 1898, tendría que ver, obviamente, con el ideario cubano, con la alta tradición filosófica y de teoría política que forma el substratum, el quicio espiritual de la nacionalidad. La revolución que se esperaba, desde los tiempos del gran desencanto, era, en definitiva, la materialización en hechos cotidianos de la gran tradición transmitida de cumbre mental en cumbre mental, de héroe en héroe, fuese del pensamiento o de la acción, al partir de finales del Siglo XVIII. Jorge Mañach, en ocasión de ser evocadas en 1949 las grandes figuras de la Ilustración Cubana; Proclamaba: "Cuando termine esta serie de evocaciones lo que por encima de todo debiera quedar en nuestro espíritu es algo así como un sentimiento a la vez de orgullo y de responsabilidad. El orgullo de pertenecer a un pueblo que fue capaz de dar tales hombres. La responsabilidad que todos tenemos de cuidar de que ese pueblo no se haga indigno de tales memorias".

La Cuba de Luz, de Varela, de Saco, de Arango, de Pozos Dulces, de Varona, de Martí, que es una con la de Céspedes, de Aguilera, de Agramonte, de Maceo, de Calixto García, era la Cuba de Jorge Mañach. Existe un continuo histórico, una entidad cultural, económica, política, moral, que se llama Cu-

---

[286] En su estudio sobre. Martí en "Revista Cubana", Enero-Junio 1949: "La ilustración cubana".

ba, y que por ser tal continuo no puede ser seccionada, amputada de su ayer creador. Porque Jorge Mañach fue de los cubanos de este tiempo que mejor conocieron, comprendieron y amaron el legado fundador de la nacionalidad, su nombre y su obra son hoy imprescindibles, impostergables. Cuba sólo puede salvarse apelando a sus raíces, a todos sus recursos ideológicos y morales, legendarios —e históricos.

Hombres como Jorge Mañach contribuyeron a que esos recursos no desaparecieran ni se volviesen pálidos. Nos enseñaron su valor y su vigencia. ¿Qué puede importar ante esta magna realización de un menester indispensable para Cuba, esta o aquella anécdota, esta o aquella debilidad de carácter o transigencia efímera con el mal, arrastrado por el torbellino implacable, si toda la vida de este hombre impar fue consagrada con decoro y honestidad a Cuba? Para servir a su patria abandonó los altos y luminosos senderos de gloria que de seguro le aguardaban de haberse dedicado a la pura investigación filosófica o a la alta crítica literaria.

No tuvo el escenario que su sacrificio y su devoción merecían. Pero a contrapelo de las realidades, braceando a contracorriente en la vulgaridad, en el olvido de la grandeza, en el desdén del legado, él se conservó como una luz tercamente negada a desaparecer. Mientras vivió, estuvo en servicio, arma al hombro, oblato de su patria. Al morir deja en pos de sí lo permanente, lo que el tiempo depura y desnuda: su pensar, su querer, su soñar. Aquella luz que no dejara morir jamás, brilla ahora desde las páginas de sus libros, en la memoria aprisionada entre las letras. Y es ahora, justamente ahora, cuando más útil puede, ser, tiene que ser, Jorge Mañach.

XIV

Barridas por el ventarrón de la muerte las escorias del obrar humano, yérguese sin malentendidos y sin confusiones la vida del hombre, excepcionalmente cuando en ese hombre la existencia real, plena, auténtica, estuvo regida por el espíritu, residía en el espíritu, y hacia el espíritu tendía siempre, volviendo a él después de los tristes viajes hechos, fuera del reino propio, para intentar cumplir con el deber.

Si la inmortalidad significa de veras algo, en la tierra —decía él en Gusto y Sensibilidad— viene a ser una suerte de actualidad constante, o, por lo menos, la posibilidad constante de una actualización que no sea mero capricho del recuerdo.[287] No es por capricho, ni por imposición del calendario luctuoso en su primer año, por lo que hoy se le recuerda. La actualidad del pensar, de la ética, del amor a la patria, de todo lo que en definitiva y perdurablemente era Jorge Mañach, es evidentísima. Esa actualidad es hoy la máxima impulsión a luchar por la reconquista de la patria, porque pertenece al mismo linaje de actualidad inmarcesible que tienen los Varela y los Luz, los Martí y los Varona, los Agramonte y los Maceo, padres, antecedentes, realizadores y escudos de la nacionalidad.

---

[287] Revista "Islas", Universidad Central de las Villas, Enero-Agosto 1960.

APÉNDICE IV
Carta de la Señora Margot Baños viuda de Mañach, dirigida al Dr. Fermín Peinado, director de la revista Cuba Nueva

De los lectores

Cuba Nueva se complace en reproducir la carta dirigida a nosotros por una gran dama cubana, Margot Baños, Viuda de Mañach, con ocasión del reciente artículo de Gastón Baquero

Dr. Fermín 'Peinado,
Director de *Cuba Nueva*
Presente.
Estimado amigo:

Manos amigas hacen llegar a las mías la revista Cuba Nueva de septiembre 1º de este año. Ya conocía su existencia allá en Puerto. Rico; saber que quien la dirige es Fermín Peinado, a quien mi marido quería y admiraba desde hacía largo tiempo, me hizo desear leerla, máxime cuando se me anticipó que en ella había un artículo de Gastón Baquero, en el que enjuiciaba a Jorge Mañach en su condición de intelectual y de hombre público.

Deseo que estas líneas mías sirvan antes que nada para agradecer muy profundamente tanto a Baquero como a Ud. el devoto recuerdo que han tenido para mi esposo en éste su primer año de fallecido.

El trabajo de Baquero con ese lenguaje admirable de todo lo que sale de su pluma, expone en casi todo él una versión clarísima de lo que fue la vida y obra de Jorge Mañach. Como sé la alta estimación ⁻que el autor sentía por él, que se trasluce a través de todo su trabajo, doy por hecho que fue escrito con el máximo empeño de lograr un juicio sereno y justo. Hasta diría que lo logró por completo, si no hubiera en él algunas apreciaciones, que a mi juicio son inexactas y que deseo aclarar. Perdóneseme que, sin ser yo escritora ni saber hacerlo, me atreva a estas aclaraciones. Nunca envidié tanto esa aptitud especial con que saben exponer sus ideas los escritores de oficio, como en este momento en que me dispongo a hacerlo con las mías.

Compartí treinta y ocho años de mi vida con Jorge Mañach; conocía su sentir más íntimo, sabía de sus angustias, de sus esperanzas; sabía sobre todo de ese vivir suyo cada día, en función siempre de servir a Cuba. Prefirió hacerlo en lo inmediato por la acción, sin descuidar nunca lo permanente; de eso da fe su obra escrita, que es más copiosa de lo que el propio Baquero conoce, por su parte inédita. En eso quiso también servir a su Patria en el futuro.

Hay dos puntos en el trabajo de Baquero **que de**bo rebatir. No puedo dejar en el ánimo del que lo lea la idea de que mi esposo actuó en la vida pública cubana por debilidad de carácter. Tampoco puedo admitir que diga que su actuación pública fuera endeble o triste.

Lo primero creo que se encuentra contradicho con las propias palabras de Baquero cuando escribe:... "habiendo nacido para pensar, para escribir grandes y valiosos ensayos, para orientar desde arriba, este hombre se convence de que él tiene un deber que cumplir con ese país..." Siempre creí que aquél que, contraviniendo su propio deseo, en aras de un deber, lograba cumplirlo, llevaba en sí una firmeza de carácter sin la cual hubiera claudicado muellemente. No hay que confundir ciertas características de Mañach, no siempre bien comprendidas, era suave en la forma, pero enérgico y firme en el fondo; por eso no claudicó nunca frente a las inmoralidades ni adoptó actitudes acomodaticias. Sentir que tenía un deber que cumplir con su Patria: ahí está encerrada y explicada toda su vida. Vivió en función de servir a Cuba haciendo un esfuerzo heroico por vencer lo que realmente apetecía: paz, quietud para su obra de pensador. Algún día se le hará mayor justicia a este sacrificio de Mañach en aras de la Patria.

Yerra Baquero cuando afirma que la actuación pública de Mañach fue pobre o no tuvo influencia modificadora, mejoradora. No sé de procedimiento mejor para influir y convencer que el ejemplo que se da. Haber servido a Cuba desde distintos puestos, todos ellos con absoluta honestidad en momentos de corrupción general, tiene más eficacia que todos los tratados escritos. Eso hizo Mañach. Combatió las inmoralidades donde quiera que las hubo. Se puede recordar que con su sola palabra evitó que se sancionara la ley-regalo que una mayoría del Senado quería aprobar, salvándole algunos millones a la República. Se pueden recordar sus intervenciones en la Constituyente, de las cuales queda constancia en el libro de Actas. Y la forma en que contribuyó a eliminar desórdenes en la Escuela Industrial, donde el comunismo campeaba por sus respetos, imponiéndose la voluntad de Mañach desde la Secretaria de Educación sobre los desmanes del comunista Fermoselle.

Su actitud firme ante ciertos desórdenes imposibles de tolerar fue descripta en una mañana en las paredes de la Universidad con aquella frase que hizo sonreír a los habaneros que pasaban frente a ella: "Muera el Profesor Batista y abajo el Coronel Mañach".

Si él prefirió que las hordas de Batista lo agredieran cuando dirigía la Universidad del Aire sirviendo a la cultura, no fue por debilidad de carácter, sino por una voluntad firme de combatir una dictadura.

En cuanto a los últimos tiempos creo que todos o muchos fuimos víctimas del engaño de Fidel Castro. Si el dictador cubano supo ocultar de modo maestro sus propósitos, no se le puede exigir al pueblo engañado que adivine. Sólo existe el derecho de exigirle que se le abandone cuando se den cuenta de la traición; y eso hicieron los que sirvieron a la revolución con desinterés. La traición de Castro, la convicción del engaño, la amargura y tristeza que trajo al ánimo de mi marido, causaron mucho más su muerte que el propio mal. Como muestra de la impresión que creó en Mañach lo profundo del daño causado por Fidel Castro a la Patria, quiero recordar que al final de su vida le oí decir. "No quiero vivir para ver la Cuba que nos va a dejar Fidel; Dios sea misericordioso y me lleve antes".

Y con esto quedan las aclaraciones que me he sentido obligada a hacer al por otra parte excelente artículo de Gastón Baquero.

De usted cordialmente,
Margot Baños, Vda. de Mañach.

APENDICE V
Universalidad de Alfonso Reyes

Por Jorge Mañach

Con esa indulgencia que solemos tener para nuestros más viejos recuerdos y, sobre todo, para nuestros primeros deslumbramientos, siempre que escribo sobre Alfonso Reyes me tienta el recordar la primera vez que leí algo suyo, hace ya muchos años. Se me perdonará que ceda hoy a la tentación, puesto que se trata de evocar la obra del gran escritor, ahora que va a cumplir cincuenta años de iniciada.

Era yo, en la sazón que digo, estudiante en el Cambridge americano, y me sentía con ardiente vocación de letras, ese misterioso impulso en la fidelidad al cual ha visto siempre Reyes su mérito mayor. Viviendo tan incomunicado con los ámbitos del español, desazonábame mucho el temor de no llegar nunca, por la falta de estímulos circunstantes, a dominarlo para las exigencias del oficio literario, y trataba de remediar la situación en lo posible llevando una especie de diario en que recogía ecos de mis anhelosas conversaciones conmigo mismo, con los escasos amigos de nuestra habla que por allá andaban y con los libros de nuestras tierras que leía.

Uno de esos amigos, mexicano, me prestó un día las *Cuestiones estéticas* de Reyes, que llevaban algunos años de publicadas. Por ahí amarillean, entre mis viejos papeles, aquellos cuadernos de mi "diario", llenos de inocencia y a veces de insolencia. Por lo novicio del comentario que escribí sobre el libro de Reyes, no me atrevo a exhumarlo, pero bien recuerdo que lo dictó el entusiasmo y una especie de asombro desesperado. Estaba yo en la edad en que uno no ha « llegado » todavía a los clásicos y hasta le aburre cualquier encuentro fortuito con ellos, y después de Rodó, de cuyo descubrimiento quedara también huella férvida en mis cuadernos, nada había yo leído hasta entonces más hermoso, ni que, por otra parte, me avivara más la angustia que a esa edad se tiene de la propia insuficiencia y de cuánto le falta por aprender. Aquella sabiduría de letras, aquel señorío y primor de la expresión, me parecieron casi monstruosos en un escritor de quien Francisco García Calderón decía, en el prólogo, que apenas había traspuesto la veintena.

Nada más. El recuerdo es baladí: pero en los trances del elogio siempre gusta uno de decir cuánto le data su devoción. Desde entonces, Alfonso Reyes es uno de mis dechados en este noble oficio de la palabra que aún ando aprendiendo y del cual tantos secretos nos ha revelado.

Después de aquel libro de mi fruición juvenil, Reyes ha fatigado enormemente las prensas (¿será necesario decir que jamás a sus lectores?[1]), acogiendo en su espíritu de moderno humanista la más varias tradiciones e invitaciones de la cultura. Esta universalidad es el signo más señero de su eminencia, y de ella principalmente quisiera hablar, en busca de sus dimensiones internas. Pero antes señalemos sólo la externidad de Alfonso Reyes, su altura de prestigio y representación. Pues los tributos de este género son, entre otras cosas, para repetir lo que nadie ignora.

Los signos de la realeza espiritual acompañan a Reyes desde el apellido y la cuna. En Monterrey de México nació, hace sesenta y seis años. La devoción al terruño natal lo hizo jugar alguna vez con la idea de juntarse al apellido el nombre de su ciudad, como se lo dio a cierto delicioso « correo » literario que todos recordamos. Fue una tierna idea, sin duda, pero —dicho sea con todos los respetos— hubiera sido confinarse demasiado. Aunque muy despierta y vivaz, la ciudad neoleonesa de México no es Rotterdam, ni son éstos los tiempos de Erasmo, en que lo ecuménico se dejaba fichar por sus orígenes. Como a aquel abuelo espiritual suyo, al humanista mexicano, hombre también de « atenea política » y de digresiones menudas en elogio de la locura, se le ve señoreando un ancho territorio de cultura que rebasa su patria entera y toca en los confines de la lengua.

Precisamente una de las señales de su eminencia es ese haber superado no ya lo provinciano en todos los sentidos, sino hasta lo nacional, aunque sin dejar de llevarlos muy en su corazón. En este sentido sí es el Monte Rey del espacio americano: se le ve alto y agudo (y nada volcánico) a lo largo de toda la vastedad continental que por aquella comarca suya comienza, y desde mis Antillas desgajadas y ávidas.

Más aún. Allende los mares que van y vienen de Europa, no olvidados de su huella, es él sobre todo uno de los americanos en quienes piensan los que tienen la estimación despejada por igual de ignorancia y de indulgencia. Miran a Alfonso Reyes como el más fino ultramarino. Le sientan con gusto y confianza a la mesa de los pares de Europa, y él a su nivel les habla. Se le llama el mexicano universal. Pero es, en verdad, blasón de América entera, en que todas las luces del mundo reverberan.

Por mermado que ya tenga su crédito aquello de que "el estilo es el hombre", uno no se resuelve a prescindir enteramente de la imagen personal al evocar la obra de un escritor. El de Reyes, al menos, parece ser uno de los casos en que la sentencia se cumple. Su obra es un mucho como él.

¿Y quién no recuerda ese caso humano encantador? No le lastimemos la coquetería que debe quedarle aún a sus años subrayando lo de su físico gordozuelo, como el de los abates dieciochescos, maliciosos y mundanos. No pregonemos demasiado sus reservas de sensualidad, aunque no siempre sean reservadas, ni su disponibilidad temperamental para cierto comedido género de amenidades. ¿Quién de sus amigos no podría contar anécdotas en que tales complacencias se revistieron de gracia y aún de candor? Todo eso, amén de hacernos más grato al hombre, tiene su importancia literaria. He aquí un humanista que empieza por ser concretamente humano. Todo en Reyes está supuestamente estilizado, desde lo vital primario en él. Es un repertorio de gulas naturales que en los momentos creadores se subliman, convirtiéndose en gulas del espíritu.

A ese delicado sensualismo, de que hay tanta huella en su obra, se asocia un don natural de alegría, o si se quiere, de eudemonía. Lleva siempre en sí un niño despierto, pronto al juego, a la broma, a la risa. Del conflicto de esta aptitud con la experiencia, que a menudo le ha sido amarga, se alimenta una vena inagotable de humor que irriga toda su obra, aliviándola de severidades y fecundándola con aquella otra *gracia* del ánimo, distinta de la puramente formal. Se la deja él fluir sin temor: ¿no escribió hace ya muchos años que "el peor de los miedos de la inteligencia es el miedo al *humour*"?

Igual proyección tiene en su obra la bondad, que en Reyes es también de ancho repertorio. Alma sin hiel, no parece tener siquiera tentaciones malignas que sofocar. Pero tampoco es dulzón. Habla de su niñez pueblerina y de sus "parentalia" con emoción risueña. Cuenta su pasado más o menos «inmediato» sin que ninguna lealtad le falte, sin que ninguna gloria ajena le estorbe. La adultez le llegó entre asaltos trágicos de adversidad política, mas apenas se advierte sino un dejo ocasional de ello, bendecido por una onda de emoción filial... Su bondad es, además, generosidad sin tasa, o mejor dicho: tasada sólo por una responsabilidad crítica que a la vez fija el límite y lo disimula. Reyes nació para la sociabilidad. Acaso no fue a la diplomacia por mero arbitrio, pero si ha sabido ser tan excelente diplomático " como es fama, y tan sin empaques, no creo que ello fuera ajeno a su aptitud natural para la simpatía, la avenencia y demás empleos sociales de la razón.

Parece un poco tonto celebrarle la inteligencia a un escritor. Se convendrá, sin embargo, en que hay muchos escritores, y aun eximios, en quienes el talento, especie de voluntad del espíritu, no corre parejas con el poder de hacerse cargo, que parece ser más bien cosa de sensibilidad mental. Lo primero de la inteligencia es el atender, el no distraerse, tan frecuente en los sabios, y luego el entender, el *inter ligare*, el verles a las cosas, sobre lo evidente que a tantos ya escapa, las relaciones que tienen en su contextura y con las demás cosas. En Reyes, al lado del talento, la inteligencia es reina consorte, y acaso aún más soberana... Tiene la vigilia más alerta y, por tanto, «enterada» que se pueda conocer, y quien haya conversado con él una sola vez, aunque no haya leído sus libros, guardará ya para siempre el recuerdo de una penetración ágil y sutil que parece estar en todos los secretos.

Al propio Reyes, que no es vano, pero tampoco cultiva la modestia, debemos este testimonio de Unamuno: «La inteligencia de Reyes es una función de su bondad». No sé cómo explicaría el gran vasco ese juicio profundo, mas creo verle su razón. Para atender tanto a las cosas y entenderlas, es preciso antes interesarse por ellas. Mucha inteligencia procede de la hurañez, del egoísmo. La bondad de Reyes —que es sobre todo sociabilidad, cordialidad, generosidad, amistad— le facilita su atención incansable, su capacidad para ser penetrado, interesado por todo: su entender —de (ser sabedor de cosas, ducho en lo múltiple) y su entenderse— con: la aptitud para conjugarse con otros lugares, gentes, ideas, culturas...

Pero antes de entrar en eso por el costado de su obra, que es, claro está, donde se aprecia mejor, despejemos otra cuestión que también es personal. Me refiero a lo que, por decirlo provisionalmente de algún modo, llamaré la «racialidad» de Alfonso Reyes.

¿Es un mexicano genuino? Comprendo que la pregunta pueda parecer ociosa cuanto delicada: Se invade con ella un terreno muy problemático, escabroso de pequeños nacionalismos. El propio Reyes nos ha prevenido contra las generalizaciones en esta materia, como en tantas otras. «No creo —dijo en cierta entrevista— que el mexicano o lo mexicano sean una entelequia ni que existan de toda eternidad y posean rasgos necesarios e inmutables...»

Bien, todo pueblo es variedad humana en el espacio y variación en el tiempo. Pero ¿no hay un mexicano medio, «típico» más o menos estable? Desde fuera al menos, tenemos una imagen tal, hecha de retazos y rezagos del trato, y ciertamente se ha hecho a veces argumento serio de la «mexicanidad», como cuando Pedro Henríquez Ureña la reclamaba para Ruíz de Alarcón. Nos representamos así al mexicano suave, frío de aspecto, como sus nevados volcanes, y en la entraña ardiente; le pensamos concentrado, intenso, con un dramatismo soterrado que en el hombre común se manifiesta en oblicuas reticencias y en los de gran expresión —Gutiérrez Nájera, Díaz Mirón, Nervo, González Martínez, Orozco...— aflora por lo lírico, lo místico o lo trágico, pero siempre con temperatura de honda combustión.

Tenga o no correspondencia real esa imagen, me vale al menos para anotar que Reyes no cuadra con ella. No, no es el mexicano típico, y aun pudiéramos aventurar que eso se le ha conocido en su tierra misma, dando razón de ciertas pequeñas animosidades que allá parecen mordisquearle la nacional admiración. Del mexicano tiene, no lo que da la naturaleza, si es que algo da, sino lo que viene de la sociabilidad, del estilo ambiente: no la internidad ardorosa, pero sí la suavidad, la contención, el sentido de la forma, la cortesía, o sea todo aquello que Henríquez Ureña le atribuía al teatro de Ruíz de Alarcón.

Acaso se deba eso a la escasa levadura indígena en Reyes, procedente de una región donde lo indio —me dicen— nunca se mezcló mucho a lo criollo. Como quiera que ello sea, la impresión que da es la de esa criolledad del vástago colonial a quien la sangre de España le colorea todavía la mejilla. Libre de las tensiones íntimas del mestizaje acentuado, su mexicanismo es sereno, de conciencia histórica más que de raíz natural. Por eso no hallamos en la obra de Reyes complacencia alguna hacia esa violencia telúrica, de «segundo día de la creación», que Keyserlirg percibía en nuestras tierras. Lo primario, lo primitivo, lo oscuro, lo mira —cuando lo mira— a través de un prisma civilizador, estilizándolo, sacándole sus luces y perfiles más nobles, como en su *Visión de Anáhuac*. No ve la tierra tanto como la flor. No la tormenta o el terremoto, sino «la región más transparente del aire». La revolución mexicana, que con los jóvenes intelectuales de su generación en cierto modo indirecto ayudó a preparar, no le azotó en balde, ni ha sido él insensible a sus ideales. Pero da Reyes la impresión de haber asimilado su tragedia, resolviéndola, a pura inteligencia generosa, en luz de comprensión para un desvelo sereno por los destinos de su patria.

Así es también su americanismo. No de la variedad broncamente adicta a cierta idea de fiera autoctonía para nuestra masa de pueblos, sino el de integrador designio, que busca conjugar la tradición occidental de cultura con la vocación natural de América. Nadie ha tenido más honda conciencia de la « utopía » o marco de esperanzas que desde el primer momento fue y sigue siendo el Nuevo Mundo y cuya sustanciación ha de ser una síntesis del sentido humanista y el sentimiento de humanidad.

Todo esto concierne mucho al alma de su obra. Tiempo es de abordar el cuerpo de ella, siquiera sea para proponer algunos rasgos de caracterización. Vista desde fuera y en su totalidad, resulta curiosamente difícil de definir. Uno de los indicios de la universalidad de Reyes es que desafía toda clasificación demasiado unívoca. Se trata, evidentemente, de un gran escritor: pero ¿qué género de escritor? ¿Dónde lleva el acento?

Ante todo, permítaseme ciertas consideraciones externas que no dejan de ser significativas en un sentido interior. Lo más obvio en la obra alfonsina es la vastedad y la variedad. El mismo que lleva muy bien sus cuentas literarias, nos habla de más de un centenar de volúmenes. Ha cultivado casi todos los **géneros**: la poesía, la didáctica, el ensayo, el relato, la historia. Algunas de sus obras —pocas— son sistemáticas y extensas, como *La antigua retórica* y *El deslinde*. Las más son recolecciones de esfuerzo menor.

Junto a la enorme fecundidad de Reyes, se cree observar cierta prodigalidad editorial. Todo el mundo sabe que es un diligentísimo *salvador* de sus propios escritos. Nada deja de llegar a las prensas tarde o temprano: ni siquiera los apuntes de mero estudio, las anécdotas de cierto jugo, las opiniones aisladas, las cartas literarias... Añádase un esmero exigentísimo en la edición. La "pureza" de impresión, la dignidad monumental o breve del formato, la impecabilidad tipográfica, son notorias obsesiones alfonsinas. Nadie sufre más con las erratas, que a veces parecen perseguirle, desafiando su buen humor.

¿Explicaremos estos pruritos diciendo simplemente que Reyes está enamorado de su propia obra más de lo normal en cualquier escritor? La razón no me parece tan superficial, y creo que nos pone en la pista de lo que más nos interesa: La psicología literaria de Alfonso Reyes y su estética en general.

No se trata de vanidad, sino de todo lo contrario: una especie de objetividad.

Siempre, al escribir ha dicho Reyes en una de sus muchas confesiones relativas al oficio "me veo escribiendo como desde arriba de mí mismo, y se me antojaría contar en que condiciones lo hago"...

Diríase que, una vez producida, siente su obra como cosa ajena, de la cual él no hubiera sido sino portador. Esto ha de guardar relación con su concepción general del arte, y particularmente de la literatura.

Por encima de todo la obra literaria es un documento, un *testimonio*. Testimonio personal, de una vocación; pero también de la obra de la inteligencia en el mundo y en la historia. Las dos dimensiones se enlazan. Si ciertos espíritus se sienten llamados a la expresión de un modo incontenible, ha de ser porque están particularmente dotados para cumplir una voluntad superior, digámoslo así. Por la raza de ellos «habla el Espíritu». El espíritu que, con minúscula y sin sublimaciones metafísicas, podemos representarnos como una suerte de conciencia genérica que el hombre se ha ido formando a lo largo de su empeño secular por sobreponerse a la naturaleza y a la animalidad. Instrumento y testimonio a la vez de ese empeño, el verbo es casi sagrado, como lo es la vocación a su más refinado ejercicio, la literatura. De ahí que Reyes no sepa decir de sí mismo nada mejor que el haber sido un hombre leal a su vocación literaria. De ahí también que no se sienta en el caso de relegar sus obras de menor empeño, porque todas son testimonios de esa lealtad con que la conciencia humana, a través de cada escritor, se conoce a sí misma y se enriquece. Por eso, en fin, dice Reyes: « El arte de la expresión no me apareció como un oficio retórico, independiente de la conducta, sino como un medio para realizar plenamente el sentido humano ».

Pero la deferencia hacia lo menor, que es otro rasgo cuantitativo en la obra de Reyes, puede tener más especial sentido. Este pretor sí se cuida de lo mínimo. La chispa es tan fuego como la llama. Lo breve hasta puede tener una dignidad superior, si conlleva más concentración, pues ésta supone un mayor esfuerzo de la inteligencia y una mayor sinceridad. «Lástima que nuestros poetas se hayan vuelto fecundos»— dicen unos versos de Reyes—: «aprendieran el mucho —en-poco de los peones errabundos». El arte de lo mínimo consiste entonces en tomar la flor de la meditación o de la experiencia estética: su más fino fruto, su primor.

En Reyes esto tiene, además, un relieve psicológico. Es un escritor de detalles, no de grandes masas. Hasta sus libros mayores parecen hechos en función de lo pequeño, por acumulación. Lo grande, para Reyes, es lo que cata, no lo que se extiende. Su vastedad está en la obra total: en la Suma alfonsina. Y no la constituye tanto ese centenar de libros que ha escrito como la *atención* de que antes hablábamos, marca primera de su inteligencia. Reyes es la capacidad más heroica de atender que ha tenido América. Martí, Hostos, Sanín Cano, son también argos fabulosos; pero, no tan atentos al detalle como Reyes. Y no sólo ha sabido atender a infinidad de cosas en los varios reinos de la experiencia, común o literaria, sino que las ha entendido en su intimidad, como no suele el mero «espectador». De ahí que lo tenga todo tan asimilado, tan incorporado a su energía crítica y creadora y tan pronto siempre a ser utilizado. Sus alusiones — incesantes, pertinentísimas siempre —no son meras «asociaciones de ideas», más o menos adventicias y prescindibles. Parece como si se engendraran orgánicamente, necesariamente, de su propio pensamiento.

Variedad, pero también unidad. La obra de Reyes responde a dos impulsos principales: el poético y el crítico. Antes de *Cuestiones estéticas* apenas había publicado más que unos sonetos y algunas prosas de estudio. Ya ahí estaban, sin embargo, las dos orillas de su vocación, que es un cauce único.

Con la poesía estrenó el talento. «Yo comencé escribiendo versos y me propongo continuar escribiéndolos hasta el fin dirá en el tono de quien reclama un derecho. Concibe la poesía, en efecto, como una necesidad casi vital: «un modo de corregir la vigilia con los anhelos del sueño». Engendrado, sin embargo, en la reacción modernista contra el exceso de sueño romántico, el verso le nació parnasiano y nunca llegaría a lo confesional e íntimo sino por la vía del humor. Su inspiración tenderá a la paganía, a cierto bucolismo sensual —«la miel, la leche, el vino»—, al filosofar amable y la ternura irónica de los recuerdos, a los ecos, en fin, de la cultura, incluyendo con alguna insistencia el «taimado intento» de volver a las edades de oro. Es, esencialmente, una poesía sabia, en que la fragancia de jardines, de frutas y de amores se junta con la de las viejas formas poéticas, exquisitamente aprovechadas:

el romance paladino
del vecino
con la quintaesencia rara
de Góngora y de Mallarme.

Pero junto al sueño (relativo, como vemos: más bien otra forma de vigilia) quiere Reyes, creo que preferentemente, el conocer: el *lucidus ordo*. Esa querencia se manifiesta, por de pronto, en la curiosidad de la creación ajena, en la erudición, y con ella en la valoración crítica. Porque nunca será un mero filólogo. Así como su poesía se asiste de erudición, la erudición se nutre de la poesía. El rigor de la investigación directa, de la precisión minuciosa, del arduo "'papeleteo" sólo será el cauce necesario para el brío de la interpretación y de la meditación estética, que tanto impulso recibe de la pura sensibilidad.

El saber y el sentir confluyen a menudo en su obra. El mismo año de la aparición de *Cuestiones estéticas,* si no me equivoco[288], publicó Reyes la primera versión de *Visión de Anáhuac,* el ensayo evocador del México precolombino que muchos tienen por una de sus pequeñas obras maestras. Lo es sin duda. Poesía y saber se juntaron ya en él para integrar un dechado de documentación iluminada, de amor critico —*intelletto d'amore* aplicado al paisaje en que ya Balbuena, el de la Grandeza mexicana, había estrenado el éxtasis criollo. La *visión* de Reyes no le cede en deliquio ni en primor descriptivo.

---

[288] Termino de redactar estas cuartillas en Milán, muy lejos de mis papeles y de toda fuente de consulta.

Se iniciaba así una carrera literaria en que la curva temática se iría elevando cada vez más, pero siempre dentro de esas coordenadas de saber y poesía y sin que la creciente universalización del designio dejase de verse amenizada con frecuentes descensos al *divertissement* literario. Siempre el espíritu luminoso de Reyes se mostraría provisto de aquellos dos rayos, que ora se separan, ora se funden. Algunos poemas suyos aluden a esa dualidad, que su universalismo tiende a integrar:

¡Ay del que teniendo dos ojos
y por tener el alma manca,
no sabe filtrar la luz blanca
Mezclando los verdes y rojos!

Su erudición crítica cobra cada vez mayor envergadura. *Cuestiones estéticas* era todavía un libro que enseñaba lo juvenil en su misma impaciencia por los grandes temas. Inmediatamente después, Reyes se repliega sobre la materia literaria americana: la poesía de su tierra, Lizardi, Darío... Sus primeros estudios sobre Ruíz de Alarcón le sirven como de puente para la interpretación de lo clásico español. Luego de una breve estancia de diplomático en París, recaló de bohemio en Madrid. El criollo casi puro que en él hay se asimiló muy bien a España, donde vivió algunos de sus años duros y felices. Pertenecía a una generación americana que, reaccionando contra los resentimientos del liberalismo criollo del XIX, y también contra las fidelidades «godas» del siglo, se conmovió con el « desastre » del 98 y buscó tras él la España que siempre se salva de las tormentas, la «esencial y eterna». Desde Rodó ya no era tanto la « Madre Patria » como la «España niña»; pero si los afanes críticos se iban tras lo intacto y la promesa, los estéticos mostrábanse leales a lo clásico y a «la gloria de Don Ramiro». Esta conjugación de sentimiento hizo consonar a aquellos americanos con la generación del 98. Reyes, por otra parte, venía de una disciplina antipositivista, nacida de los impulsos de Justo Sierra y del ambiente helenista, humanístico, un poco bergsoniano ya, de la Preparatoria mexicana. Todo aquello le había preparado para insertarse en el nuevo criticismo español y para moverse a sus anchas en el huerto, entre epicúreo y estoico, de don Francisco Giner y sus discípulos.

Lo poético y lo crítico se le nutrieron a la par. Ahondó las raíces de su afición clásica, pero inclinándose no a los tesoros austeros de España, sino a los de cierta soterrada paganía, al Arcipreste, a Lope, a Góngora. No se paseó en Cortes: las vivió, asimilándolas e incorporándose a ellas, como tres siglos antes lo había hecho su paisano Ruíz de Alarcón. Y como él, destiló las esencias de España en el alambique de su ingenio mexicano. Los lectores de las *Páginas escogidas* de clásicos españoles que Reyes prologó para Calleja tuvieron la nueva experiencia de una erudición en que cierto leve acento americano campeaba: una erudición fresca, viva, sin empaque, antes con cierto gracioso desenfado, que rivalizaba en sensibilidad evocadora y crítica, pero asistida del más riguroso método, con el impresionismo de Azorín. Una sonrisa se había añadido a la sabiduría de Menéndez y Pelayo.

Las vivencias madrileñas nutrieron también otro modo de su ingenio: el de las descripciones interpretativas. La poesía volvió a entrar en complicidades deliciosas con la crítica y ambas devanearon con la fantasía. Así fue pasando de las estampas, de los «cartones de Madrid» a los ensayos juguetones de *El suicida*.

Otra influencia tuvo mucho que ver con la disciplina de su atención y los consiguientes refinamientos de su inteligencia: cierto periodismo de amplia gama que ejerció en *El Sol* de Madrid y cuyas mejores cosechas recogería en la serie de compilaciones de artículos titulada *Simpatías y diferencias*. La atención de Reyes se ensanchó: ya no captaba sólo la vida española; también los ecos sugestivos de fuera. El mexicano empezó a traerse el mundo a casa: la casa hispánica. Se le afinó el sentido de la ponderación, la simpatía sin desbordamiento de entusiasmo, la discrepancia cortés que sabe ser sólo «diferencia». A la pasión dogmática oponía un escepticismo sin desilusión. Y con todo ello le vino un incremento de soltura y de exactitud en el estilo, que cada vez se iba descargando más de primores ornamentales para valerse de la pura gracia y sencillez.

Todo eso fue escuela para el ensayo genuino y para el relato de humor y fantasía. Ya se sabe que aquél género es cosa ambigua, por la variedad de intenciones y prosas que en esa categoría se cuelan. Para mi gobierno, prefiero representármelo, en su forma más auténtica, como un género de prosa que se caracteriza no tanto por el *camino* como por el *paisaje* intelectual. Tal el ensayo en que sobre todo los ingleses son maestros: el de Swift, el de Lamb, el de Stevenson, el de Chesterton, autores, por cierto, a quienes Reyes ha traducido. Este tipo de ensayo, pocos lo han comprendido ni cultivado tan bien, en español, como el mexicano. Pero también su arte de ver juntos el camino y el paisaje es insuperable. Entonces nos da ese otro tipo de ensayo elucidador en que lo didáctico se llena de horizontes universales.

En Madrid, saber y poesía vuelven a enlazarse para la tarea de verso a la vez más uncida y más libre que ha salido de su pluma: *Ifigenia cruel*. En esa tragedia en miniatura — siempre la concentración alfonsina—el mito griego está repensado, recreado. Todo lo que respecto del modelo se ha perdido en simplicidad y en vigor primitivo se ha ganado en sutileza psicológica, y los versos de Reyes no ceden a los del clásico en majestad lírica y dramática.

Poco después, el desterrado de Madrid sube de categoría viajera: va a París, esta vez — creo recordar —ya de diplomático mayor. En aquella «oficina de la inteligencia», que decía Unamuno, la suya se expande, pero a la vez se ve estrechada a menor familiaridad, convidada a más riesgosas aventuras. Pasa por la feria de las novedades, de los "ismos" por los laboratorios poéticos que ya tenía presentidos desde sus estudios de Mallarmé y que ahora ocupan otros grandes alquimistas como Valéry. En la conciencia del clásico americano que es Reyes, ingresa el gusto de lo mágico literario y no ya como erudición, sino como tentación. Venía preparado por el « sabor de Góngora», que nadie antes había sabido degustar como él. Pero el culto de la belleza difícil no es ya cosa de arqueología, sino de novedad militante.

Al curioso de toda "experiencia literaria" eso lo modula un poco. El gusto se le hace menos «católico» y más liberal. Ya la fantasía le cobra audacia y extrañeza en los relatos. Ya sus versos, antes tan castos a su manera pagana, se permiten funambulismos ocasionales. Ya vuelve de París a América haciendo el elogio del " disparate lírico ", que decía Mariátegui, y acuñando la travesura de la «jitanjáfora». Pero todo con un aire de juego. Al cabo su ley se impondrá: la de la norma clásica, la disciplina limpia y precisa.

Si España le había metido aún más en las raíces de sí mismo, lo que París y sus dependencias hicieron fue actualizar su occidentalismo y estimular su vocación de universalidad. Cuando regresa definitivamente a América, trae una voz de más altos acentos, más desentendida que nunca de lo provinciano, de lo nacional, aun de lo castizo, y al mismo tiempo, sin embargo, más profundamente americana. Empieza a sentir el "presagio" de América, su compromiso con el mundo. A propósito de Virgilio, lo que le interesa no es la revisión del poeta latino, sino los destinos de la latinidad de que su México es parte. En el camino de Buenos Aires halla el "rumbo a Goethe". Cuando se instala en Rio de Janeiro, el aire se le vuelve un constante "tren de ondas" que vienen de muy lejos en tiempo y espacio. Y algo de ese rumor de universo, lo que se oye en el hueco de una caracola, se lo manda por correo a sus amigos de todo el mundo, bajo el sello filial de Monterrey. Ya puede decir: "Pueblo me soy y como buen americano, a falta de líneas patrimoniales me siento heredero universal... Mi casa es la tierra. Nunca me sentí profundamente extranjero en pueblo alguno... Soy hermano de muchos hombres y me hablo de tú con gente de varios países... La raíz profunda, inconsciente e involuntaria, está en mi ser americano

Esta idea se le hace cardinal. Su apariencia paradójica se disuelve en aquella otra noción tan suya de que América no es realmente, espiritualmente y fuera de lo político, demarcación de nadie, sino área de humana confluencia, vacada a una síntesis de culturas y, sobre todo, a la conjugación armoniosa de la disciplina y la libertad. Tienen sus pueblos cuerpo propio de tradiciones e instituciones, masa de sangre indoespañola y patrimonio específico de idioma, religión e historia: mas sobre el haz de sus tierras, la más alta atmósfera está hecha del alma del mundo. Por ser americano se es ya ciudadano de una polis universal.

Tenga o no alguna realidad, el valor *normativo* de esa idea es evidente. Cada masa humana tiene su instrumento que tocar —el suyo propio— y según lo toque dará mejor o peor son en la historia y se complacerá más o menos a sí misma y al resto del mundo que quiera detenerse a escucharla: pero no es menos cierto que en el espíritu del hombre se da también un ideal sinfónico, que solo puede satisfacerse con ritmos universales. La gran contribución de Alfonso Reyes ha sido señalar incansablemente ese ideal y darle a América el gusto de su música.

El desvelo por esa conciencia de universalidad en nuestros pueblos no le hizo olvidar el perfeccionamiento de la suya propia. Ya en mucho de su obra había pulsado con firmeza los grandes temas, pero a su manera concentrada y a la vez dispersa. Faltaban las grandes empresas orgánicas de la meditación estética, que ha sido su solicitación más constante. Pudo al fin llevarlas a cabo cuando, libre ya de la diplomacia volvió como antes, a tocar tierra, su tierra. Desde la tranquilidad en que reposa con sus libros, nos ha dado esas obras de sabiduría que son *La crítica en la Edad ateniense, La antigua retórica, El deslinde*, obras de sosiego y trasiego, de tradición e invención, en que el talento elucidador de Reyes, ya muy granado en los admirables ensayos de *La experiencia literaria*, ha dado sus frutos más opulentos de teorización. Por la envergadura y profundidad, esos libros no parecen de esta América nuestra, donde tanto de lo que se escribe, aun para las librerías es *sub specie* periodística. Pero justamente ese dar siempre el esfuerzo heroico, desentendiéndose de lo popular y de la más común receptividad, es poner el oficio a las más exigentes tareas, es uno de los ejemplos que de Reyes hemos recibido. Y uno de sus más generosos tributos: ha escrito siempre como si ya en América hubiese resonancia universal.

El reposo, un poco sobresaltado en la altura mexicana, por las palpitaciones excesivas del corazón, le ha permitido también a Alfonso Reyes recoger y ordenar sus cosechas de versos, escasas y aisladas. Ha salvado así a su poesía de parecer hija cenicienta en la casa de su ingenio. Ha recordado al poeta delicado, sabio, trémulo unas veces, otras donoso, siempre fragante que en él habla. Pero si omiso fue, al amparo del olvido o de la inasequibilidad de su obra poética, el que le viera durante mucho tiempo sólo como un gran ensayista, no menos simplificador o exagerado resulta el pretender ahora, frente a esas exhumaciones, que lo esencial en Reyes es el poeta. Sólo si a esta palabra se le da su sentido más radical — y más vago— puede ser válido el juicio. Desde luego, en toda la obra de Reyes bate el ala de la poesía. Pero lo característico en él no es el sueño, sino la vigilia, no es el misterio trémulo, sino la firme lucidez. Ni su expresión alcanza su ritmo más perfecto en la danza del verso, sino en el andar gracioso de una prosa como pocas natural en el artificio, precisa, elástica y llena de garbosos quiebros.

Una gloria literaria de cincuenta años dora ya al maestro en su retiro de la meseta mexicana. Le rodean el cariño la admiración y la gratitud de nuestros pueblos. Su prestigio trasciende el orbe hispánico. Ahora se pide para Reyes el Premio Nobel. Otros habrá con parejos méritos, porque el mundo es ancho y, a veces demasiado ajeno; pero de fijo nadie se merece mejor que "el mexicano universal" ese lauro con que Europa reconoce valores sin fronteras.

APÉNDICE VI
Jorge Mañach[289]

Por José Ignacio Rivero

Jorge Mañach, no obstante su ideología nada conservadora fue uno de los grandes escritores del *Diario de la Marina*. Hay quienes dicen que escribía con la mano derecha en nuestro periódico y con la mano izquierda en la revista BOHEMIA. Una broma bastante ficticia porque él siempre, como todos los demás colaboradores nuestros, exponía su pensamiento tal como en realidad era, algunas veces bastante alejado de la ideología del periódico. Sus "Glosas", que le publicábamos en la página cuatro dedicada a los escritores consagrados de la pluma intelectual y periodística. Eran leídas con verdadero interés y respeto. Ya Mañach era considerado una pluma tradicional de nuestro DIARIO. Nos enorgullecíamos de tenerlo con nosotros junto a escritores de la talla de Gastón Baquero, Francisco Ichaso, Fernández Flores, José Rubinos, Miguel de Marcos, Ramiro Guerra, Chacón y Calvo, Héctor de Saavedra, Arturo Alfonso Roselló, Fernández Arrondo, Gustavo Urrutia, Suárez Solís, etcétera. Cada uno de ellos con su estilo propio y su pensamiento distinto del otro, escribían sus artículos sin que tuvieran que pasar por nuestra mesa antes de ser publicados. Era una vieja costumbre que había establecido el diario con todos ellos además de padecer nosotros de una

---

[289] El presente texto de José Ignacio Rivero fue tomado de su libro *Contra viento y marea*, publicado por Ediciones Universal en el año 2004. Véase la p. 251.

alergia especial en contra de la censura periodística. De ahí que Mañach se viera en un aprieto la vez que Fidel Castro le preguntó, en una de sus comparecencias "Ante la prensa" por televisión si era verdad que sus artículos eran censurados por nosotros y le respondió que jamás a él le habíamos tachado una sola palabra de sus "Glosas" a pesar de que las mismas elogiaban a la Revolución y a sus reformas. Ese mismo día lo felicitamos por su gesto de decirle la verdad en público a Castro quien creía que por temor iba a complacerlo al menos guardando silencio.

Por aquellos días a principios del año 1960 recibimos en nuestro despacho una carta firmada por Jorge Mañach, César García Pons, Anita Arroyo, el magistrado Márquez de la Cerra y Rafael Suárez Solís en la que nos presentaban sus renuncias como colaboradores del DIARIO DE LA MARINA debido a que nosotros habíamos tomado desde un principio una actitud injusta acerca de la Revolución y que siendo ellos revolucionarios no estaban dispuestos a seguir colaborando con nosotros. Aquella carta nos dolió tanto o más que todos los insultos recibidos hasta entonces durante nuestra vida pública por parte de nuestros adversarios. Y más nos hirió la ingratitud de quienes, como ellos, no habían recibido de nosotros más que delicadezas y beneficios que no son del caso mencionar.

Íbamos con nuestra esposa a cenar casi todos los domingos a casa de Jorge Mañach. Nos invitaba siempre con el fin principal de cambiar impresiones acerca de la revolución. Invitaba, casi siempre, a dos o tres amigos políticos de él para enfrascarnos todos en el tema de la difícil situación por la que estaba pasando la nación. Una vez le dijimos que teníamos en nuestro poder la carta de un militar que nos expresaba desesperadamente, entre otras cosas, que estaba absolutamente decepcionado de la revolución sin saber cómo salirse de ella por la que tanto había luchado en la Sierra Maestra primero y después en el triunfo. Mañach nos pidió que llevásemos la carta en cuestión a su casa para que la leyéramos en nuestra reunión semanal sin que reveláramos el nombre del remitente. Así lo hicimos. Quien nos escribía era un enemigo ideológico nuestro pero nos aclaraba en la carta que se atrevía a hacerlo debido a nuestra actitud pública frente a la situación imperante. Nos decía que éramos "la única persona en quien podía confiar para dejar su carta como una especie de testamento patriótico" y que se había decidido a escribirnos debido a que "ya tenía la mitad del cerebro lavado" por los adoctrinadores marxistas de la revolución y temía que "no pudiera terminar esas líneas con lujo de detalles y de pormenores cuando tuviese la otra mitad de la cabeza lavada o hubiese pasado ya por el paredón de fusilamientos". La noche que la leímos durante nuestra diminuta tertulia, casi clandestina porque allí se hablaba mal del régimen, Mañach nos interrumpía para decirle a los invitados que esa carta significaba mucho en cuanto a la realidad del momento. Nuestro amigo Jorge se mostraba casi siempre conforme con nuestros argumentos en contra de la injusticia que se estaba cometiendo en el país.

Estas son las horas, después de tantos y tantos años de aquellos encuentros en casa de Jorge Mañach, que aún no comprendemos como una persona tan prominente y de tanto "calibre" intelectual asumiera esa postura tan confusa unas veces y tan equivocada otras en torno a la política nacional. No obstante nadie podía poner en tela de juicio su gran capacidad y su don de gente. Tampoco se puede negar su profundo saber e inteligencia, aunque no debe confundirse nunca la inteligencia con la genialidad. Inteligencia es la facultad de conocer la cual se manifiesta de varios modos y la genialidad es algo que revela siempre genio creador. Mañach era básicamente intelectual. Vivía dedicado al cultivo de la filosofía y de las letras. Ortega y Gasset era el gran guía de su intelecto y de su espíritu. Quería ser político, pero para serlo se necesita tener mentalidad y carácter político Mañach, a nuestro juicio, no tenía ninguna de las dos cosas.

En esto le venía como anillo al dedo lo de "zapatero a tu zapato".....

Según las malas lenguas —y las buenas también— aspiró siempre a una Embajada en cualquier parte del mundo pero principalmente en Madrid. Cosa muy natural. En la capital española se encontraba como pez en el agua rodeado de tantos académicos y de tanto "olor" a letras. Esa posición sí le encajaba bien al autor de la formidable obra sobre José Martí. Mañach era todo un caballero: un hombre distinguido que podía pasearse por cualquier país acompañado de su voluminosa cultura y de sus dotes de diplomático casi innato en él. Es decir, como nacido con una cortesanía aparente e interesada. Por donde no podía pasearse era por los campos de la política. Quizás nos convencimos de esto por aquella carta renuncia a nuestro DIARIO nada política después de tantas reuniones en su casa y en el periódico donde recibimos de él abundantes demostraciones de amistad.

En una ocasión Mañach le respondió desde La Habana al periodista Salvador Díaz Versón una carta que le había escrito desde el exilio. La respuesta comenzaba en parte así:

"Yo no sé a derechas por qué está Ud. en el destierro. Mi obligada ausencia de Cuba en los últimos dos años y medio del batistato me privó de la posibilidad de contemplar de cerca ajenas conductas. Si sé que antes de eso, usted se había "especializado" en el anticomunismo, por lo cual, naturalmente, los camaradas le tenían a usted "ganas" como suele decirse. Sobre eso de "especializarse" en una actitud negativa, por buenas razones que se crea tener para ello, yo abrigo —se lo confieso— mis reservas. Creo preferible siempre ser hombre de pro que hombre de contra: estar uno por lo suyo, más bien que antagonizar a los demás. A los pueblos se les ha de convencer con hechos. Cuando la Revolución actual de Cuba hace como creo que está haciendo, obra de justicia social, contribuye más a que no prospere el comunismo en Cuba que todas las palabras, las denuncias, los archivos y las persecuciones". Y terminaba Mañach su larga respuesta diciéndole: "Fidel Castro no es el monstruo que a ustedes les pinta el resentimiento y ciertas publicaciones yanquis. Venciendo no poca resistencia interior, porque no me gusta el panegirismo en vida le diré que a mi juicio es una grandeza. Está tratando de darle a toda nuestra vida esa misma dimensión de grandeza. En un ambiente semejante, las injusticias episódicas que pueden cometerse no suelen prosperar. Si yo fuese usted, repito, con la conciencia tan limpia como usted dice tenerla, vendría a Cuba y pelearía por mi dignidad y mi libertad".

Salvador Díaz Versón podría irónicamente decirle lo mismo a Mañach si los dos se tropezaran en el otro mundo: *"Yo no sé a derechas, por qué se fue usted al destierro, doctor Mañach. ¿No le parece eso una actitud negativa? Si Castro era para usted un gran cubano ¿por qué optó por el exilio y no peleó por su dignidad y su libertad en Cuba?..."*

APÉNDICE VII
Magister et amicus
Una imagen de Mañach

Por Humberto López Morales.
Madrid, julio de 1961.
Boletín de la Academia Cubana de la Lengua

El ser es el no ser, el cambio, el eterno devenir...

Parménides

Siempre recordaré a Jorge Mañach en el ámbito de la cátedra. Es irremediable recoger su recio perfil de clásica naturaleza, a través de su palabra especial, siempre transportadora de sabrosos parajes, aunque ante él se irguiera la más escarpada y oscura roca. Sus "lecciones" de filosofía iban demostrando continuamente lo que desde hacía tiempo había pregonado su obra impresa, y, sin embargo, todo parecía tan nuevo, que siempre se veía surgir otro Mañach, crecido en sí mismo, inagotable.

Aquella mañana nos conducía hasta Parménides, al verdadero núcleo de la preocupación griega en sus primeros alientos por el ser. La filosofía del "panta reí" le ganaba, y él se dejaba envolver suavemente, con un acento tan emotivo como cuando se detenía en el poeta de los Diálogos. Afuera el día era robusto, con esa dorada claridad que se percibe bajo el torrente de luz tropical y había un grato son en la brisa. Eso es todo lo que supe, momentos antes de su clase; porque, después, lo más grato era entornar las ventanas y olvidarnos del azul y del canto.

Las introducciones eran siempre amables, y ante nosotros, de nuevo el ser esta vez sometido crudamente al factor temporal ineluctable que inestabiliza y apresura. ¿Nada es? La transitoriedad sin más apelativos; el de estar hoy, y no mañana; el de haber sido ayer, y ya no hoy.

En aquellas aulas prendía la inquietud y la curiosidad que daba margen al coloquio. Al principio había somnolientos y hasta algún aburrido que iba cumpliendo como podía con el rigor curricular. Los entusiastas principiaban siendo esporádicos, y extrañados ante la pasividad de los compañeros que se "entretenían" en oir. —Alguien me confesó que no era del curso; pero que además no le interesaba la filosofía, sólo iba a oír—. Hasta este punto cobraba intrínseco valor su palabra, que nunca supo ser coloquial ni gastadora de comunes usanzas. Mañach hablaba de todo; pero su voz sonaba siempre con un timbre superior y magisterial, que se complacía preñando las pequeñas cosas de vital importancia. Con la acotación pasajera iba la frase grave, y acaso una realidad siempre profunda. Era su magia y su poder.

Muchos no le conocían realmente. Se habían quedado detenidos en su mirada gris, por momentos dura, o en su frente despejada y demasiado alta. A veces le creían uraño e inflexible, y eran los profusos instantes en que una circunstancia adversa trataba de encarcelarle el espíritu y se estaba debatiendo contra alguna cerca absurda que la incomprensión le construía con los más falsos materiales. Quizás era que chocaba tanta seriedad y saber en un medio en el que andamos "muy sobrados de follaje y escasos de frutos".

Estos alumnos no acertaron a descubrirle la afabilidad cotidiana y la inmensa sonrisa que transportaba. Fueron unos pocos de un deficiente sentido perceptivo; el resto si que intuyó y gustó de su gesto cortés y depurado. Más allá de la cátedra, le había podido sorprender un gran pedazo de ingenuidad, y lo había visto emocionándose como un adolescente, ante una lejana y modesta frase de elogio de un oyente de su Universidad del Aire. Esto me ayudó a sospecharlo con la misma ternura que quería Volgeweiden para su última tierra sombreada y florida. La tumba del poeta suele hacernos meditar afablemente y recordar su canción de bondad, la leche de la humana bondad, que decía Shakespeare. Y aún nos invita a proseguir con ahínco.

Mucho de este halo confluía en el maestro, que hacía sentir una noble aspiración de llegar a la meta propuesta, porque Mañach, además del profesor y de todo el acopio de cosas—algunas de esencia prosaica—a que la vida lo obligaba, es un símbolo gigante. Se verá mejor con un poco de perspectiva histórica; ahora estamos tan cerca y somos tan pequeños, que sólo apreciamos sus plantas.

Mañach es el más correcto paladín de la actual cultura cubana y uno de los grandes del intelecto hispano. —Aquí, en esta queridísima España nuestra que siente su muerte, estamos asistiendo a un continuado homenaje de ferviente reconocimiento—. No es ocasión para detenerme en una glosa de estos postulados, glosa harto innecesaria; pero conviene no perderlos de la mano y se comprenderá así, meridianamente, su trascendencia más general.

Una concurrencia afortunada de tal factoración, humana e intelectual, hizo de Mañach un apóstol de la juventud del País, un significante orientador. La influencia de su verbo importante resonaba con peso de gravedad en el ancho círculo de Cuba; pero su lugar verdadero era la cátedra o la tribuna de los jóvenes. Allí renacía su pensamiento, alerta siempre a las grandes inquietudes y dado a las altas abstracciones de la realidad y la existencia. Por eso, a veces pienso que la Facultad era ambiciosa y egoísta reteniéndolo entre sus muros. Quizá el gabinete de trabajo, lejos del bullicio estudiantil y de los horarios protocolares, le hubiese ofrecido un poco más de margen para su quehacer erudito y profundo y la más provechosa labor de dirección académica. Pero desecho esta imagen con el recuerdo de sus clases, donde se le veía el gusto subiéndole a los labios.

Tenía la habilidad de Odiseo para hacernos oír el canto de las sirenas sin perecer en los acantilados; su exposición allanaba para nosotros el terreno más agreste. Su paciencia le llevaba a repetir conceptos, a ampliar demostraciones, y a inquirir una y otra vez hasta clarificarlo todo. Cuando surgía el diálogo, lo arrastrábamos con nosotros hasta donde fuera, y el maestro nos acompañaba en las últimas dudas, sin una huella de cansancio ni de malestar. En realidad, estaba disfrutando al desentrañar algún secreto filosófico a sus interlocutores, al enseñar... Sabía bajar al nivel más humilde, y acompañar su bajada con un gesto, a veces, increíble gesto—de afecto y comprensión.

Al terminar su clase, la mesa se convertía en un enjambre jocundo donde ávidos aprendices le asediaban, confiados en la respuesta oportuna e inteligente, con la confianza de entrega ilimitada de unos jóvenes que resultaban la preciosa razón de Mañach.

Ahora que su ida es ya definitiva, y que ha pasado el tiempo de la lágrima y de la oración primera, vuelvo a recordar a Jorge Mañach en su cátedra. ¡Qué rara sensación de vitalidad ha ganado de pronto su impresión de aquel Parménides! Siempre lo había pensado desde lejos, fuera de mí; ahora comprendo que "su" realidad es también la nuestra, y que esta marcha del maestro es el más triste acierto de su "eterno devenir"...

APÉNDICE VIII
El premio Nobel de Literatura
La terna del idioma

Por Jorge Mañach
Revista BOHEMIA de La Habana
Año 42, No. 16, Abril 16 de 1950.

Alfonso Reyes... José Ortega y Gasset... Rómulo Gallegos... He ahí (por el orden cronológico de las iniciativas, si no recuerdo mal) los tres candidatos del idioma al Premio Nóbel de Literatura. Un mexicano, un español, un venezolano. A favor de los tres se han ido produciendo, en sus patrias respectivas, movimientos de opinión más o menos intensos y diligentes. ¿Tienen realmente mucho que ver las pequeñas patrias en esto? Cuando un sentimiento de inmediato patriotismo no nos obliga a favor de ninguno de ellos en particular como en el presente caso nos ocurre a los cubanos, ¿no habrá un criterio más elevado y universal al que podamos y debamos acogernos? ¿No lo será, por ejemplo, el de la simple eminencia en el uso literario de la lengua común? Y este criterio ¿no nos obligaría para con los tres candidatos por igual?

Confieso que me asaltaron estas dudas cuando Raúl Roa tuvo la deferencia de invitarme hace unos días —como antes lo había hecho Sara Hernández Catá— a poner mi firma en la instancia que *Bohemia* publicó la semana pasada, pidiendo el Premio Nobel venidero para el insigne Rómulo Gallegos. Me costó mucho trabajo sustraerme a esa singularización, y le prometí a Roa que expondría en estas páginas mi parecer. A ver si puedo justificarlo.

Antes que nada, quisiera decir que a nadie le cedo en admiración y devoción a Rómulo Gallegos. Vienen de muy atrás. Cuando Gallegos publicó su "Doña Bárbara", hace ya veintitantos años, fui uno de los cubanos —muy pocos acaso— a quienes remitió, bondadosamente dedicado, un ejemplar de su novela. Hacía yo entonces crítica literaria, en "El País" vespertino, y se amontonaban sobre mi mesa de trabajo envíos de muchos autores. Recuerdo que la portada de aquella primera edición de "Doña Bárbara", hecha en España, predisponía muy poco a favor de su lectura, aunque ésta sea una consideración bien superficial. Parecía dicha carátula la tapa de una caja de pasas valencianas. Tuve el libro olvidado, pues, durante varias semanas: hasta que una tarde se me ocurrió asomarme a él sin gran expectación. ¡Las horas de la madrugada me dieron embebido en su lectura! Bajo ese entusiasmo escribí en seguida para "El País" tres artículos que se reprodujeron luego en el "Repertorio Americano" de Costa Rica. Gallegos me honró con una hermosa carta de agradecimiento, y así empezó nuestra amistad. Aquellos artículos fueron los primeros juicios extra venezolanos del libro, según el propio autor me decía años después en Nueva York, cuando ya era famoso. Por estos días, hubo de ofrecer una conferencia en la Universidad de Columbia, donde yo a la sazón enseñaba. Me tocó decir unas palabras previas de loa, y Gallegos comenzó diciendo donosamente que le agradecía al introductor "su segunda presentación". Aludía generosamente, claro está, a aquellos artículos del "Repertorio".

Cuento todo esto, no por exhibir vanidosamente un privilegiado azar, sino para mostrar las viejas raíces que tienen mi admiración y mi amistad por Rómulo Gallegos. Después de aquella brillante irrupción en la fama literaria, Gallegos, que ya tenía no poca obra de calidad acreditada en su tierra venezolana, siguió dando muestras muy firmes de su talento con esas otras novelas formidables —"Canta Claro", "Canaima", "Pobre Negro"— y esos cuentos vigorosos, que tan alto le han situado como uno de los grandes creadores literarios de nuestra lengua y de nuestro tiempo.

Lo que se llama "aventura política" no es tan aventura, después de todo. Era más bien una predestinación. Contaré otra anécdota de aquellos tiempos —para mí bastante melancólicos— en que nos vimos en Nueva York. Gallegos venía de su país, donde "reinaba" aun Juan Vicente Gómez, y acababa de ser elegido, o simplemente designado, senador. Se me ocurrió preguntarle: "Senador ¿por dónde, Rómulo?... A lo me respondió, con su sonrisa buena y un poco triste: "Senador... ¡por Doña Bárbara!

Aquello no era enteramente una salida ingeniosa. Hasta el bisonte andino había tenido ya que aprovechar, en algún aprieto semielectoral de lo que ya iban siendo sus postrimerías de gobernante, la honda resonancia popular que a Gallegos le había granjeado aquella novela del llano, tan noble y bárbara a un tiempo, tan ardida del sabor y el dolor de su tierra. Acaso fue aquella senaduría la primera "ingenuidad", como ahora dicen, de Gallegos en el orden político.

Pero después de haber captado en su novela aquella desazón patria, como ya Andrés Eloy Blanco la apresaba en su verbo dolorido, apenas era concebible que uno y otro, el novelista y el poeta, no se vieran conscriptos para la política más directa cuando le llegaran a Venezuela días de nueva libertad... En esos momentos de resurrección, los pueblos se suelen acordar de los que por ellos pusieron pasión y protesta en las letras, de sus profetas y definidores.

Se comprende que Venezuela no haya olvidado eso, y que ahora, en su nuevo eclipse de libertad, hasta la gente que allí manda (por haber sido Gallegos como político demasiado "ingenuo", es decir, por haber tenido demasiado candor en sus ideales) respalden oficialmente las instancias en que se pide para Gallegos el Premio Nobel. Es la suya una eminencia literaria que ni la pasión política podría rebajar, aunque quisiera. El único modo de comprometerla sería, por el contrario, hacer entrar algún ademán de reivindicación política en el respaldo que le damos a esa inspiración. A Estocolmo lo único que le interesaría premiar es el gran escritor que en Gallegos hay: en eso hay que poner el acento. Aunque mi firma no apareciera en la instancia cubana a que antes aludí, me uno vehemente a la postulación —válgame la jerga electoral criolla— de Rómulo Gallegos.

Pero esa postulación, para que la tenga por sincera y vehemente, ¿ha de ser necesariamente singular? ¿No hay derecho —puesto que es la Academia sueca quien elige, y no nosotros—, a pluralizar los candidatos, amparando así mejor la posibilidad de que alguno de ellos cuadre con los gustos críticos o simpatías particulares de aquellos jueces lejanos?

La cuestión se plantea porque hay, como antes dije, otros dos candidatos de la lengua en presencia, y hasta propuestos con alguna anterioridad a Gallegos. Uno de ellos es Alfonso Reyes. En el Congreso de Literatura Iberoamericana que se celebró aquí el año pasado, muchos fuimos a acoger y a votar con entusiasmo una recomendación del gran escritor mexicano para la candidatura del Premio Nobel. Hasta se mandó cable de México expresando ese respaldo cubano. ¿Qué ha hecho Alfonso Reyes desde entonces para que se lo retiremos? ¿Y quién podrá sostener que sea menor la deuda de gratitud y de honra que América tiene contraída con el acendrado humanista, con el crítico y escritor insuperable, con el poeta delicadísimo de "Visión de Anahuac"?

Todas las comparaciones son odiosas, y lo es particularmente la que establece sus términos sobre faenas disímiles: por ejemplo, la que en este caso se empeñase en subordinar un gran ensayista a un gran novelista so pretexto de que el primero es un "creador" y el segundo no lo es. Habría que argüir mucho en contra de esa discriminación cuando se la pretende llevar a planos de valor. La literatura no es sino la expresión estética de la conciencia humana. Tanto expresa esa conciencia un escritor de ideas como un escritor de sentimientos y de imágenes objetivas. Tanto enriquece el uno como el otro la experiencia y la sensibilidad de los demás hombres. Que la literatura de "creación" sea más popular o de mayor poder de penetración, no establece a su favor ningún primado intrínseco. Cierto que al lado de la serie de los Dante, Cervantes, Shakespeare, Goethe, Balzac, resulta menos empinada y gloriosa la de los grandes escritores meditativos o críticos que en el mundo han sido; pero yo creo que eso en buena parte se debe a que el "creador" trabaja con una materia más perenne, menos sujeta a las veleidades del gusto, más libre de la condición espacial y temporal. El escritor de "pensamiento" es, en cierto sentido muy genuino, un "sacrificado": una conciencia que pone todo su afán en esclarecer la conciencia ajena o la de su cambiante ámbito social, renunciando así a la mayor elevación y perennidad. Ambos, el creador y el "crítico" —llamémoslo así— eligen su propia materia y con ella realiza cada cual su correspondiente función. El elegir una u otra vía no es cuestión de talento, sino de temperamento.

A Alfonso Reyes, temperamento poético y crítico a la vez, América le debe gratitud y admiración perdurables por su largo magisterio de finura en la sensibilidad, de agudeza en el discernimiento de valores, de profundidad en la comprensión de lo histórico americano, de solicitud intelectual para todos los matices de la cultura, de elegancia y precisión en el estilo. Le debemos cuanto un escritor pueda merecer por la sabiduría y la gracia de que ha hecho regalo sin taza; por las tradiciones y esperanzas a que nos ha dado acceso profundo; por lo que ha contribuido a universalizarnos, a suprimir, como quería Martí, "lo que queda de aldea en América". Se le ha reprochado alguna vez a Reyes su "apoliticismo", como si no hubiese de lo político más dimensión que la del sectarismo militante, ni a su servicio más actitud que la pasión vociferadora; es decir, olvidando con qué honda eficacia es también política la tenacidad en acreditar, para todo un enjambre de pueblos, los ideales de libertad, de espiritualidad, de fina civilización que Reyes no se ha cansado nunca de sustentar, y el respeto que de ese modo ha sabido ganar para la conciencia y la inteligencia americana en otras zonas del mundo.

También Alfonso Reyes, con su centenar de libros que hablan el idioma de ese mundo mayor, se merece anchamente el Premio Nobel.

Y está, en fin, Ortega y Gasset, el pensador egregio de España, sobre quien el Dr. Pittaluga escribía ha poco en estas páginas tan noble y justo elogio. Es otro hombre de ideas, no de creación. Pero si le hubiese dado por escribir novelas, acaso las hubiera hecho muy buenas, como ese "Último puritano" de Santayana, filósofo no menos grande y español extraviado. Pues por encima tal vez de su don especulativo está, en Ortega y Gasset su maravillosa condición de escritor, con lo cual no aludo sólo a su señorío de la expresión, a la gracia incomparable de su estilo, sino también a su capacidad para aprehender los motivos humanos más sutiles y fugaces, para caracterizar hombres y ámbitos, para apoderarse de los paisajes del alma y de la tierra, para definir los procesos de la conducta y las relaciones del "yo" con "la circunstancia". Si en vez de preferir el oteo de los horizontes mayores del espíritu hubiera querido encerrarse en esos "mundos cerrados" de la novela, ¿con qué poderosas creaciones no hubiera enriquecido él también las letras de España, como las enriqueció Unamuno?

Pero hay que tomarle por lo que ha dado, y lo que ha dado es, al mundo mayor, la energía y riqueza de un pensamiento cuyas tesis podremos o no compartir en su totalidad, pero que representan, sin duda alguna, uno de los puntos de vista —llamémosle, si nos place, el punto de vista "aristocrático"— con el cual la conciencia contemporánea necesita por lo menos equilibrarse, si es que no se quiere sumir en esa "nueva Edad Media" de que hablaba Berdiaeff. A España le dio Ortega lo que ya se va olvidando demasiado, por las minucias del trámite político: la avidez por una cosa que fecundó entrañablemente y seguirá fecundando el ideal republicano. A nuestra América le dio, en fin, sobre todo eso, que a nosotros también nos importa, una docencia de doctrinas propias y ajenas, de técnicas para pensarlas, y de formas en que ponerlas, cuya influencia en la mentalidad americana contemporánea algún día se aquilatará como es debido.

Por Ortega y Gasset se ha ameritado ante el mundo esa conciencia mayor, conciencia de familia de pueblos, que tiene en el idioma su símbolo y vehículo. En la medida en que no sintamos los valores con espíritu comarcano, el triunfo de Ortega y Gasset en Estocolmo, si tal suceso se produjese, no debería ser ajeno a nuestro orgullo. Como no se dejaron de enorgullecer los americanos el año pasado con el triunfo de T. S. Eliot. Los galardones universales piden también mente universal en quienes los respaldan.

Yo incluiría, pues, el nombre de Ortega en las "postulaciones" de América. Mandaría allá esa terna del idioma. Y dejaría que fuesen los académicos de Estocolmo —si es que no prefieren hacerse los suecos— quienes eligiesen, entre ellos el Premio Nobel de 1950.